박해현의
새로 쓰는 마한사

박해현의

새로 쓰는 마한사

박해현 지음

국학자료원

머리말

　마한은 기원전 2세기 이전부터 한반도 남부에 역사를 남겼다. 마한에서 변한, 진한이 갈라져 나왔고 마한 사람이 진한, 변한의 왕을 하였다. 마한 역사가 한반도 중남부의 역사인 셈이다. 북쪽에 고조선·부여가 있었다면 그 남쪽에는 마한이 있었다. 마한의 역사는 6세기 중국『양직공도(梁職貢圖)』에서 확인되고 있다. 800년 넘는 역사를 자랑하는 마한사가 한국 고대사의 원류이자 본류임을 말해주고 있다. 견훤이 후백제를 건국할 때 마한·백제의 부활을 강조하였다. 마한 정체성이 9세기 말까지 이어졌음을 알려준다. 마한 역사를 규명하는 것은 한국 고대사의 원형을 찾고 우리 민족사의 정체성을 밝히는 일이다.

　그럼에도 마한은 4세기 후반 백제에 병합되었다는 이병도의 주장이 60년이 지난 지금까지도 꿈쩍 않고 있다. 그의 주장이 고고학적인 유물과『양직공도』등의 문헌을 이용하지 않았다는 근본적인 한계가 있음에도 지금도 교과서에 실려 있다. 한국 고대사의 뿌리이자 원류인 마한 역사가 한국사에서 잊혀 있거나 백제 일부로 기억되고 있을 따름이다.

　그러나 마한의 중심지인 영산강 유역에는 천년고도 경주의 대릉원(大陵園), 가야의 고분군을 능가하는 둘레 50m가 넘는 수십 기의 대형 고분군, 금동관, 금동신발, 대형 옹관, 엄청난 양의 구슬 등이 확인되고 있어 강력한 왕국의 존재를 웅변하고 있다. 마한의 특징을 설명하는 중국기록의 사례들이 영산강 유역 유물에서 찾아지고 있다. 영산강 유역이 곧 마한의 중심지이자 마한 문화의 시발점임을 말해주고 있다. 이곳을 중심으로 800년 넘게 마한 역사가 꽃피웠다. '마한 르네상스'라고 부르려는 이유이다.

학부 2학년 때 김두진 교수님의 지도로 매일 『삼국유사』 원전 강독을 시작으로 고대사 공부에 관심을 가졌다. 40년이 훌쩍 넘었다. 10여 년 전부터 본격적으로 마한 역사에 관심을 가지면서 이 분야가 고고학 중심으로 이루어지고 있을 뿐, 역사학의 영역에서는 이병도의 주장에서 벗어나 있지 못하고 있음을 알았다. 고고학을 토대로 역사학의 영역에서 마한 역사를 새롭게 살펴야 할 필요성이 느껴졌다. 마한은 영산강을 중심으로 중국과 왜, 가야 등 대륙과 해양을 연결하는 문화 교류 중심지로 기능을 하며 발전하였다. '영산 지중해'라는 용어가 영산강 유역의 마한 역사를 설명하는 데 알맞은 표현임을 알았다. 수백 편의 발굴 보고서와 단편적인 문헌 기록을 종횡으로 엮어 마한 역사를 새롭게 구성하려 하였다.

2017년 1월부터 '무등일보'의 지면을 통해 '박해현의 새로 쓰는 전라

도 고대사', '박해현의 새로 쓰는 전라도 마한사 I , II' 등의 시리즈를 4
년간 연재하며 저자의 생각을 정리하였다. 저자의 글은 '영암신문'의
'영산강 유역 고대사'라는 제목으로도 연재되었다. 마한 역사에 대한
저자의 새로운 해석은 기존 연구자들의 주장과 달라 적지 않은 충격파
를 던졌다. 마침 2017년 5월 말 대통령이 가야사 연구의 중요성을 강조
하면서 마한사의 중요성도 함께 부각되었다. 저자의 글의 타당성 여부
를 떠나 일반인이 마한 역사에 흥미를 갖게 하는 기회가 제공되었다.
특히 2020년 5월 '역사문화권 정비에 관한 특별법'에 고구려, 신라, 백
제, 가야에 마한을 포함시켜 마한 역사를 체계적으로 정리할 수 있는
법적 수단이 마련되는 분위기를 조성하는 데 일조했다.

　독자들은 연재 글을 하나의 책으로 엮을 것을 재촉하였다. 비록 나름
의 기준을 가지고 연재하기는 하였으나 내용을 다듬고 보니 마한 역사
의 특징이 일관된 흐름으로 정리되어 있어 뿌듯함이 느껴졌다. 그동안
'사라진 역사'로 취급되고, 마한 역사에 대한 마땅한 개설서가 없어 일
반인은 물론 전문가조차 잘 모르는 역사가 마한 역사이다. 본서를 통해
그동안 우리 민족사에서 사라지고, 잘못 이해된 마한 역사가 새롭게 부
활하는 계기가 되기를 바란다.

본서의 출판은 마한 역사를 사랑한 많은 분의 성원이 있었기에 가능하였다. 저자를 학문의 길로 이끌어주신 스승 김두진 국민대 명예교수님의 가르침 항상 가슴에 담고 있다. 이번 졸작에도 출간 후기를 보내 못난 제자를 한없이 감싸주시기만 하였다. 더욱 건강하시길 빈다. 딱딱한 글에 4년 동안 지면을 할애하여 준 무등일보 김복일·장인균 전·현 사장님, 강동준 편집국장·이석희 국장님과 임직원의 고마움 잊지 못한다. 영암신문 문배근 사장님은 160여 회 넘는 저자의 글을 소화해주었다. 나주의 '마한역사문화포럼' 박경중 회장과 회원들은 저자의 글을 밴드에 매주 탑재·토론의 장을 마련하여 주었다. 전동평 영암군수와 우승희 전라남도의원을 비롯한 여러분은 뜨거운 격려를 보내주셨다. 이미 30년 전부터 마한사 중요함을 강조하고 마한특별법 통과를 위해 동분서주한 유인학 마한역사문화연구회장·전석홍 왕인현창협회이사장·나주학회 여러분의 저자에 대한 사랑은 각별하였다. 역사문화특별법에 마한을 포함시키려고 국회·문화재청을 발이 닳도록 다닌 전라남도 문화자원과 유영광 과장·권광일 팀장·김혜경 주무관의 헌신을 기억한다. 추천 글을 보내준 김남철(나주역사교육연구회장)·김태우(전 전국역사교육연구회장)·윤덕훈(빛고을역사교사모임 회장) 선생과 원고 교정 및 참고문헌 정리를 도와준 전남대 대학원의 백형대 선생, 영문초록을 작성해준 금호고 조진실 선생에게 고마운 마음을 전한다. 대중들이 어려워하는 역사서를 예쁘게 꾸며준 국학자료원의 정구형 사장의 수고로움도 가슴에 와 닿는다. 저자에게 강의 기회를 주고 격려를 아끼지 않은 초당대 박종구 총장님의 은혜에 본서가 보답이 되었으면 한다. 본서의 출판을 지원해준 세종사이버대학교 신구 총장님과 소방행정학과 교수, 학우들에게 감사드린다. 사회의 棟梁으로 성장한 딸, 아들에게 늘 함께 하지 못한 아빠로서의 미안하고 안타까운 마음 이 책으로 대신하려 한다. 항상 장남의 건강을 노심초사하는 부모님께 작은 효도가 되었으면 한다.

2021. 2. 동학골에서

저자

목차

1장

사라진 왕국 마한을 찾아

1장

사라진 왕국 마한을 찾아

1. 마한의 백제인가! 백제의 마한인가!

　중국 기록에, 마한에서 진한·변한이 나왔고, 백제가 나왔다고 한다. 마한이 한국 고대사의 원뿌리임을 말해준다. 일본에서 '백제(百濟)'를 칭하는 '구다라(くだら)'도 실은 '마한'을 상징하는 '매(鷹)'에서 비롯되었다. 마한이 일본 고대문화의 원류임을 의미한다.

　나주 반남·영암 시종, 나주 다시들 지역에 마한 시대의 대형 고분이 즐비하다. 신라 천년 수도 경주의 위용을 보여주는 '대릉원(大陵園)'을 능가하는 이들 고분군은 영산 지중해 일대가 마한의 중심지임을 말해주고 있다. 마한인은 옥을 중시한다고 기록에 나와 있다. 이곳에서 쏟아져 나온 옥 유물과 영산강식 토기는 이곳이 마한 역사의 발상지임을 알려주고 있다. 영산 지중해가 한국 고대사의 뿌리인 셈이다.

마한은 기원전 2세기 이전부터 기원후 6세기 중엽까지 800년 넘게 존속되었다. 백제와 통합된 이후에도 여전히 이어지고 있는 마한 정체성은, 한국사에서 차지하는 마한의 중요성을 헤아리고도 남는다. 그러나 2015 교육과정이 적용되기 시작한 2020년 한국사 교과서에 마한이 포함된 삼한이 함경도와 강원도 역사의 일부를 차지하는 옥저, 동예와 같은 비중으로 다루어지고 있다. 마한사가 차지하는 역사적 비중과 달리 현재 평가는 매우 인색함을 알 수 있다.

마한사의 발상지인 영산강 유역 마한 연구는 일제강점기인 1917년 일제가 나주 반남면 신촌리 9호분을 발굴하면서 시작되었다. 일제가 한국 고대사의 뿌리인 마한사를 애써 무시하고 임나일본부의 흔적을 이곳에서 찾으려는 식민사학의 연장선에서 이 지역 고분에 대한 발굴·조사를 하였으니 마한 연구는 처음부터 왜곡될 수밖에 없었다.

해방 후, 마한 연구는 문헌 학자들이 백제의 영역 확대 과정을 다루며 주도하였다. 이 과정에서 마한 왕국들은 지역과 문화 배경, 형성 주체에 따라 성립 시기와 과정이 다양하다는 것이 밝혀졌고, 그 소국들은 중심 읍락인 국읍(國邑)과 다수의 일반 읍락(邑落)으로 구성된 정치체라는 것도 주장되었다.

하지만 마한의 중심지였던 영산강 유역의 마한 연구는 전반적으로 관련 자료의 부족과 고고학적 연구 성과의 미흡으로 인해 간단히 언급되거나 백제사에 부수된 변경의 역사로 인식되어왔다. 이를테면 목지국 중심의 마한 연맹체가 무너진 이후 마한 잔여세력이 영산강 지역으로 이동하여 명맥을 유지하다가 369년 백제 근초고왕 때 백제의 영역이 되었다는 주장이 그것이다. 『일본서기』 신공기 49년 춘 3월 기사를 추론의 근거로, 1950년대 말 이병도가 주장한 이 학설은 이후 교과서에 실려 오늘날까지 통설로 자리 잡았다.

그러나 『일본서기』 기록만을 근거로 내린 이 주장은 최근 비판이 제기되고 있다. 4세기 후반 이후에도 영산 지중해[1]가 포함된 전남 지역에 대한 백제의 지배가 계속되었다면 이 지역의 고고학적 유물에 '백제적 요소'가 당연히 나타나야 할 것이다. 1980년대 이후 영산강 유역에 대한 고고학적 발굴조사가 진행되면서, 이 지역에는 4세기 후반부터는 대규모 옹관과 백제식이 아닌 영산강식 석실을 가진 거대한 분구묘 문화가 6세기 중엽까지 발전해왔음이 밝혀졌고, 5세기 무렵으로 추정된 다른 유물에서도 백제계 보다는 가야계나 왜, 심지어 신라계의 비중이 크다는 사실이 확인되고 있다. 이러한 고고학 연구 성과를 바탕으로 백제의 일부분으로 인식되었던 마한사에서 탈피하여 한국 고대사에서 마한의 독자성을 강조하는 이른바 '마한론'이 1990년대 후반 제기되었다. 영산강 유역의 마한은, 국가 단계의 독립적인 정치체로, 고구려·백제·신라·가야와 함께 '5국 시대'로 인식해야 한다는 주장까지 나왔다.

일부 고고학자들을 중심으로 제기된 '마한론'은 기존의 문헌 사학자들이 주장했던 마한관과 다른 것으로, 그동안 삼국 및 가야역사와 비교

---

1) 강이라기보다 넓은 호수를 형성한 영산강은 대륙문화와 해양문화가 교류·융합하여 새로운 마한 문명을 창조한 중심지였다. 마치 동·서양문화가 교류하며 그리스·로마 문화를 꽃피운 지중해와 같은 기능을 하여 '영산지중해'라는 표현을 하였다. 이 표현은 저자가 처음으로 사용하여 생경하게 받아들이면서도 수긍하는 이가 많다.

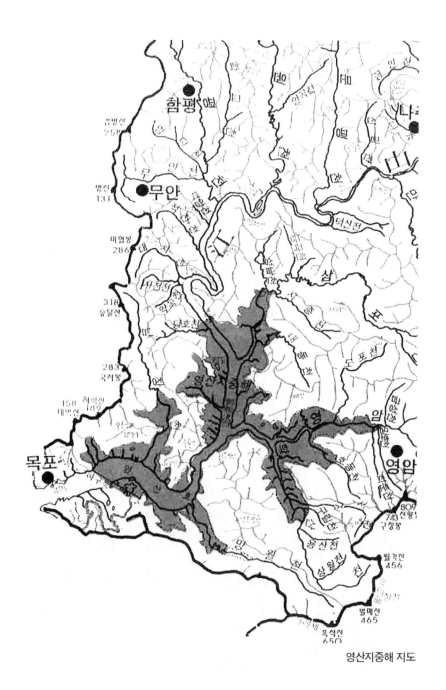

영산지중해 지도

해 상대적으로 연구가 취약했던 영산강 유역의 고대사회에 대한 실체를 구조적으로 밝힐 수 있는 계기를 만들었다는 점에서 의의가 있다. 하지만 6세기 중엽까지도 영산강 유역에 독자적인 정치체가 있었다는 '마한론'을 주장하는 사람들은, 백제가 4세기 후반에는 이 지역을 직접 지배하였으나 5세기에 들어 고구려 광개토왕, 장수왕에게 밀리는 틈을 이용하여 독립을 꾀하고, 백제는 이들 세력의 독자성을 인정했다는 시각을 가지고 있다. 이른바 4세기 후반 백제의 직접 지배가 간접 지배로 전환이 이루어졌다는 것이다. 그러니까 이른바 새로이 제기된 '마한론' 역시 어디까지나 근초고왕 때 전남 일대를 백제가 복속했다는 주장의 또 다른 연장선에 있다는 비판으로부터 자유롭지 않다.

그러나 새로이 제기된 마한론은 지역사의 관점에서 볼 때 내재적 발전론을 전개하여 지역 문화의 체계화와 지역의 정체성 확립을 실증적으로 찾으려는 점에서 긍정적인 측면이 있다. 6세기 초 중국『양직공도』백제국사에 나오는 '방소국' 해석과 관련하여 6세기 중엽까지 마한이 실존하였다는 주장이 제기되면서 영산강 유역의 고대사회 연구를 미시적인 차원은 물론 백제사, 나아가 한국 고대사의 거시적 관점에서 새롭게 검토할 필요성이 커지고 있다. 이러한 차이는 문헌사학과 고고학 간의 인식에서 나온 것이기도 하지만, 근본적으로 마한을 백제의 종속변수로 볼 것인지? 아니면 독립변수로 볼 것인가의 여부에 있다.

2. 마한사 연구의 새로운 접근

영산 지중해 중심의 마한사 연구는, 한국 고대사와 백제사와의 관계에서 중요한 문제이다. '고구려·백제·신라·가야·마한' 즉 '5국사'를 주장하는 '마한론'은 백제사의 관점과 기본적으로 충돌되고, 전체 백제의 역사상을 정립하는 데 역기능을 가져올 수 있다는 시각도 있다. 그러나 역사에서 중요한 것은, 현재 관점이 아니라 당대 관념으로 이해를 해야 한다는 사실이다. 말하자면 '마한론'을 주장하는 사람들을, 그 연구자들이 속한 지역적 현실의 반영이라고 단정하여 생각하는 것은 온당하지 못하다고 생각된다. 오히려 선입관을 걷어내고 문헌 기록과 고고학적 현상을 유기적으로 관련지어 역사적 진실을 찾는 것이 중요하다.

마한 연구의 핵심은 마한의 중심지이자 마한 문화의 발상지라고 할 수 있는 영산 지중해를 포함한 전남 지역의 마한 왕국의 실체를 밝혀내는 일이다. 이제까지 문헌에 보이는 마한 왕국의 위치를 비정하는 수준에 그쳤을 뿐 구체적인 실체를 파악하려는 단계에까지는 나아가지 못했다. 그러나 비록 기록이 제한된 현실에서 비롯된 불가피한 측면 때문이라는 점도 지적되지만, 근초고왕 때 공격을 받아 '도륙'을 당했다는 『일본서기』의 침미다례, 다른 마한 20여 국과 중국에 조공을 떠났다는 『진서』의 '마한' 관련 기록, AD 521년 무렵의 한반도 남부의 사정을 알려주는 『양직공도』 '방소국' 등의 분석을 통해 영산강 유역의 마한 왕국의 실체를 밝히는 실마리를 찾을 수 있다.

영암 시종·나주 반남, 나주 다시들 일대에 조영된 거대한 고분과 신촌리 9호분 등에서 출토된 금동관과 환두대도 등의 유물은 강력한 마한 왕국의 존재를 확인해주고 있다. 이처럼 문헌 및 고고학을 토대로 마한 연맹왕국의 구체적인 실체를 밝힐 수 있으리라 기대하고 있다. 영산 지중해의 마한 왕국은 차령 이남의 마한 왕국과 마한 남부연맹을 결성하여 백제 중심의 마한 북부 연맹과 치열한 경쟁을 하였음을 염두에 두며 살피고자 한다.

5세기에 영산강 유역에서 제작되어 일본 토기 문화에 영향을 주는 '영산강식 토기'라 일컬어지는 이 지역의 특징이 드러난 유물이 있다. 일부에서는 '영산강식 토기'라는 토기는 '백제식 토기'가 영산강을 거쳐 왜로 수출된 것을 말하는 것이라고 설명을 하고 있다. 그렇다면 그 토기는 '영산강식 토기'가 아니라 '백제식 토기'라는 표현을 써야 옳을 것이다. 만약 '영산강식 토기'라는 용어 사용에 동의한다면, 이러한 독자적인 문화를 생성해냈던 이 지역 고유의 특질을 반영한다는 점에서 독자적 정치체를 설정하는 것이 옳다. 3, 4세기의 영산강 유역에도 고유의 전통을 간직한 정치 세력이 있었으리라는 생각을 하게 한다. 이러한 관점에서 영산강 유역을 중심으로 한 마한 연맹왕국의 실체를 밝혀보려 한다. 이를 통해 영산강 유역의 정치체의 구체적인 모습이 복원되고, 유물에서 백제는 물론, 가야, 왜 등 다양한 문화 요소들이 찾아질 것이다. 이를 통해 영산강 유역 마한사회의 성격이 새롭게 부각될 것이다.

마한 연구가 백제와의 관계에 치우치다 보니 마한 사회를 이해하는 경제, 사회, 문화, 사상에 대한 논의가 관심밖에 놓여 있어 마한 역사를 구조적으로 이해하는 데 어려움을 주고 있다. 영산강 유역이 동아시아 곡창 지대임을 입증한 신창동 유적을 비롯한 발굴 조사과정에서 드러난 출토 유물과 『삼국지』 위지 동이전 등 기록을 유기적으로 엮으면 장제(葬制)를 포함한 마한 사회의 다양한 면모를 살필 수 있는 틀이 만들어질 것이다. 이를 통해 영산 지중해 마한이 마한문화의 발상지이며 중심지임이 드러나게 될 것이다.

기록에 확인되는 존속 시기만 하더라도 800년이 훌쩍 넘는 연맹체를 유지한 마한은 영산 지중해를 중심으로 '영산강식 토기'로 대표되는 고유의 문화를 창조하여 그들만의 오랜 정체성을 형성하였다. '마한인은 옥을 귀하게 여겼다', '마한인은 소나 말을 수레 대신 장례에 썼다', '마한인은 성격이 용맹하여 치열하게 싸우나 패자를 귀히 여긴다' 등의 마한인을 성격 짓는 기록을 남겼다. 이러한 정체성이 백제와 통합에 어떻게 연결되는가를 살피는 것이 중요하다. 이는 백제와 마한의 통합이 백제에 의한 흡수 통합인지, 또는 대등한 수준의 통합인지를 밝히는 근거를 제공해 줄 것이다.

마지막으로 그동안 전혀 관심을 두지 않은 마한인의 정체성 변용 과정을 다루고자 한다. 마한인의 정체성은 백제와의 통합 이후는 물론 심지어 수백 년이 지난 후삼국시기에도 표출되고 있다. 이것이 갖는 의미는 무엇인지를 6세기 중엽 백제와 통합 이후, 백제 멸망 후, 신라와 통합 이후 등 여러 단계로 나누어 분석하고자 한다. 이를 통해 마한 역사가 한국 고대사에서 차지하는 역사적 위치를 거듭 확인하게 될 것이다.

사실 역사의 기본은 문헌을 어떻게 해석하고 기술하는가에 달려 있다. 저자는 기본적으로 관련 문헌 기록에 의지할 것이다. 한국 고대사 연구에 있어 한국 측 사료는 『삼국사기』와 『삼국유사』 이외는 다른 사료가 없어 절대적으로 자료 부족이라는 한계가 있다. 더구나 『삼국사기』에 보이는 마한 기사는, 백제와 관련된 부분만 일부 있을 뿐 영산강 유역의 마한과 관련된 기록은 전혀 없다 해도 과언이 아니다. 하지만 『삼국사기』·『신증동국여지승람』 등 지리지에 고대적 요소들이 여기저기 흩어져 있어, 이를 잘 활용하면 뜻밖의 성과도 기대할 수 있으리라 생각된다.

마한사를 비롯한 초기 연맹 국가의 구체적인 모습은 아무래도 『삼국지』와 『후한서』 동이전에 상세히 언급되어 있어 이들 기록을 최대한 분석의 대상으로 삼을 수밖에 없다. 이 가운데 가장 상세히 기술된 『삼국지』 위지 동이전 기록은 3세기 후반의 사회의 모습을 반영하고 있다는 점과 그것이 중국 측 기록으로 남을 때 여러 차례의 윤색과정을 통해 서술되었으리라는 점을 유념할 필요가 있다. 말하자면 철저한 사료 비판을 통해 위 기록들을 종횡으로 유기적으로 엮어내면 어떤 새로운 해결 방안이 나오리라 여겨진다. 영산강 유역 정치체를 이해하기 위해서는 그동안 소홀히 다룬 『양직공도』 백제 사신 조에 나오는 '방소국'에 대한 철저한 분석이 무엇보다 중요하다.

역사 연구에 문헌 못지않게 중요한 1차 자료라 할 수 있는 유적, 유물 등 고고학적 자료는 당시의 구체적인 모습을 반영한다는 점에서 매우 중요하다. 하지만 연대를 특정 짓는 명문이 나오지 않는 한 구체적인 시기를 설정하기가 어렵다는 한계도 엄연하다. 그렇더라도 문헌이 영세하기 짝이 없는 마한사 등 원삼국 시대 및 영산강 유역의 지역사를 복원하는 데 있어 고고학 연구의 활용은 절대적으로 중요하다. 영산강 유역의 대형 고분들이 여러 차례 발굴 조사되어 분석할 자료들을 제공해주고 있고, 영산강 유역 주변 지역을 포함하여 전남 지역 곳곳에 도로 개설 등으로 인한 발굴조사도 이루어져 보성강 유역 등 다른 지역 마한 연구에 유용한 정보를 마련해주고 있다.

사실 이제까지 마한 연구는 고고학자의 몫이었다 해도 과언이 아니다. 그러나 고고학자들이 발굴 조사한 유적, 유물이 전하는 역사적 메시지를 읽고 해석하는 것은 결국 역사학자의 몫이다. 가령 복암리 고분에서 출토된 소뼈를 통해 '순장' 풍속을 유추하고, '응ㅇ'이라는 토기 편을 가지고 마한 왕국의 실체를 추정하고, 유물에 묻어있는 파리 유충을 가지고 '복장' 풍습을 찾고, 유난히 영산강 유역 고분에서 쏟아져 나오는 옥(玉) 유물을 통해 마한의 상징을 찾는 등 마한 사회를 다양하게 재구성해낼 수 있다.

종전에 이루어졌던 고고학적 해석도 새롭게 이루어지고 있는 것도 마한사에 대한 이해를 달리하는 데 도움을 주고 있다. 이를테면 종래 '백제식 왕관'이라 하여 '위세품'으로 해석했던 신촌리 9호분 출토 금동관도 최근에는 가야·왜 문화 요소가 가미된 재지적인 성격이 강하다는 연구가 나오고 있고, 무덤 주위에 둘러 있는 하니와도 '일본식'이 아닌

이 지역의 '독자적' 형식을 띠고 있다는 주장도 나오고 있다. 결국, 어떤 역사적 사실을 일반화하기 위해서는 유물이 지닌 특징적인 요소들을 구조적으로 살펴야 한다.

이처럼 그동안 무심코 버려졌던 사실, 또는 이해되지 않았던 상황들이 문헌과 고고학적 자료의 유기적인 연결을 통해 새롭게 해석된다면, 영산강 유역 정치체의 구체적인 모습들이 드러나고, 나아가 백제와의 관계 등도 소상하게 밝혀져 마한사의 공백을 채우리라 기대한다. 다만 문헌 사학자로서 고고학에 문외한인 저자가 유적과 유물을 자의적으로 해석하여 역사를 왜곡할 가능성도 없지 않다. 게다가 지나친 상상력으로 역사의 실제와 동떨어진 결론을 도출할 염려도 크다. 이 점은 유물들의 시기별, 공간별 특질들을 구조적으로 이해하고 기록과 유기적으로 연결하여 나타날 수 있는 문제점을 최소화하고자 한다.

2장

마한 남부연맹의 왕국

2장
마한 남부연맹의 왕국

1. 마한의 패자, 침미다례

기록에 보이는 대국 침미다례

2017년 광주교육청에서 발행한 중·고등학생용 교재 서문에 "현재의 한국사 교과서는 4세기 이후 마한의 모습을 찾을 수 없다."라고 언급하고 있다. 그러면 4세기 이전 마한 모습은 기록되고 있는 것일까? 4세기 이전의 마한의 모습은 더더욱 찾을 수 없다. 근초고왕 때 마한 지역이 백제 지역에 복속되었다는 통설에 젖어 있다 보니 근초고왕과 맞섰던 '침미다례' 등 마한 남부 지역에 존재하였던 왕국들을 놓치고 있다.

우리나라 초기 국가의 모습을 알려주는 중요한 사서인 『삼국지』 위서와 『후한서』 동이전에 따르면, 마한은 모두 54개의 나라로 구성된 연맹체로, 각기 12개의 나라로 구성된 진한이나 변한보다 규모가 훨씬 컸다. 마한 54국은 3세기 후반 진수가 『삼국지』를 편찬하였을 때의 모습을 반영해준다. 처음에는 몇 개의 연맹 왕국으로 출발한 마한 연맹체는, 차츰 54개 국으로 확대되었다가 점차 세력이 강한 연맹을 중심으로 통합되어가는 과정을 거쳤을 것이다.

일찍이 천관우 선생이 전남 지역에 13국이 있었다고 추정하였고, 최근에 이르러 지석묘 등 고고학적인 유물을 토대로 14국 안팎의 소국이 있었다는 주장이 나오고 있다. 전남 지역에 적지 않은 연맹 왕국이 있었음을 알려주는 것이라 하겠다.

김부식의 『삼국사기』에 "마한은 서쪽에 있고 54개 소읍이 있는데 모두 '國'으로 불렀다."라고 되어 있다. 『삼국지』에 "대국은 1만여 호, 소국은 수천 호, 총 10여만 호"라고 기록되어 있다. 마한 연맹이 주요 지역의 대국을 중심으로 소국이 연맹하는 연합체로 구성되어 있음을 추측할 수 있다.

삼한의 '國' 규모는 평균 인구 1만여 명으로 지금의 군(郡) 단위로 추정되고, 정치 발전 단계로는 준 국가 단계인 '군장사회(Chiefdom)'로 이해되고 있다. 국의 크기에 따라 직경 10km 정도의 읍락 수준인 소국과 30km 정도의 몇 개의 읍락을 포괄한 지역 규모의 대국으로 나누어 소국은 '군장사회', 대국은 '초기국가'로 국가 발전단계의 차이를 두어 살피기도 한다. 저자는 초기국가 대신 '연맹 왕국'이라는 용어를 사용하겠다.

삼한의 왕들은 중국식 '왕'이라는 칭호 대신, 대국은 '신지', 소국은 '읍차'라는 명칭을 사용하였다. 하지만 "기강이 약하고 국읍에 우두머리가 있다고 하나 읍락에 같이 살아 통제하지 못한다."라는 기록에서 보듯이 대국에 상당하는 '국읍' 왕의 힘이 그다지 강력하지는 않았다.

특히 평야 지대가 많은 마한 연맹 왕국은 인구 면에서 대국, 대·소국, 소국 간에 규모 차이가 크지 않아 분립성이 강하여 통합 과정이 더뎠다. 이는 인구 규모가 대국 4~5천여 호, 소국이 6~7백여 호로 차이가 큰 진한이나 변한보다 정치 발전 단계가 늦은 느슨한 단계의 연맹체를 이루는 요인이 되었다. 『삼국지』 위지 동이전에 "산과 바다 사이에 흩어져 살며 성곽이 없었다."라는 기록은 이러한 사정을 느끼게 한다.

대국에 해당하는 연맹 왕국이 얼마나 되는지 정확히 알 수는 없으나 목지국이 주목된다. 지금의 충청남도 천안 직산 일대에 있으며 '마한왕', 또는 '진국(辰國)왕'을 자처하며 마한을 대표하는 역할을 하였다. 처음에는 백제에 땅을 떼어 주었던 목지국은 오히려 3세기 중엽 백제에 병합되었다. 이때부터 백제를 포함하여 상당수 국읍, 즉 대국들 사이에 연맹세력의 주도권과 마한의 정통성을 둘러싸고 세력 쟁탈전이 본격화되었다.

이들 가운데 전남 지역에 있었던 '침미다례(忱彌多禮)'가 주목된다. '침미다례'에 대해 최근 들어 연구가 이루어지고 있으나 아직도 그 실체를 정확히 알지 못하고 있다. 침미다례는 『삼국지』 위지 동이전에 언급된 54국은 물론 『삼국사기』 등에도 이름이 나오지 않는다. 다만 『일본서기』 신공기 49년 조에 "또 군대를 옮겨 서쪽으로 돌아와 고해진(古奚津)에 이르러 '남만 침미다례를 도륙하여(屠南蠻忱彌多禮)' 백제에게 주었다"라는 구절이 있는데, 근초고왕이 369년에 이 지역을 공략한 사실을 말하는 것이라고 이해되어 왔다. 그런데 '도륙을 냈다'라는 표현이 있는 것으로 미루어 침미다례는 지명보다는 왕국 명칭일 가능성이 크다.

당시 침미다례는, 고구려 고국원왕을 전사시킬 정도의 강력한 정예병 3만 군대를 가지고 있었던 근초고왕 군대에게 조공을 바치거나 항복하지 않고 '도륙(屠戮)' 당했다는 표현이 나올 정도로 결사 항전한 사실에서 미약한 세력이 아님을 짐작할 수 있다. 백제가 '남만', 즉 '남쪽 오랑캐'라고 불렀던 것은 백제의 인식 반영이다. 백제가 침미다례를 도륙이라는 표현을 써가며 완전히 씨를 말리려 한 것은 침미다례가 백제 중심의 권위와 정통성을 인정하지 않고 독자적으로 연맹세력을 구축하며 맞섰던 것에 대한 반작용의 산물인 셈이다. 이를 통해 침미다례가 이 지역에 있었던 마한 연맹체의 중심 세력의 하나로, 위지 동이전의 '대국'에 해당함을 알 수 있다. 이는 중국 측『진서(晉書)』'장화전' 기록에서도 확인된다.

> "(282년)동이 마한의 신미 등 여러 나라가 산에 의지하고 바다를 끼고 살았다. 유주와 4천여 리 떨어져 있다. 여러 대에 걸쳐 사신을 보내지 않던 20여 국이 사신을 보내 조공을 하였다.(東夷馬韓新彌諸國依山帶海, 去州四千餘里, 歷世未附者二十餘國, 並遣使朝獻) 9월에 동이 29국이 귀화하여 방물을 바쳤다."

3세기 말 마한 세력과 중국의 관계를 보여주는 유명한 기록이다. 여기에 보이는 '신미'는 유주와 4천여 리 떨어져 있고 바다를 끼고 있는 곳으로 미루어 볼 때 한반도 서남해안으로 추정되고, '침미'와 음이 비슷하므로 '침미다례'와 동일 왕국을 가리킨다고 할 수 있다.[2] 시간상으로 볼 때 신미국을 침미다례가 계승했다고 볼 수도 있지만, 중국과 일본 역사서의 기록의 차이일지도 모르겠다.

처음에 신미국을 포함한 20여 국이 중국에 사신을 보냈고, 다시 29국이 귀화를 한 것으로 되어 있는데, '귀화'라는 표현은 조공을 바치러 온 사신들을 당시 유주자사 장화가 과장하여 기록한 것이라고 할 때, 적어도 신미국을 포함한 29개 왕국이 중국에 조공하러 간 사실을 보여준다. 이때 29국은 같은 연맹체로, 시기적으로 3세기 말이면 목지국이 무너진 직후 마한이 정치적으로 요동칠 무렵이었다. 절반 이상이 넘는 마한 연맹 국가가 백제 중심의 연맹을 거부하고 신미국 중심으로 합류한 모습으로 보인다.

특히 '동이마한신미제국(東夷馬韓新彌諸國)'이라는 구절이 주목된다. 이를 백제가 마한을 대표하는 것으로 해석하여 '동이의 백제와 신미'라고 대칭적으로 살피기도 한다. 하지만 오히려 '동이에 있는 마한의 신미국'으로 이해하여 신미국이 동이의 마한의 정통성을 지닌 것으로 해석하는 것이 자연스럽다. 말하자면 당시 중국에서도 신미국, 즉 침미다례가 마한을 대변하고 있는 것으로 인식하였다.

침미다례와 함께 한 29국에는 노령산맥 이남에 있는 13국은 물론 차

---

2) 『일본서기』에 보이는 '침미다례'가 『진서』 장화전의 '신미국'과 음이 비슷하다는 주장은 이병도가 일찍이 주장한 이래 많은 학자들이 따르고 있다. 노중국은 '침미'와 '신미'가 음이 비슷하고 '다례'는 국(國), 읍(邑)을 의미하는 '다라·드르'와 상통하기 때문에 '침미다례'는 '신미국'을 가리킨다고 하였다.

령산맥이남 즉 목지국 이남의 정치 세력 대부분이 포함되어 있었을 것이다. 침미다례는 목지국이 강성해 있을 때도 목지국에 비견될 정도로 강력한 연맹체를 형성하고 있었음이 분명하다. 그러다 목지국이 멸망하자 그 영향력 아래 있던 다른 세력도 아우르게 되었을 법하다. 말하자면 목지국이 전체 연맹에 대한 영향력을 가졌을 것이라는 기존 인식과 달리, 침미다례는 백제는 물론 목지국에 버금가는 세력을 형성하면서 3세기 중엽부터 1세기 이상 남쪽에서 마한 연맹의 패자로 우뚝 서 있었다.

목지국이 백제에 밀려 남하하며 나주 일대에 목지국의 잔여세력이 독립된 세력을 유지하고 있었다는 일부 의견은, 침미다례와 같은 대국 중심의 연맹체 존재를 간과한 데서 나온 것이다. 목지국 멸망 후의 마한이 침미다례 중심의 연맹체와 백제 중심의 연맹체로 나누어져 대립 경쟁하고 있었다는 이도학의 주장이 일리 있는 이유이다.

침미다례 위치

침미다례 왕국 위치는 어디쯤일까? 최근 이에 대한 논의가 활발하나 아직 확실한 결론이 나와 있지 않다. '침미다례'가 언급된 『일본서기』 신공기 49년조 기록과 중국 『진서』에 나오는 '신미국'만 가지고 위치를 추정해야 하는 어려움이 가장 큰 이유일 것이다. 현재 고흥반도설, 강진·해남 일대설, 영산강 유역설 등 논란이 많으나 전남 지역에 있을 것이라는 데는 의견이 일치하고 있다.

일찍이 일본 학계는 '침미다례'와 '탐라(耽羅)'가 음이 비슷하다고 하여 제주도에 비정을 하였으나 탐라가 백제와 처음 관계를 갖기 시작한 것이 508년으로, 침미다례를 369년에 도륙했다고 하는 것과 시기가 너무 동떨어져 있어 받아들이기 어렵다.

강진·해남 지역설은 문헌 사학계에서 주로 주장하고 있는데, '침미'가 일본어 훈 'ㅏㅿ(도무)'이므로 백제 도무군에 해당하는 강진·해남 일대라는 것이다. 통일신라시대에 이 지역에 설치되었던 해남 현산면에 해당하는 침명현(浸溟縣)이 침미와 음이 비슷한 데다 백제가 침미다례를 공격하기 전에 점령한 고해진과 가깝다는 점도 주된 근거이다.

임영진은 고흥반도에 전남 지역에서 가장 많은 지석묘와 삼국시대 고분군이 있고, 고흥 안동(雁洞) 고분에서 출토된 범(凡)백제계의 금동관과 금동신발 등으로 미루어 그곳에 '침미다례'와 같은 정치 세력이 있었을 것이라고 짐작하였다. 고고학적 유물을 토대로 추정한 이 설은, 지명의 유사성 등은 고려하지 않았다는 한계가 지적된다.

한편, 일부에서는 나주 반남 고분군과 복암리 고분군 등과 같이 영산강 유역에 분포한 거대한 고분을 만들 수 있는 집단이라면 적어도 침미다례와 같은 정치 세력이 분명하다는 생각에서 영산강 유역설을 주장하기도 하지만, 침미다례가 바다를 끼고 있었다는 중국『진서』의 기록과 맞지 않고, 지명의 유사성도 떨어진다는 점에서 받아들이기 어렵다.

저자는, 고대 지명이 언어와 깊은 상관성이 있다는 점에서 침미다례가 음운상으로 침명현(해남), 훈독상으로 도무군(강진)과 비슷하고, 지

해남 용두리 고분 출토유물

리적으로도 고해진과 가까운 강진·해남 일대설을 따르고자 한다. 게다가 인근 송지면 군곡리의 거대한 패총, 삼산면 신금리 주거 유적과 옥녀봉 토성 유적, 장고산과 용두리에 있는 거대한 장고분 등의 존재는 이 지역에 기원전 후부터 강한 정치 세력 말하자면 침미다례 왕국이 존재했으리라는 생각을 하게 한다.

실제 장고산 고분이 있는 해남 북일면, 용두리 고분이 있는 삼산면은 일찍이 행정구역이 강진이었고, 그곳과 해남 송지면 군곡리 패총이 있는 백포만 해안까지 불과 30여km 정도 떨어져 있는 점을 고려할 때, 강진만과 해남반도 일대가 침미다례의 영역이 아니었을까 짐작한다. 강봉룡도 옹관 고분 분포를 통해 해남 일대를 침미다례의 거점으로 살피고 있다. 다만, 영암 시종과 나주 반남 일대가 침미다례의 중심 세력권이고, 해남 지역이 주변부라는 견해에는 동의하지 않는다.

침미다례 발전과 한계

목지국에 버금가는 대국 연맹체의 중심 세력이 3세기 중엽 강진만과 해남반도 일대에 형성될 수 있었던 요인은 무엇일까? 강진만과 해남반도 일대는 지금도 전남 지역에서 가장 넓은 충적 평야 지대로써 쌀 생산이 전남 지역의 15% 이상을 차지할 정도로 비옥한 농토지대이다. 침미다례의 영역에 해당하였던 송지면과 현산면 경계를 흐르는 구산천과 군곡천, 산정천 등 하천 유역을 중심으로 발달한 농업생산력은 당시에도 다른 지역보다 월등하였을 것이다. 게다가 군곡리 패총이 자리 잡은 해남 백포만 일대는『조선왕조실록』등 여러 문헌에도 갈산포·어란포·남포·군곡포 등 여러 포구 이름이 보이는 등 지형적으로도 항만이 발달할 수 있는 천혜의 조건을 갖추어 어업은 물론 지정학적으로도 L자 모양의 반도 서남단에 위치하여 중국, 낙랑, 가야, 일본으로 이어지는 해상 무역의 중간 교역지로 매우 적합한 곳이었다.

군곡리 패총에서 출토된 중국 신(新)나라 화폐인 '화천(貨泉)'과 중국과 왜에서 사용되었던 점술 도구인 '복골(卜骨)', 해남 부길리에서 출토된 가야 계통의 철제품은, 그 지역이 기원전 2세기부터 기원후 4세기 무렵까지 낙랑, 대방에서 마한, 변한을 거쳐 왜로 이어지는 무역 중심지였다는『삼국지』기록을 입증해주고 있다. 하지만, 침미다례의 주요 경제 기반은 농업과 어업이었다. 침미다례는 적극적인 대외 무역 활동보다 중개무역 거점 역할을 하며 경제적 이익을 취하는 수준이었다. 이는 오랫동안 중국과 사신 왕래가 없었다는 데서 추측할 수 있다.

여하튼 침미다례 왕국은 비옥한 농토와 중개무역을 통해 축적된 경제적 부와 이른 시기부터 낙랑과의 교류를 통해 새로운 문화를 접해 다른 연맹 왕국보다 빠른 정치적 발전을 하였을 것이다. 백포만 일대의 넓은 주거지 유적과 야철지 및 토기 요지, 합구식 대형 옹관 등에서 유력한 정치세력의 존재를 상상할 수 있다. 해남 일대의 옹관 고분에서 출토된 유물 가운데 철도끼, 철촉, 철정 등의 무기류가 다른 지역보다 많은 것도 이 지역에 자리 잡았던 침미다례 왕국이『삼국지』위서에서 말한 '대국'을 형성하여 마한 연맹의 중심 세력이었다는 증거가 아닌가 한다. 해남 지역을 중심으로 한 남해안 고분 형태가 영산강 유역과 달리 나타나고 있는 데서 알 수 있듯이 침미다례 중심의 독자적인 문화가 형성되고 있었다.

한편, 3세기 중엽 목지국을 붕괴시킨 백제가 연맹의 주도권을 잡으려 하자 침미다례는 그것에 반발하는 마한 남부연맹 왕국을 하나로 결속시켰다. 말하자면 침미다례와 백제를 핵심으로 하는 두 개의 마한 연맹체가 차령산맥을 중심으로 남북으로 대치하며 마한의 정통성 계승을 둘러싸고 본격적으로 경쟁하고 있었다. 침미다례 중심의 연맹체가 지역적으로 노령산맥을 넘어 지금의 전북 일대 즉 차령산맥 이남까지 포함되었을 것이라고 여기는 것은, 침미다례와 함께 28 연맹 왕국이 함께 중국에 조공을 바치러 갔다는 사실에서, 그리고 근초고왕의 침미다례 공격 때 굴복한 일부 연맹 왕국이 전북 일대에 있다는 점에서 알 수 있다.

『일본서기』 신공기 49년 조에 "침미다례를 도륙하자 비리(比利)·벽중(辟中)·포미(布彌)·지반(支半)·고사(古四) 등 읍락이 스스로 항복하였다"라는 기록이 있는데, 고사는 고부, 벽중은 김제, 지반은 부안, 비리는 부안의 보안에 해당한다고 한다. 이 견해를 따를 경우, 모두 노령산맥 이북에 해당한다. 그렇다면 적어도 4세기 중엽까지 전북 지역 대부분도 침미다례 중심의 연맹체로 유지되고 있었고, 아직 백제의 세력은 차령산맥 이남까지 미치지 못했다고 보아야 할 것이다.

한편 침미다례 중심의 연맹체는 백제가 팽창해오자 이에 적극적으로 대처하였다. 이는 『진서』 장화전의 '여러 대에 걸쳐 오지 아니하였다(歷世未附)'라는 기록에서 알 수 있다. 즉, 그동안 적극적이지 않았던 중국과의 외교에 나서고 있다. 이를 가지고 280년 서진(西晉)이 중국을 통일한 후 대내적인 물자 조달이 가능해져 원거리 무역에 대한 수요 감소로 교역량이 감소하자 외래 물품에 대한 수요 때문에 침미다례가 원거리 무역에 나선 것이라고 해석하기도 한다.

하지만 이는 침미다례의 경제 기반이 철저히 무역에 의존하였을 때 가능한 해석이지만, 앞서 살핀 바와 같이 침미다례는 농업과 어업에 기반을 둔 왕국이었다. 더구나 29개국이 함께 갔다는 것은 경제적인 이유보다는 더욱 절실한 까닭, 이를테면 마한 연맹체의 주도권을 둘러싼 치열한 외교전의 산물로 보는 것이 설득력이 있어 보인다.

마한 연맹체의 패자 역할을 하였던 침미다례 왕국이 왜 고대 국가로 성장하지 못하였을까? 중국의 선진 문물을 체득한 고구려 유이민 세력들이 한강 유역의 토착 세력과 결합을 하여 세워진 백제는, 낙랑·대방 등 한 군현 세력과 직접적인 군사적 충돌을 경험하며 한강 유역의 연맹 왕국을 하나로 묶으며 강력한 연맹을 형성하였다. 이러한 힘을 바탕으로 마한의 맹주인 목지국까지 무너뜨렸다.

반면, 침미다례 중심의 남부연맹체들은 대부분 마한 연맹체들이 그러하듯이 평야 지역에 자리를 잡아 대·소국 왕국 간에 세력 규모가 비슷하여 정치 세력들의 독립성이 강하게 드러나고 있었다. 가령 3세기 후반 정치 세력의 존재를 알려주는 영암 시종과 나주 반남 지역의 대형 옹관 고분들은 이 지역 연맹 왕국의 규모를 상상해준다. 말하자면 이들 지역의 연맹 왕국의 분립성이 두드러져 있었던 셈이다.

이들 지역의 분립성이 강하게 나타났던 까닭을 영산강 유역과 광주 신창동 지역에서 철제 농기구보다 목제 농기구가 많이 출토되고 있는 사실에서 찾을 수 있다. 이들 지역은 황토 위주의 구릉이 많아 3~5세기까지만 하더라도 아직 목제 농기구가 주로 사용되는 등 철기 제작과 분배를 통한 사회 발전 동력이 낮은 수준에 머물렀다. 그만큼 권력과 부의 집중화가 상대적으로 미약하였다. 비록 정치적 수장이 있다고 하나, 마한은 서로 잡거(雜居)하며 정치적 수장의 통제력이 약하고 성곽이 없었다는 위서 동이전의 기록이 이러한 사정을 말해준다. 이 지역에서 출토된 옹관묘가 가족묘와 공동묘의 형태가 많은 것도 권력이 집중된 강력한 정치세력이 미약함을 알려준다. 남해안 일대에서 마구(馬具)와 같은 유물과 성곽 등이 보이지 않은 것도 조사 부족이라기보다는 이러한 현상을 반영한다는 견해는 일리 있다. 특히 한 군현과 끊임없는 군사적 충돌을 경험한 백제처럼 외부의 강한 군사적 압력에 저항하였던 경험도 없었기 때문에 연맹왕국 간에 강한 결속력 내지는 통합의 기회도 없었다.

이처럼 침미다례 중심의 남부연맹은 연맹체 내부의 대·소국 간에 비록 힘의 우열이 있다고 하나 그 차이가 크지 않아 연맹 간에 수직적인 관계보다 수평적인 관계에 머물러 있어 백제나 진한의 연맹체처럼 강한 위계질서가 확립되어 있지 못하였다. 이러한 분립성은 통합력이 미약하여 외부의 강한 압력 앞에 취약할 수밖에 없다. 백제 근초고왕이 침미다례를 공격할 때 고사 등 일부 연맹왕국이 '자연(自然)' 항복했다고 하는 것이 이를 말해준다. 다만, 항복했던 지역이 주로 백제 연맹체와 비교적 가까운 노령산맥 이북이라는 점이 주목된다. 말하자면 역으로 노령산맥이남 지역은 근초고왕의 강습에도 항복하지 않고 독자성을 계속 견지한 셈이다. 즉, 이들 지역의 강고한 분립성과 침미다례 중심의 연맹체 결속력이 결코 미약한 것은 아니라는 추측을 하게 한다. 어쩌면 백제의 외압에 맞서기 위해 연맹 내부에서 차츰 통합의 필요성을 느끼며 세력을 결집하고 있었던 것은 아닐까 한다.

백제가 왜 침미다례를 공격하였을까? 이 문제에 대해서는 논란이 많은데, 371년 겨울 백제 근초고왕이 고구려를 공격하여 고국원왕을 전사시킨 사실과 관련이 있음은 분명하다. 313년 낙랑을 무너뜨리고 남하 정책을 본격화하고 있는 고구려와 일전을 준비하고 있던 백제는 후

방의 안전 확보가 시급하였을 법하다. 이를테면 신라를 공격하여 고구려와 군사적 동맹을 맺지 못하도록 압박하고, 가야 지역까지 공략한 근초고왕은 반도 서남쪽에서 마한 연맹체를 유지하면서 백제 중심의 연맹체에 맞섰던 침미다례에 대해 군사적 압박을 가하였다. 침미다례는 백제 연맹체를 인정하지 않았을 뿐 아니라 중국에서도 마한 연맹체를 대표하는 왕국으로 인식되고 있었다. 따라서 백제는 침미다례를 '남만'이라 하여 매우 불쾌하게 생각하였다. 이러한 상황에서 백제는 침미다례가 고구려와 연결되는 것을 막기 위해서 '도륙'이라는 표현을 쓰면서까지 강한 군사적 행동에 나선 것이 아닐까 여겨진다.

하지만 이 당시 백제 연맹체와 비교적 가까운 곳에 있던 노령산맥 북부 지역 일부 침미다례 연맹체만 항복한 사실로 볼 때, 근초고왕 군대에 입은 침미다례의 타격이 '도륙'이라는 표현만큼 치명적이었다고 생각되지 않는다. 게다가 항복했다고 하는 노령산맥 이북 지역의 고고학적인 유물에서 백제적인 성격이 확연히 드러나지 않은 것 또한 이러한 짐작을 뒷받침해준다. 근초고왕의 침미다례 공격은 일회성 강습에 불과했음을 말해준다.

521년 무렵 상황을 알려준 『양직공도』 백제국사 조의 '백제방소국' 가운데 소국으로 나타난 '지미(止米)' 명칭이 '침미'와 음이 비슷한 것으로 보아 그때까지도 '침미다례'라는 왕국 명칭을 사용하는 정치 세력이 온존하여 있음을 알 수 있다. 이는 침미다례 왕국이 4세기 후반 근초고왕 군대에 멸망되지 않았다는 사실을 알려준다. 특히 노령산맥이남 지역에서 백제의 영향을 받지 않은 토착 세력이 연맹 왕국을 그대로 유지하고 있었다는 것이 대규모 고분군 등 고고학적으로 입증되고 있는 것도 근초고왕 공격의 한계를 보여준다. 근초고왕 이후 백제는 고구려 광개토왕 군대에 밀려 대외적인 팽창은커녕 존망 위기에 처하여 남방을 경략할 처지는 더더욱 아니었다. 따라서 영산강 유역이 4세기 후반 백제 지역에 편입되었다는 기왕의 주장보다, 침미다례가 남부연맹체를 이끌고 있었다고 보는 것이 더욱 설득력이 있다.

목지국까지 복속시키고 고구려 고국원왕까지 전사시킨 강력한 백제가 침미다례 연맹체를 무너뜨리지 못한 것은 이 지역에 뿌리내린 강한 토착성 때문이라고 생각된다. 사실 마한을 비롯한 삼한은 북쪽에서 내려온 유이민 세력이 토착 세력과 결합하여 성립된 연맹왕국으로 그 과정에서 정치적, 문화적 갈등이 적지 않게 나타났다. 이러한 갈등을 해소하기 위해 형성된 '별읍'이나 '소도'의 존재는 삼한 사회의 독특한 사회 모습이다. 말하자면 유이민 세력이 비록 지배 세력을 형성하였지만, 토착 세력을 장악하지 못했음을 보여준다.

더욱 전남 지역은 높은 노령산맥이 가로막고 있는 데다 서해 연안 항로 또한 고조선, 낙랑 등과 떨어져 있어 북쪽에서 철기 문화를 가지고 내려온 유이민 세력이 토착 세력을 압도할 수 없었다. 말하자면 유이민 세력들이 독자적으로 정치적 통솔력을 가지면서 자기 세력을 확충해 나가기에는 역부족이었다. 따라서 이들은 오히려 토착민에게 흡수 동화되었고, 특히 노령산맥 이남의 연맹 왕국은 외부의 문화적 요인이 용해된 토착적 전통이 강하게 간직되고 있었다. 『삼국지』 위서의 기록에 "그 북방의 군(郡)에 가까운 여러 나라는 예속을 알았으나, 그 먼 곳은 마치 흉도와 같았다"라고 되어 있는데, 지리적으로 漢 군현과 떨어져 있는 곳은 상대적으로 토착 문화가 강고하였음을 보여준다.

특히 한 군현과 멀리 떨어져 있던 침미다례는 어느 지역보다 토착적 전통을 강하게 가지고 있었을 법하다. 거기에 낙랑과 변한, 왜 등의 여

만의총 1호분

러 문화 요소들을 주체적으로 받아들여 독자적 문화가 형성되고 있었다. 해남반도의 고분 형태 등이 영산강 유역과도 차이가 있는 특성을 보인 점도 이러한 이유 때문이다. 여기에 1세기 이상 마한 남부연맹을 이끈 정치적 경험도 가지고 있었다. 따라서 그들은 백제의 거대한 물결을 이겨내며 고유한 전통을 새롭게 발전시킬 수 있었다. 영산강 유역의 많은 고분군의 형태와 유물들에서 나타나는 다양한 문화 요소들도 이러한 맥락에서 이해해야 옳다고 본다. 이러한 관점에서 문헌사학과 고고학을 연결하는 연구가 깊어지고, 교과서에도 서술되어 '침미다례'가 '비운의 잊혀진 왕국'이 아닌 '마한의 패자'로 자리 잡아야 할 것이다.

2. 영산지중해 마한 왕국, '內卑離國'

'반나부리(半奈夫里)'와 '內卑離國'

영산강 유역을 중심으로 북으로는 영광·고창, 남으로는 해남·장흥 등에 한정되어 국지성을 띠고 있는 대형 고분이, 특이하게도 시종과 인근 반남 일대에 마치 신라 천년 수도 경주의 대릉원(大陵原)을 연상할 정도로 수십 기가 밀집 분포되어 있다. 분구의 규모 또한 최대급인 경우가 많아 당시 영산강 유역 가운데 가장 중심 지역이라고 생각하게 한다. 영암 지역의 경우 기존에 보고된 고분 수량은 49건 187기이나, 분구가 존재하는 고분은 34건 104기이다. 반남 지역도 덕산리(14기)·신촌리(7기)·대안리(12기)에 수많은 대형고분이 즐비하다.

　AD3~4세기에 축조되었다고 추정되는 시종 내동리 1호분은 둘레 길이 56m, 높이 5~8m로 연인원 5천 명, 반남면 덕산리 3호분은 둘레 길이 45m, 높이 8m로 연인원 5천110명이 각기 동원되어 조성되었다고 추정되고 있다. 기껏해야 길이 20m, 높이 7.7m에 불과한 백제 무령왕릉과 비교해 보면, 두 고분의 규모가 얼마나 거대한지 쉽게 상상이 된다. 대형 고분을 축조하는데 들어가는 엄청난 노동력을 동원할 수 있는 정치적 세력이 존재했음을 말해준다. 반남 신촌리 9호분과 대안리 9호분에서 출토된 금동관, 금동신발, 용봉문 환두대도 등은 피장자의 정치적 위상이 적어도 국왕 수준임을 짐작한다. '大國' 수준의 연맹 왕국이 있었음을 시사하는 것이다. 2019년 발굴 조사된 내동리 1호분, 일명 '쌍고분'에서 신촌리 9호분과 동일한 금동관이 있었음을 확인해 주는 금동관 '편(片)'이 출토된 것 역시 이러한 추론을 보다 확실히 해준다.

　시종·반남 지역에 그 존재를 과시하였던 마한 왕국의 구체적인 모습을 문헌에서 확인하기란 쉽지 않다. 전남 지역에는, 『삼국지』 위지 동이전에 나와 있는 마한의 54 소국 가운데 적어도 13개의 소국이 있었다고 추정되고 있는데, 혹시 이들 연맹 왕국의 하나가 시종·반남 일대에 거대한 고분군을 조영한 집단과 관계가 있지 않을까 짐작해본다.

　마한 54국의 위치를 비정하였던 천관우는 영암 일대에 '일난국(一難國)'이 있었다고 추정한 바 있다. 전남 지역의 지석묘를 체계적으로 정리한 이영문은, 역시 영암 월출산 주변, 즉 영암 덕진·신북·군서·서호·학산·

미암 등지의 지석묘 밀집지가 소국의 하나인 '一難國'이라 하였다. (본장 4. 월출산과 일난국) 시종 지역은, 이들 지역에 포함되지 않음을 알 수 있다. 시종 지역은 고분의 규모나 분포 지역으로 볼 때 오히려 이웃하는 반남 지역과 공통적인 면이 많다. 이영문은 거대한 고분군들이 밀집된 영암 시종·나주 반남 지역에 대해서는 구체적인 비정을 하지 않았다.

다만, 이병도가 반남 지역을 54국의 하나인 '불미국(不彌國)'으로 추정한 바 있으나, 이 주장은 천관우가 전북 부안이나 태인으로 비정한 이래 부정되고 있고, 저자 또한 '불미국'은 다시들 지역에 있는 왕국(본장 3. 다시들 지역의 불미국)으로 비정하여 따르지 않는다. 정인보 선생 또한 '속로불사(速盧不斯)' 왕국이 반남 지역에 있었다고 보았지만, 언어적으로 전혀 연관성이 없다.

『삼국사기』 지리지와 『신증동국여지승람』을 보면, 반남 지역이 백제 때 '반내(나)부리현(半奈夫里縣)'이었음을 알 수 있다. 반남 평야의 낮은 언덕에 자리 잡은 자미산성 내부 건물지에서 '반내부(半乃夫)'라고 적혀 있는 명문와(銘文瓦)가 출토된 사실에서 이곳이 백제 때 '반나부리'였음을 알 수 있다. 그리고 통일신라 경덕왕이 추진한 한화정책 (漢化政策)에 따라 비슷한 음인 반남군으로 개칭되었다. 나주를 백제 때는 발라군(發羅郡)이라고 불렀는데, '반나부리'와 음이 비슷한 것으로 보아 '반나부리'가 나주 지역을 대표하였던 이름이었다고 생각된다. 말하자면 반남 지역이 백제 때 '반내(나)부리'라고 불린 것은 분명해진 셈이다.

마한 시기의 이 지역 연맹 왕국으로 마한 54국의 하나인 '내비리국'이 이곳에 세력을 형성하고 있었던 것은 아닐까 생각되었다. '내비리국(內卑離國)'의 '비리(卑離)'는 벌판을 뜻하는 '벌(伐)=부리(夫里)=평야'의 뜻이 있다는 육당 최남선의 견해를 따를 때, '내(內)'는 '내 천(川)'의 의미이므로 '내비리국'은 '냇가가 있는 평야에 있는 나라'라는 뜻이 된다. 그런데 국 명칭과 현재 반남 고분군이 형성된 반남 평야 일대를 관통하는 큰 내(川)인 삼포천를 비롯 작은 하천이 많이 분포된 사실이 일치하고 있다. 곧, 반남 지역에는 '내비리국'이라는 연맹 왕국이 있었음이 확인된 셈이다.

'내비리국' 명칭이 왜 '반내(나)부리'라 하여 접두어격인 '반(半)'이 첨가되었을까? 그것은 백제와 마한이 통합될 때, 토착적 성격이 강한 '내비리국'이 통합을 반대한 것과 관련이 있지 않나 생각한다. 곧 내비리국의 세력을 축소하기 위해 '반쪽 낸다'라는 의미를 담은 정치적 명칭으로 바꾼 것은 아닐까 한다. 섬진강 유역을 장악하려는 백제에 끝까지 대립했던 대가라(大加羅)를 '반파(伴跛 혹은 叛波)'라고 비하하여 불렀다는 점을 고려하면 가능한 추론이다. 이를테면 영산강 유역에서 독자적으로 강력한 세력을 형성하며 끝까지 백제 중심의 연맹체를 인정하지 않았던 '내비리국'을 백제가 마한과 통합한 후 기회를 보다가 '내비리국'의 세력을 무너뜨리는 과정에서 '반쪽 낼' '半'字를 붙인 것이 아닌가 하는 것이다. 이러한 사실은 역으로 내비리국 왕국의 정치적 위상이 강성했음을 입증해주는 반증이라고 생각한다. 이를테면 반남 일대의 거대한 고분군의 존재는 이러한 역사적 사실을 후세에 알려주고 있다고 믿어진다. 이제 내비리국이 영산강 유역의 대국으로서 침미다례와 함께 마한 남부연맹체의 핵심 왕국이었다고 믿어도 좋을 것이다.

영산 지중해를 배경으로 성장한 '內卑離國'

내비리국이 영산 지중해의 거점 왕국으로 성장할 수 있었던 원동력은 무엇이었을까? 시종·반남 지역에 기원전부터 사람들이 정주(定住)했다는 것은 수문포 패총 유적에서 확인되고 있다.3) 당시 '영산 지중해'의 중심에 있는 남해만 연안은, 전형적인 감조하천으로, 영산강 상류에서 내려오는 퇴적물이 쌓여 형성된 충적토로 이루어진 옥토 지대였다. 남해만 연안 지역은 영산강의 심한 조수(潮水) 간만의 차로 인해 간석지가 발달하여 기름진 농토가 형성되어 있었다. 특히 반남 지역은 삼포강의 지류인 시종천, 내동천, 금곡천 등 길이 10여 km 미만의 작은 내들이 많이 있다. 치수가 힘든 영산강 본류보다 치수가 가능한 작은 내를 중심으로 취락이 형성되었을 법하다. 갯벌에서 해산물 채취와 간만의 차를 이용한 어로 활동 등도 다른 곳보다 훨씬 유리했다. 수문포 패총

---

3) 나주시 동강면 장동리 소재 수문 패총은 동강면과 영암 시종면 사이의 남해만에 연해 있다. 패총은 해발 약 1m의 낮은 구릉에 형성되었으며 1996년 광주박물관의 지표조사 과정에서 발견되었다. 굴, 고막, 소라, 고동이 나왔는데 다량으로 출토된 굴은 식용으로 사용되었음이 확인되었다. 소형토기, 멧돼지 뼈, 방추차, 흙구슬, 복골(卜骨, 점뼈), 골제환, 철제 도끼, 유리질 찌꺼기 등 다양한 생활용품도 출토돼 신앙생활과 당시대인의 생활상을 엿볼 수 있었다. 특히 유리질 찌꺼기와 형태를 뜨는데 사용한 거푸집도 발견되었다. 발굴 결과 수문패총은, 영산강유역 대형옹관고분 집단의 생활 유적으로, 이 지역을 거점으로 남해만 수로를 통해 내륙과 외부와의 활발한 교류가 이루어지고 있었다는 것을 확인하였다는 점에 의의가 있다.

에서 출토된 많은 종류의 어패류 등은, 이 지역 갯벌에서 생산되는 해산물이 경제적 풍요로움을 안겨주고 있음을 짐작하게 한다.

내비리국은, 사회 발전의 척도가 되는 철을 인근에서 쉽게 획득할 수 있었다. 반남 고분군과 인접한 다도면의 옛 지명이 철야현(鐵冶縣)이었다는 점이 주목된다. 즉 『삼국사기』에 철야현은 본래 실어산현(實於山縣)이었다고 하는데, '실어'는 '金<쇠>'의 훈으로 실어산은 '쇠산' 곧 철산을 뜻한다. 말하자면 내비리국 가까운 곳에 있는 철산지 또한 내비리국의 성장에 크게 도움이 되었을 법하다.

그런데 내륙에 살던 사람들이 2세기 전후 동북아시아에 형성되었던 한랭기로 인해 곡물 생산량이 급감하자 해안 지역으로 이주하여 집단의 규모가 커지며 그곳에 본격적인 정치체가 형성되기 시작했다. 지석묘 밀집지를 기준으로 볼 때, 전남 지역의 마한 소국들이 대부분 해안 지역에 분포되어 있다는 이영문의 지적은 이를 반영한다. 전남 지역의 마한 소국을 14개로 살핀 임영진이 시종과 반남 지역을 '삼포강권'이라는 하나의 정치체로 설정한 것은 일리 있다.

반남과 시종 지역은 영산강을 통해 바닷물이 깊이 들어와 일종의 '영산 지중해'를 형성한 남해만 연안에 있다. 지금은 반남면이 내륙에 자리 잡고 있지만, 수문포·당두포·배나루 등의 옛 지명이 지금도 남아 있는 것으로 보아 옛날에는 그곳은 포구가 발달한 내해였음을 알 수 있다. 얼마 전까지도 반남 지역의 논에서 정박한 배를 묶는 쇠말뚝이 발견되었다는 것은 이를 입증한다.

최근 수문포 지역의 패총에서 발견된 '복골(卜骨)'은, 기원전부터 이들 포구를 중심으로 문물 교류가 활발하였음을 알려준다. 고대 중국에서 사용되었던 점술인 '복골' 유물이 해남 군곡리 패총 유적과 광주 신창동 유적 등에서 출토되고 있다. 이는 해남 군곡리가 낙랑과 가야를 연결하는 중개무역 중심지였다면, 영산강의 내해인 내동천 유역과 수문포 등 삼포강 유역에 있는 포구들은 영산강 뱃길로 내륙 즉 광주 신창동 일대까지 연결해주는 관문 역할을 일찍부터 하였음을 말해준다. 영암에서 출토되었던 청동 주물 틀인 '거푸집'의 존재는 철기 시대부터 외래문화를 주체적으로 수용했다는 좋은 사례이다.

이 지역은 백제, 가야, 왜와도 문물 교류가 활발했다. 가령, 한성 백제기에 나타난 흑색마연토기 등 백제계 토기들이 이 지역에서 출토되고, 시종 신연리 9호분과 내동리 초분골 고분 등에서 출토된 아라가야 계통의 유물 및 반남 신촌리 9호분에서 출토된 삼엽대도(三葉大刀)의 문양이 백제 양식보다는 대가야의 것과 유사한 것도 이러한 사정을 잘 말해준다. 이는 내비리국의 중요한 경제 기반이 대외 교역이었음을 말해준다. 이 지역은 일찍부터 부강한 연맹 국가가 될 수 있는 유리한 조건을 갖추고 있었다.

이러한 물적 토대는 궁극적으로 내비리국이 4세기에 이르러 보다 큰 연맹 왕국을 형성하여 영산강 유역의 중심 정치 세력으로 성장할 수 있게 해주었다. 그렇지만 연맹 왕국 연맹장인 국왕의 힘이, 다른 마한 지역의 국왕들과 마찬가지로 연맹 내의 또 다른 정치 세력을 압도할 정도로 강력한 힘을 갖고 있지 못하였다. 고분군 내에서 비슷한 규모의 대형 고분들이 밀집된 모습에서 세력 차이가 크지 않은 정치 세력들이 많이 있었다. 이것이 강력한 통합력을 발휘하는 데 한계로 작용하여 고대 국가로 성장하는데 장애 요인이 되었을 것이다.

시종·반남 연맹체의 통합왕국 '內卑離國'

시종과 반남의 고분군은 내동리 쌍무덤·신연리·옥야리 고분군과 나주 반남 지역의 신촌리·덕산리·대안리 고분군으로 나누어져 있다. 반남 지역에는 전성기의 옹관인 전형적인 U자 형태가 많이 분포하고 있어 시종 지역 옹관보다 시기적으로 약간 늦은 것으로 이해되고 있다. 따라서 시종 지역이 반남 지역보다 앞서 정치 세력을 형성하였을 것이라는 의견도 있으나, 처음에는 별개의 세력이 있었음은 분명해 보인다.

그러나 시종천이라는 작은 내를 사이에 두고 마주하고 있고, 같은 남해만을 이용하고 있는 등 삼포강을 중심으로 형성된 단일한 생활권을 형성하였던 두 지역 즉, 남해만 연안 지대에 위치하여 해수면이 상승하면서 내륙으로 들어갈 필요성이 있었던 시종 지역과, 내륙에 위치하여 해상 교역에 필요한 포구가 필요했던 반남 지역이 서로 통합의 필요성을 느꼈을 가능성이 크다. 특히, 3세기 중엽 목지국의 멸망으로 파생된 급변한 정치적 상황은 마한 연맹 왕국 사이에 세력 결집의 필요성이 커졌다. 백제 건국이 영산강 유역 정치 세력의 결집에 영향을 주었다는 의견도 있지만, 저자처럼 백제의 목지국 병합 때로 이해하는 것이 옳다고 믿는다. 여하튼 3세기 후반 반남을 중심으로 하는 연맹 통합 작업은 급박하게 전개되었을 것이다. '내비리국' 명칭이 3세기 후반에 편찬된 『삼국지』 위서 동이전에 이미 보이는 것은 이를 반영하고 있다. 마한 소국 가운데 영암 일대에 존재했다고 하는 '일난국(一難國)'의 영역에 시종 지역을 제외하고 있는데, 이는 시종 일대가 반남 지역에 포함되었기 때문이다.4)

이처럼 '내비리국'은 늦어도 3세기 말 넓고 낮은 구릉에 펼쳐져 있는 반남 평야를 기반으로 남해만 일대까지 포함한 커다란 해륙세력을 형성한 '대국'이 되었다. 이른바 『삼국지』 위서에서 말한 '국읍'의 하나인 셈이다. 주구 토광묘가 대부분이었던 영산강 유역에 새롭게 3세기 후반에 이르러 옹관묘가 등장하기 시작한 것도 반남 지역에 새로운 정치세력이 형성되었음을 말해 준다.5) 그렇지만 일부에서는 반남 지역이 4세기에 이르러서야 지역 정치체가 성립되고, 5세기에 이르러 통합화 과정을 거쳤다고 하여 연맹왕국의 성립 시기를 늦추려는 경향이 있다.

---

4) 1914년 개편된 행정구역도 이러한 경향을 반영해주고 있다. 영암의 대형고분들이 즐비한 영암 시종 신연리·옥야리는 나주 종남면, 내동리와 태간리는 진도 북이시면 관할이었다. 두 지역이 인접하여 원래는 하나의 생활권이었을 것이다. 지금도 반남 주민들이 소유한 농지가 시종 지역에 많음은 이 때문이다.

5) 3~6세기에 영산강 유역에서 집중 출토되고 있는 옹관은 시기에 따라 형태의 특징이 보인다.
   ① 등장기(3세기)-아가리가 넓게 벌어진 독 모양
   ② 발전기(4세기)-작은 옹관의 어깨부분이 짧고 직선적으로 바뀌며 두 독의 결합이 견고해짐
   ③ 전성기(5세기) -어깨부분의 굴곡이 더 약해지고, 아가리가 직선화되어 'U'자 모양에 가까워지고 대형화됨
   ④ 쇠퇴기(6세기)-전형적인 'U'자형에서 변형된 형태 등장, 크기가 작아짐

금동관(신촌리 9호분)

심지어 반남·시종 등 남해만 연안 지역이 망라된 단일한 정치체가 없었다고 주장하기도 한다. 하지만 4~5세기에 이르면 반남 지역에 이미 고총(高塚) 단계의 대형 옹관 고분이 조성되는 등 최성기의 발전을 보여 이러한 주장은 설득력이 없다. 이를테면 '내비리국' 왕국이 이미 3세기에 성립된 사실을 인지하지 못한 데서 비롯되었다고 생각한다.

반남 지역을 중심으로 옹관 고분이 고총 형태를 띠고 대형화되고 있다. 이들이 거대한 옹관 고분을 조영하려 하였던 까닭을 고분의 부장품에서 보이는 가야, 왜 문화의 영향에서 찾고 싶다. 말하자면 왜 계통의 거대한 전방후원형 고분 등이 인근에서 조영되고 있는 데서 알 수 있듯이, 왜와 가야처럼 거대한 고분을 조영함으로써 정치 세력이 그들의 권위를 드러내려고 했던 것이 아닌가 한다. 반남 지역의 정치 세력들은 경쟁적으로 고총을 만들며 그들의 권력을 과시하려 했음을 알 수 있다. 실제 이들 옹관 고분은, 분구 규모로만 보면 가야의 대규모 고분 또는 신라의 왕릉에 뒤지지 않을 정도로 거대하다. 이러한 대형 옹관 고분이 반남 지역에 집중된 사실은 그 지역의 정치 세력 힘이 강했음을 보여주는 좋은 증거라 하겠다.

영산지중해의 패자(霸者), 내비리국

'영산강 토기'라고 하는 영산강 양식의 독자적 토기 문양이 5세기 후반~6세기 전반 무렵에 완성되었다. 영산강 유역 문화의 독자성을 보여주기도 하지만, 정치적인 통일체가 완성되었다는 것을 의미하기도 한다. 내비리국 중심의 연맹왕국이 늦어도 5세기에 영산강 유역을 완전히 장악했다는 증거이다. 영산강 유역의 대국인 '내비리국'은 해남반도의 '침미다례'와 더불어 마한 남부연맹의 핵심 세력이었음을 알려준다.

신촌리 9호분에서 출토된 금동관과 환두대도(環頭大刀) 등을 통해

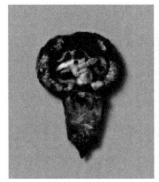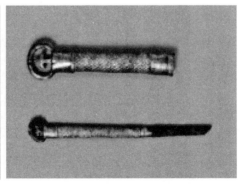

용·봉황 장식 큰칼/ 세잎 장식 큰칼(신촌리 9호분)

내비리국 국왕의 정치 권력을 짐작할 수 있다. 특히 환두대도는 무려 4
자루나 출토되었는데, 환두대도 1자루, 금은장도(金銀裝刀) 1자루 등 2
자루의 도검만 출토된 백제 무령왕릉과 비교해 볼 때, 피장자의 정치
권력이 얼마나 강한지 짐작하게 한다.

　그동안 신촌리 9호분에서 출토된 금동관과 환두대도 등을 백제 왕실
이 하사한 위세품(威勢品)이라는 주장이 많았다. 말하자면 이 위세품은
반남 지역의 정치 세력을 일정하게 관리할 필요성을 지닌 백제, 또는
백제의 정치적 힘을 이용하여 다른 왕국을 견제하려는 반남 지역 정치
세력의 이해관계가 일치되어 사여(賜與)되었다는 것이다. 반남 지역이
백제의 간접적 지배하에 있었다는 논리이다. 설사 그것이 백제 왕실이
하사하지 않고 반남 지역에서 독자적으로 만들었다고 하더라도, 그것
은 5세기 말 웅진 천도로 백제의 힘이 미약해진 상태에서 그 영향을 벗
어나려는 과정에서 제작된 것이라고 하였다. 이러한 견해는 기본적으
로 369년 근초고왕의 침미다례 공격으로 영산강 일대가 백제의 영향
아래에 들어가 1세기 이상 지배를 받았다는 것을 전제로 하고 있다.

　그러나 백제의 공격은 1회 강습에 불과한 것으로, 침미다례는 물론
노령산맥 이남의 마한 연맹체에는 커다란 충격을 주지 못했다. 반남 일
대에 강력한 세력을 구축한 내비리국에는 어떠한 충격도 없었다. 4세
기 말 고구려 광개토왕의 공격을 방어하기에 급급하였던 백제가 노령
산맥 이남의 마한 남부연맹을 공격한다는 것은 상상할 수 없다. 이러한
상황에서 마한 남부연맹 핵심 세력인 내비리국이 굳이 백제로부터 위
세품을 받을 까닭은 없어 보인다.

최근 연구에 따르면, 신촌리 9호분에서 출토된 금동관은, 천안 용원리·서산 부장리·공주 수촌리·익산 입점리·고흥 갈두리 고분에서 출토된 백제 계통의 금동관과는 성격이 다르다고 한다. 오히려 일본의 구마모토 현 출토 유물과 비슷한 것으로 보인다. 은장 대도는 기본형은 백제 대도와 비슷하지만 환내도상을 별도로 만들어 끼워 넣는 기법 등은 대가야의 것과 유사하다. 백제 무령왕릉 출토 유물보다 제작 기법도 앞서는 것으로 보아 반남 지역에서 자체 제작되었을 가능성이 크다. 이도학이 신촌리 9호분의 출토 유물을 백제의 위신재가 아닌 신촌리 세력의 독자성을 보여주는 것이라고 살핀 것은 옳은 지적이라 생각한다. 다만, 그가 신촌리 세력이 독자적인 문화를 형성할 수 있었던 배경으로 웅진 천도 후 백제의 힘의 진공 상태를 틈타 독립하려 한데서 나온 것이라고 한데는 동의하지 않는다.

이렇게 볼 때, 신촌리 고분의 부장품을 백제 왕실의 위세품으로 살핀 이제까지의 연구는 재검토되어야 한다. 옹관 고분 이후 등장하는 석실분조차 처음에는 백제 계통이 아니라 왜의 규슈 계통에 가까웠다. 내비리국에는 가야와 왜의 문화 요소들이 많이 보인다. 이것은 내비리국 중심의 영산강 유역 연맹체들이 가야·왜와 교류를 강화하여 백제를 견제하려 한 것은 아닌가 한다.

노령산맥 이남 지역은 낙랑이나 고구려와 멀리 떨어져 있어 유이민 세력보다 토착 세력 중심의 독자적인 문화가 발전하였을 법하다. 지석묘와 옹관 고분, 석실분 분포 지역의 밀집도와 지속성이 다른 지역보다 유난히 강했다는 것이 이를 반증한다. 따라서 이 지역은 문화적 동질성이 상대적으로 강고하게 형성되어 있었다. 옹관 고분이라는 고분 형태가 영산강 유역이라는 특정 지역에 오랫동안 집중된 것은 이 지역의 고유한 문화의 특질을 뚜렷이 보여준다. 이러한 문화의 동질성은 단일 정치체제를 전제하지 않고서는 설명할 수 없다. 일본 열도에서 자주 보이는 이른바 '영산강식 토기'는 영산강 유역에 단일 정치체가 있었다는 결정적인 증거이다. (본서. 3장 2절. 마한의 정체성과 영산강식 토기)

고고학에서는 성곽과 고분이 고대 국가 성립의 중요한 요소라고 한다. 반남 일대에 대형 고총 고분이 밀집된 사실은 그곳에 고대 국가가 성립되어 있을 가능성이 크다. 고총 고분에서 '영산강식 토기' 양식이 발견되고 있는 것은 고총의 중심지인 내비리국이 영산강 유역 연맹체를 대표하는 정치체를 형성하고 있었음을 알려준다. '영산강식 토기'의 편년을 3~4세기로 잡고 있는데, 그렇다면 적어도 4세기에 이르러 영산강 유역의 분립된 정치체가 내비리국 중심으로 통합 정치체를 결성

독널(신촌리 고분)

했다고 볼 수 있지 않을까 한다. 박순발이 5세기 중엽 영산강 토기 문화가 완성되는 것은 반남을 중심으로 정치적 통합을 달성하였기 때문이라고 살핀 것은 옳은 지적이다.

그런데 영산강 유역에는 성곽 등의 유적이 없어 정치체가 존립할 수 없다는 의견도 있다. 그러나 이는 이 지역의 지리적 환경을 이해하지 못한 데서 나온 것이다. 가령, 반남 지역에 있는 해발 94.5m에 불과한 자미산을 중심으로 그 동쪽에 신촌리와 덕산리 고분군이, 그 서쪽에 대안리 고분군이 있다. 자미산성 터에서 '반나부'라는 명문이 출토되어 이곳이 백제 때 반나부리현의 치소임을 알려주고 있다. 곧 반나부리현이 설치되기 이전에 이미 자미산성이 정치 세력의 중심지였음을 짐작하게 한다. 곧 마한 연맹왕국의 중심지였을 것이라 믿어진다. 특히 자미산성이 덕산리 고분·신촌리 고분 등에서 느낄 수 있는 마한 연맹왕국의 중심부에 있고, '半乃夫'라는 명문이 나온 것으로 보아 그 왕국의 왕도(王都)임을 시사해주는 것은 아닌가 한다. 자미산성 축조 시기를 통일 신라 시대로 보는 견해도 있지만, 발굴조사를 했던 목포대 박물관은 삼국시대까지도 상한을 올려 잡을 수 있다고 하며 시기를 특정하지 않았다. 이는 자미산성의 축조 시기의 상한을 그 이전 시기인 마한 시대까지도 올려잡을 수 있는 근거가 되겠다.

자미산성을 왕궁으로 둔 내비리국은 풍부한 농업생산력을 기반으로 대외 교역을 통해 거대한 마한 왕국을 건설하였다. 동신대 박물관에서 발굴하는 과정에서 출토된 '개원(開元)' 명문 화폐는 이러한 사실을 뒷받침해준다. 개원통보는 중국 당나라의 대표적인 청동 화폐로, 621년 처음 발행되었다. '개원통보'를 동신대 발굴보고서에서는 고려 시대에 이르러 '개원통보'를 모방하여 제작된 것으로 보았으나, 이미 같은 시기의 부여 궁남지, 부소산성 등지에서 '개원통보'가 나온 것으로 볼 때 자미산성 출토 '개원통보'도 이미 백제 시기에 당에서 들어온 것으로 보아도 좋을 것이다. 자미산성에서 당 화폐가 출토된 것은 내비리국이 백제와 통합된 후에도 여전히 영산 지중해의 교역 중심지로 기능하였음을 알 수 있다.

가야, 왜와 활발한 교류를 하고 있었던 내비리국의 교류 품목을 보면

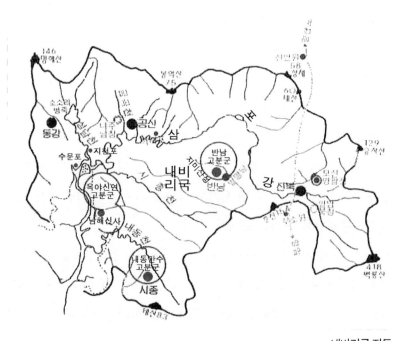

내비리국 지도

주로 토기, 장식물 등이 많아 경제적인 목적이 강조되고 있음을 알 수 있다. 내비리국이 백제와도 일정한 관계를 유지하고 있었음은 5세기 전반기의 영산강식 토기가 서울 풍납토성에서 확인되고 있는 데서 알 수 있다. 이를 가지고 영산강 세력이 백제에 공물을 바친 증거라고 주장하는 사람도 있지만, 그렇게 볼 이유가 없다. 오히려 신촌리 9호분 등에서 철정(鐵釘) 등의 가야 철기 문화와 왜에서 유행한 '하니와(埴輪)'[6]가 출토되고, 일본의 스에무라(陶邑)의 수에키 토기에서 영산강식의 유공광구소호 등이 보이는 것으로 보아 내비리국이 백제, 왜, 가야와 교류를 활발히 하고 있음을 알 수 있다. 국제 무역을 주도한 내비리국의 모습은 경제적인 목적과 더불어 백제를 견제하려는 정치적 의도도 함께 내포하고 있다.

내비리국은 오랫동안 형성된 문화적 동질성을 바탕으로 대외 교류를 통해 유입되는 이질적인 문화들을 적극적으로 받아들여 그들의 독자적인 문화 전통으로 새롭게 발전시켜갔다. 곧 살필 옥야리 방대형고분의 토괴 축조 기술에서 고유문화에 외래문화를 융합시킨 영산강 유

---

6) 고분 주위나 정상부에 토기를 둘러놓은 일본 특유의 양식이다. 『일본서기』에 따르면 '하니와'는 순장의 대용품으로 나왔다고 한다. 죽은 자에 대한 장엄하고 경건한 추도를 드러내려는 의도에서 처음 나왔다. 광주광역시 명화동과 월계동 고분, 함평 장고산 고분, 해남 용두리 고분 등 주로 전방후원분에서 주로 출토되었다. 그러나 신촌리 9호분을 재조사하는 과정에서 고분 정상부를 두르며 장식한 원통형 토기 수십 점이 출토되었는데, 이는 전방후원분이 아닌 일반 고분에서 출토되었다는 점에서 의미가 있다. 신촌리 9호분에서 출토된 '원통형 하니와'와 '호형 하니와' 가운데, 후자는 일본 계통에서 벗어난 것으로 재지의 독창성 있는 제품으로 파악되고 있어 영산강 유역의 독자적인 문화의 특징을 보여준다. 아울러 '하니와'를 통해 영산강 유역과 일본의 교류를 확인할 수 있다. 이번 쌍고분에서 나온 동물 모양의 하니와는 함평 금산리 방대형 고분에서 출토된 형상으로 주목되고 있다.

역의 문화 특질을 확인 하였지만(3장 6. 마한 정체성과 옥야리 방대형 고분), 가야, 왜, 백제의 문화 요소가 찾아지는 반남 고분의 출토 부장품 에서는 신촌리 9호분의 '하니와'와 '금동관'에서 느껴지는 외래적 요소 대신 그 지역 고유의 특질이 새롭게 보인다. 이처럼 내비리국이 가지고 있는 문화의 독창성은 바로 개방성에서 비롯된 것이라 하겠다. 그동안 반남 지역의 고유한 문화 요소를 백제의 직접적인 지배가 미치지 않는 간접 지배 체제의 산물로 해석하는 등 백제 중심의 역사 인식에서 살피 는 경우가 많았다. 하지만 이제는 내비리국·침미다례 등을 중심으로 하 는 마한 남부연맹사를 새롭게 서술해야 한다.

신촌리 고분군

한편, 시종과 반남 일대에 대형 고총 옹관 고분들이 수십 기 이상 밀집된 것은 이 지역의 정치 세력 규모가 상당함을 보여준다. 둘레길이 45m, 높이 8m의 덕산리 3호분과 5호분에서는 은제옥(銀製玉)과 금동장식금구편(金銅裝飾金具片)·大刀·금제품·구슬 종류 등이 출토되었다. 비록 신촌리 9호분 금동관의 피장자에는 미치지 못하지만, 규모나 부장품으로 볼 때 상당한 세력가임을 생각하게 한다. 반남 지역의 고분 분포를 분석하여, 신촌리 9호분 조영 집단을 정점으로 4개의 기초 공동체가 병립하고 있는 것으로 파악한 연구도 있지만, 신촌리 9호분의 금관을 사용한 피장자를 중심으로 여러 정치 세력들이 연맹체를 형성하고 있었던 사실을 보여준다. 이렇듯 고분의 규모가 비슷하고 유력 연맹장의 존재를 알려주는 유물들이 곳곳에서 보이는 데서 내비리국 국왕의 정치적 힘은 일정한 한계가 있을 수밖에 없다. 이를테면 내비리국 연맹체도 다른 마한 연맹왕국처럼 평야 지역에 위치하여 연맹체 간의 우열이 그리 크지 않고 풍요로운 물산을 바탕으로 분립성이 강고하였다는 것을 대규모 고총 고분이 말해준다. 특히, 대규모 전쟁도 없어 내비리국 중심의 연맹체는 느슨한 단계의 통합 수준에 머물러 있었을 것이다.

대가야의 중심지 고령 지산동 44호 고분에서는 무려 35인 이상이 순장된 흔적이 보여 강력한 국왕권을 상상하게 하지만, 영산강 유역에서는 이러한 순장 풍습은 거의 보이지 않아 절대적인 권력자가 있었다고 보기 어렵다. 영산강 유역의 옹관 고분을 보면 한 고분에 여러 피장자가 있는 다장(多葬)의 풍습이 많이 보인다. 이는 아직 족적 공동체의 성격이 온존되어 있다고 이해된다. 말하자면 연맹 내부에서 계층 간의 위계화도 본격적으로 이루어졌다고 말할 수도 없다.

한강 유역에서는 4세기 이후 철제 농기구 사용이 급증하고, 영남 지방도 U자형 삽날 쇠스랑 등이 사용되고 있는 것이 확인되고 있지만, 영산강 유역의 고분에서는 철제 농기구가 거의 출토되고 있지 않다. 이는 내비리국 근처에 철광 산지가 있어 약간의 철제품과 장식대도 등 철기와 관련된 문화가 발달하였다고 하더라도, 황토와 충적토가 많은 영산강 유역의 내비리국의 특성상 철제 농기구 대신 목제 농경 도구를 쓰는 경향이 많은 것으로 볼 때, 철기의 사용이 사회의 발전을 촉진시켰다고 보기 어렵다. 말하자면 내비리국이 비록 경제적으로 풍요로움을 구가하여 영산강 유역의 대국이 되었지만, 철기 사용을 통해 권력 집중과 분화를 촉진하는 계기를 만들어 내지 못했다는 것을 보여준다. 곧 생산력의 확대와 인구의 증가가 곧 고대사회의 성장을 질적으로 담보해주는 것은 아니라는 사실을 헤아릴 수 있다.

김낙중 교수가 신촌리 9호분 피장자가 독자적인 권력을 배타적으로 발휘하지 못하게 되자 백제의 위세품을 받아들였다고 언급하였는데 동의할 수 없다. 내비리국을 중심으로 수평적 연맹체를 유지하던 영산강 유역 연맹체도 5세기에 들어 왜, 가야 등에서 점차 강력한 정치 세력이 대두하고, 백제의 가중되는 압력으로 인해 마한 남부연맹도 강력한 연맹체를 구축하려 했을 법하다. 금동관을 쓰고 무령왕릉보다 더 많은 환두대도를 사용한 신촌리 9호분 피장자의 모습에서 단순한 연맹체의 장의 위치를 벗어나 점차 왕권을 전제화하려는 내비리국 국왕을 상상할 수 있다.

내비리국의 발전은 6세기 초까지 계속되었다. 5세기 말 한강 이북까지 진출한 고구려 세력을 방어하기에 급급한 백제가 남방을 경략할 여력이 없었다. 백제는 475년 한강을 상실하고 웅진으로 천도를 하면서 남방 진출에 적극적으로 관심을 지녔다. 동성왕이 직접 무진주에 군대를 이끌고 왔다는『삼국사기』기록이 이를 말해준다. 이 과정에서 마한 남부연맹의 핵심이었던 대국 내비리국에 대한 압박이 어느 정도 있었을 법하다. 하지만 대형고분을 조영할 수 있는 국력과 세련된 금동관 등을 제작할 수 있는 높은 문화적 역량을 가지고 있는 내비리국을 백제는 쉽게 굴복시킬 수 없었을 것이다. (4장 3.『양직공도』와 마한 남부연맹)

훗날 백제와 마한 남부연맹이 통합되는 과정에서 내비리국 영역에 '반(半)'이라는 글자를 넣어 절단시킨다는 의미의 '반내부리'라는 행정구역 명칭을 사용하였다. 이는 내비리국이 백제와 통합을 끝까지 거부하자 영역을 분리하여 축소하려 하였음을 알려준다. 특히 내비리국의 정치적 비중을 고려할 때 최소한 '郡' 이상의 행정구역을 설치해야 하지만, 반나부리'縣(현)'이라 하여 그 격을 떨어뜨린 것 역시 이 지역의 성장을 경계했다는 것이 된다. 반면 신라는 삼국통일 후 '반나부리현'을 '반남군'으로 승격시켰는데, 이는 통일신라 때에도 여전한 이 지역에 뿌리내려 있는 토착 세력의 힘을 신라 정부가 인정해준 것이라 하겠다. 곧 내비리국은 외부의 압력에 쉽게 무너지지 않을 강력한 힘을 지녔음을 짐작할 수 있다.

2019년 7월과 2020년 4월 영암 시종면 내동리 1호분(쌍무덤) 발굴·조사 과정에서 신촌리 9호분에서 출토된 금동관의 것과 동일한 영락(瓔珞)과 가지 편이 각각 출토되었다. 이는 신촌리 9호분과 동일한 정치세력이 시종 지역에 있었다는 저자의 주장을 뒷받침하는 것이어서 크게 고무되었다.

쌍무덤은 4기로 되어 있는데, 그중에서도 가장 대표적인 대형 고분인 1호분이 발굴조사 대상이었다. 길이 56m, 너비 33.6m, 높이 4~7m의 제형(梯形)으로 된 고분은, 일제 강점기에 대부분 도굴되었고 분구 주위에서 많은 구슬이 수습되었다. 쌍무덤은 목포대 박물관이 1986년 지표조사를 하였고, 2000년 전남대 박물관이 측량하였다. 이번에는 전라남도 산하 전남문화재연구소가 2018년 5월 1호분을 시굴 조사를 한 후, 2019년 4월부터 본격적인 발굴조사 중이다.

1호분에서 석실 1기, 석곽 3기 옹관 1기가 확인되었고, 분구의 남쪽 사면에서 옹관 1기가 추가로 확인되었다, 1호 석곽에서 광구소호, 발형 토기, 단경호 및 다양한 구슬(곡옥, 다면옥, 구슬옥)과 금제이식이 출토되었다. 2호 석곽에서는 유공광구소호, 직구호를 비롯하여 다량의 구슬(곡옥, 채색옥, 금박유리옥)과 금제이식 4점, 영락(瓔珞, 구슬 목걸이) 1점이 출토되었다.

특히 2호 석곽에서 금동관 대륜부 상부 장식에 사용된 유리구슬과 영락 등 금동관 조각 편이 다량 출토되었다. 장식용 유리구슬은 구슬의 2/3 정도 하단부에 금동으로 도금하여 대륜부에 해당하는 상부 부분을

내동리 쌍무덤 출토 구슬

장식하기 위해 사용한 흔적이 확인된다. 이는 나주 신촌리 9호분 금동관에 장식된 유리구슬과 매우 유사한 양상을 보여주고 있다.

주구에서 형상식륜(形象埴輪: 동물모양 하니와)도 출토되었다. 형상식륜은 사슴 또는 멧돼지(?)형상으로 추정되고 있다. 원통형 토기는 중앙 돌대를 중심으로 상·하로 원공이 뚫려 있다. 기존의 다른 유적에서 출토된 원통형 토기와는 상반되는데 형상식륜의 기대 부분으로 추정되고 있다. 우리나라에서는 현재까지 확인된 형상식륜으로는, 함평 금산리 방대형 고분 출토 형상(말, 닭, 사람 인면)이 있다.

신촌리 9호분 금동관은 백제 계통이 아니라 가야와 왜 및 토착적 요소가 결합된 고유의 양식을 띠고 있다. 곧 마한 국왕 왕관으로 이 지역에서 직접 제작한 것임이 분명하다. 정촌 고분에서 출토된 금동신발, 일본에서 수입된 금송(金松)으로 만든 관(棺) 등도 강력한 힘을 지닌 이 지

옥야리 고분군

쌍고분 발굴현장을 찾은 초당대 학생들
(현장 설명을 하는 이는 발굴 지휘한 이범기 전남문화재연구소장)

역 국왕의 존재를 반증해준다. 쌍무덤에서 신촌리 고분과 동일한 금동관 파편이 나왔다는 것은, 이 고분 피장자도 신촌리 9호분의 피장자와 같은 지위에 있었음을 말해준다. 마한의 대국 '내비리국'이 시종과 반남 일대에 세력을 형성하고 있었음을 후대의 유물은 설명해주고 있다.

또한 '玉' 유물이 많이 출토되고 있는 것을 확인할 수 있다.『삼국지』 위지 동이전에 "마한 사람은 玉을 金銀, 보석보다 귀중하게 여긴다."라고 언급되고 있다. 영산강 유역의 여러 고분에서 출토되고 있는 옥 유물을 통해 이 기록이 역사적 사실을 반영하고 있음을 알려준다. 마한을 상징하는 것이 '玉'이고, 그 옥 문화의 중심지가 영산강 유역임을 설명해주고 있다. 따라서 '玉'이야말로 마한의 정체성을 확인하여주는 중요한 근거라고 생각하고 있다. 도굴된 쌍무덤 주위에서 널려 있는 구슬을 수습하였다는 주민의 증언과 이번 발굴에도 출토된 수많은 구슬은 이곳 고분에 옥이 많았음을 알려준다. 마한의 중심지임을 확인해주는 것이라 하겠다.

마지막으로 일본과의 관계를 알려주는 '하니와'가 주목된다. 후술하겠지만 옥야리 방대형 고분의 토괴 구조를 통해 영산 지중해를 통해 유입된 문화가 토착 문화와 용해되어 고유한 문화로 창조되고 있음을 짐작할 수 있다. 이번 출토된 하니와도 단순한 문화 교류를 넘어 이 지역의 개방적이고 독특한 마한의 문화 특질을 살필 수 있는 중요한 근거이다.

결국, 영산강 유역의 강력한 마한 왕국이, 한국 고대사의 원형이라는 사실을 쌍무덤의 출토 유물들은 거듭 말해주고 있다. 그럼에도 금동관의 주인을 '마한 왕국의 국왕'이 아닌 '마한 사회의 수장층'이니, '마한 시대 최상위층'이니 하는 표현을 쓰고 있는 것은, 이 지역에 성립된 마한 왕국의 실체를 인정하지 않으려는 의도가 깃들어 있다고 지적하지 않을 수 없다.

3. 다시들 지역의 불미국

복암리 고분 출토 '목간(木簡)'

'다시들'의 가흥리, 정촌, 복암리 등에 있는 영암 시종, 나주 반남 고분들과 비록 숫자에는 미치지 못하지만, 규모 면에서 뒤지지 않는 고분들의 면모를 통해 이곳에도 큰 정치체가 있었다는 생각을 하게 한다. 정촌 고분과 복암리 고분 출토 금동신발 등은 이 지역 연맹장도 다른 마한 대국의 연맹장과 맞먹는 힘을 가졌다고 짐작하게 한다. 영산강을 마주한 반남 및 다시들 지역에 각각의 연맹왕국이 일찍부터 성립되어 있었다. 이들은 규모나 발전의 순위에서 약간의 차이가 있을지는 모르지만, 영산 지중해를 중심으로 상호 경쟁하면서 마한 남부연맹의 핵심으로 자리를 잡아 갔다.

누차 언급한 바이지만, 반남 지역에는 6세기 중엽까지 강성한 세력을 지닌 '내비리국'이 세력을 형성하고 있었다. 신촌리 9호분과 같은 대형 고분 및 출토 금동관이 그것을 말해준다. 내비리국은 『삼국지』 위지

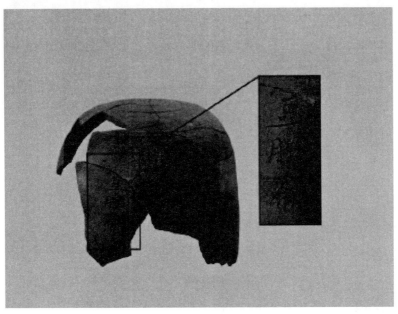

두힐사 명문 목간

동이전에 그 이름이 있는 것으로 보아, 적어도 3세기 말 이전에 성립되어 수 세기 동안 영산 지중해의 핵심 세력으로 군림하고 있었다. 다시 들 지역에 성립된 연맹왕국도 내비리국처럼, 위지 동이전에 대국의 이름을 남겼을 가능성이 충분하다.

　선학들이 나주 지역에 위지 동이전에 있는 마한 왕국을 비정하였지만, 의견이 서로 일치하지 않았다. 예컨대 이병도는 나주 일원을 '불미국'으로 보았지만, 천관우는 '신운신국' 또는 '임소반국' 등이 나주와 광산 일대에 있었다고 보았고, 이도학은 반남 일대에 내비리국이 있었다고 살폈다. 이들 모두 나주 지역에 하나의 연맹왕국을 설정하고 있음을 알 수 있다. 하지만 반남, 복암리, 나주시 등 세 곳에 중핵 세력이 있었다고 살핀 이도 있지만, 이들 지역의 고분 분포 등을 통해 볼 때, 최소한 시종까지 아우른 반남 지역과 함평 일부가 포함된 복암리 지역 두 곳에 각각 연맹체가 성립되어 있었던 것은 분명하다. 저자는 영암 시종·나주 반남 일대에 내비리국이 있었고, 복암리 일대에도 이와 별도의 연맹체가 성립되어 그 이름을 위지 동이전에 남겼다고 믿고 있다. 최근 이를 밝힐 단서가 나타났다.

복암리 고분군 동편 일대의 발굴 과정에서 2008년 7월, AD610년 무렵에 작성된 것으로 보이는 목간(木簡)이 출토되었다. 1983년 부여 관북리 유적에서 목간이 처음 출토된 이래 출토 목간 대부분이 도성인 사비 시대 것인데 비해, 복암리 출토 목간은 지방에서 출토된 최초의 목간이었다는 점에 주목되었다. 이보다 뒤에 출토된 충남 금산 백령산성 목간은 단 1점뿐이었지만, 복암리에서는 '경오'라는 간지, 행정구역 명칭, 관직 명칭 등을 알 수 있는 목간과 목제 유물 등이 나와 백제 지방사의 구체적 모습을 살피는 데 결정적 도움을 주었다.

이때 출토된 목간이 관내용(官內用)銘, 두힐사(豆肹舍)銘 토기, 벼루 등 다양한 유물과 함께 출토되어 이곳이 백제 시대의 중요한 거점이었음을 알려 주었다. 목간은 대형 원형 수형 유구에서 65점(묵서 내용이 확인 가능한 목간 13점 포함)이 출토되었다. 국내 최대, 최장의 목간이 수습되었고, 특수 용도의 봉함 목간 역시 국내에서 처음으로 확인되었다. 이들 목간에는, 경오(庚午)년(610)이라는 간지, 백제역사 최초의 촌락명 대사촌(大祀村)과 백제의 토지 경작 형태, 관등 이름인 나솔·한솔·

덕솔 등이 묵서되어 백제의 지방 행정 체제와 운영 실태를 살필 수 있는 귀중한 자료로 평가받고 있다.

목간이 출토된 곳은 복암리 고분군에서 북동쪽으로 약 200m가량 떨어져 있고, 복암리 고분군의 피장자들이 생활했던 주거 유적인 랑동 유적에서 서쪽으로 약 200m, 정촌 고분에서 북서쪽으로 약 450m 떨어진 곳에 있다. 유적의 남쪽으로는 영산강이 흐르고 유적과 영산강 사이에는 넓은 '다시들'이 있다. 목간은 직경 6.92m, 깊이 5.37m의 대형 수혈에서 출토되었다. 대개 출토 목간이 폐기물인 까닭에 목간의 출토지가 제작지 또는 사용처와 연결되지 않은 것과 달리 복암리 유적은, 유적에서 당시 최고급 기술인 철을 다루는 제철 유구와 '관내용(官內用)' 및 '두힐사(豆 肣舍)'라는 글자가 음각된 토기, 목간에 글씨를 쓰기 위해 먹을 갈았던 벼루 등이 함께 발견되어 목간의 '제작 – 사용 – 폐기'가 한 곳에서 이루어졌음을 알게 되었다.

발견된 목간은 '경오'라는 간지와 탄소 측정을 통해 610년경에 작성된 것임을 알 수 있다. 토기 파편에 '두힐사'라고 음각된 글자를 비롯하여 명문과 목각에서 나온 문자들을 종합해 보면, '두힐'이라는 관청에서 문서 작성이 이루어지고 있음을 살필 수 있다.

다시들과 불미국

이제 '두힐'이라는 명문을 통해 조금 더 상상의 나래를 펼쳐 보기로 하자. 여기서 나온 '두힐' 명문은 이곳이 과거 백제의 '두힐현' 지역이었

복암리 고분군

음을 알려준다. 또한 '회진'이라고 적힌 토기가 함께 출토되어 이 지역이 과거 회진이었다는 점도 분명해졌다. 그런데 『삼국사기』 지리지에 "회진현은 본래 백제 두힐현이다. 경덕왕 때 개명하였다"라고 나와 있는 것을 보면 백제 때 '두힐'현이 통일신라 경덕왕의 한화정책으로 '회진'으로 현의 명칭이 변경되었음을 알려준다. 곧 '두힐'이나 '회진' 명문 출토 유물은 문헌에 나오는 이 지역의 역사적 사실을 객관적으로 입증해주고 있는 셈이다.

　백제를 멸하고 웅진, 마한, 동명, 금연, 덕안 등 5도독부를 두었던 당은, 옛 백제지역에 7개 주 51현을 설치하여 지배하려 하였다. 그 가운데 동명주와 지심주를 제외한 노산주(논산)·사반주(장성)·고사주(고부)·대방주(나주)·분차주(보성·승주) 등 5개 주가 차령 이남 지역에 집중되고 있다. 이는 당나라가 이 지역 통치에 많은 심혈을 기울였음을 알 수 있다. 이 지역은 백제와 마한의 통합이 이루어지기 이전 마한 남부연맹이 오랫동안 독자적인 세력을 유지하였다. 말하자면 마한의 정체성이 강하게 뿌리내린 곳이었다. 따라서 이들 지역은 당의 지배에 대해서도 저항이 심하였다. 백제가 멸망한 후 웅진 도독으로 임명된 의자왕의 아들 융이 마한 지역의 저항이 심해 유민을 통치하는 데 어려움이 많다고 한 사실은 이러한 사정을 말해준다. 특히 다섯 주 가운데 노산주를 제외한 네 개의 주가 전남 지역에 있었다는 점도 이러한 사실과 관련이 있다 하겠다. 당은 마한의 세력이 강력한 곳에 주 치소를 두어 통제를 강화하려 하였다. 웅진도독부가 설치한 행정구역과 마한 남부연맹 중심지가 맞물려 있다고 하겠다.

이 가운데 마한의 중심지였던 나주 일대에 대방주가 있었다. 대방주에는 지류현·군나현·도산현·반나현·죽군현·포현현 등 여섯 현이 있었다. 『삼국사기』 지리지에 "대방주는 본래 '죽군성(竹軍城)'이다"라 하였다. 대방주 중심지가 죽군성이라는 뜻이다. '부-군-성'으로 이어지는 백제의 행정구역에서 성(城)은, 최하 행정 단위였다. 따라서 죽군현은 죽군성을 가리킨다. "죽군현은 본래 두힐현이다"라는 세주(細注)가 있는 것으로 보아, 죽군현 이전 명칭이 '두힐'이었음을 알 수 있다. 두힐현의 위치에 대해 이병도는 현재 고흥 두원 지역으로 비정하였으나, 분차군에 있는 동일 지명 '두힐'과 혼동한 것이 아닌가 생각된다.

복암리 고분에서 '두힐' 음각 토기가 출토된 것으로 보아 이곳에 '두힐현'이 있었음은 분명하다. 당이 이곳에 대방주 치소를 둔 까닭은, 마한의 중심지였기 때문이었다. 현재 그곳에는 성터가 옛 모습 그대로 남아 있다. 회진성이라 불리는 이 성은 7세기 백제 때 축조된 것으로 알려져 있다. 둘레가 무려 2.4km로 서울 몽촌토성보다 규모가 크다. 이 지역이 정치, 경제적으로 중요한 곳임을 설명해주고 있다. 회진성은 영산지중해와 내륙을 연결하는 중요한 교역의 거점이었다. 내륙의 광주 신창지역과 왜, 가야의 물적 교류가 이루어지는 항구가 회진항이었다. 현재 남아 있는 성곽의 모습이 7세기 무렵이라 하더라도, 그 이전 시기인 마한 시대부터 이미 복암리 정치 세력의 중요한 물적 기반이었다.

한편, 당시 출토 목간을 보면 두힐 지역에 있는 관청이 영산강 건너 반남은 물론 이웃 함평읍에 해당하는 군나 지역까지 관할하고 있어 대방주 전체 영역과 비슷하다. 곧, 목간이 작성된 7세기 초까지도 복암리 세력이 영산강 중류 지역의 중심부임을 말해준다. 이처럼 복암리 세력이 성장하는 데는 영산강 유역 세력을 제어하려는 백제의 지원이 있어 가능하다는 의견도 있으나 저자는 동의하지 않는다. 마한 남부연맹의 핵심 세력으로 성장하던 복암리 세력이, 비옥한 다시들 충적평야의 농업생산력과 회진항을 중심으로 이루어진 신창동 등 내륙 지역과 가야, 왜와의 중개무역 등을 통해 축적된 경제 기반을 바탕으로 발전을 거듭하며 독자적 세력을 형성한 결과라고 보는 것이 설득력이 있기 때문이다.

반면 복암리 세력보다 훨씬 강력한 세력을 형성한 반남 세력이 백제와의 통합 이후에는 거의 발전이 멈추어 버렸고, 오히려 나주나 복암리지역에 역사 발전의 주도권을 넘겨주고 말았다. 이는 반남 지역이 새롭게 등장하는 석실분의 수용을 거부하고 오직 보수적으로 전용 옹관 고분 전통을 고수한 것과 달리, 복암리 세력은 새로운 묘제를 적극적으로 수용하는 진취적인 태도와 관련이 있다고 생각된다.

그런데 '다시들' 대국을 형성한 복암리 세력을 백제가 두힐'현', 죽군 '성'이라 하여, '군'보다 격이 낮은 '현' 또는 '성'으로 삼았던 것은, 마한 연맹체의 중심지였던 이 지역의 힘을 약화하려는 의도에서 비롯되었다. 하지만 이들 지역에 오랫동안 형성되어 있는 마한의 강고한 정체성은, 백제의 지배하에서도 무너지지 않은 채 유지되어 당 간섭기에 (대방)주 치소로 남을 수 있었다.

한편, 대방주 관할에 있는 포현현(布賢縣)이 "본래 '파로미(巴老彌)' 였다"라는 『삼국사기』 지리지 기록에 눈길이 간다. 파로미의 '파로'는 '발라'와 음이 비슷하므로, 백제 때 발라군이 있었던 현재의 나주시 일원이 '파로미' 현이 있었던 곳이 아니었을까 하는 생각이 든다. 이병도는 '파로미'를 『삼국지』 위지 동이전에 있는 '불미국(不彌國)'과 연결 지어 반남 지역에 있는 것으로 이해하였다. 그러나 그곳에는 내비리국이 있었던 것이 분명하므로 받아들일 수 없다. 불미국의 위치에 대해 천관우는 전북 부안 또는 정읍 일대로 비정한 바 있다. 그러나 저자는 오히려 '불미국'이 '파로미'와 음이 비슷한 것으로 보아, 대방주와 같은 관할이었던 '다시들'에 있는 옛 마한 연맹왕국 명칭이 아니었을까 조심스럽게 추정해본다. 영산강을 마주 보며 '내비리국'과 '불미국' 두 마한 연맹체가 양립되어 있었다. 다시들 지역을 중심으로 일찍이 성립된 '불미국'은 영산 지중해 일대를 중심으로 형성된 국제 무역을 통해 성장을 거듭하였다는 사실을 흩어져 있는 기록들과 많은 유적, 유물들이 말해주고 있다고 믿는다.

4. 월출산과 일난국

영암과 일난국

마한 54국의 위치를 주로 언어학적인 관점에서 비정한 천관우나 고고학적 유물 분포를 통해 살핀 이영문·임영진 모두 전남 지역에는 13개 정도의 연맹왕국이 있었다고 주장한다. 영암군의 유물 분포군을 보면 거대한 신연리 9호분 고분을 비롯하여 태간리 전방 후원분, 내동리 고분, 옥야리 방대형 고분 등 현재까지 확인된 대형 고분 15기 대부분이 영산 지중해에 연한 시종 지역에 집중되어 있다. 이는 그곳에 커다란 규모의 정치체가 있었음을 알려준다. 이 지역 정치체는 시종천 건너의 반남 지역 정치체와 통합을 하며 '내비리국'이라는 마한의 대국을 형성하였다.

앞서 언급한 바 있지만, 이영문은 지석묘 밀집 분포지가 있는 영암 덕진, 신북, 군서, 서호, 학산, 미암면 일대를 중심으로 시종 지역과는 별도의 정치체가 존재하였을 가능성을 언급하였다. 이러한 이영문의 주장은 일찍이 언어학적으로 마한 소국의 하나인 '一難'을 영암 지역에 비정하였던 천관우 선생의 추론을 고고학적으로 뒷받침 해주는 것이다. 천관우 선생은 '일난'의 옛 음 iet-nan이 영암의 옛 이름인 '月奈'의 음 ngiwdt-nai와 비슷한 것으로 추측하여 영암 지역에 '일난국'이 있었다고 하였다.

고분 분포만 놓고 보더라도 영암 지역은, 시종을 중심으로 한 도포·신북·영암읍 등지에 140여 기와 학산·미암·서호 등지에 30여 기의 고분 등 크게 2개 지역으로 나누어 분포하고 있다. 영암 지역에는 시종천을 중심으로 반남 지역과 연맹을 결성한 '내비리국' 영역과 영암천을 중심으로 나머지 지역을 아우르는 소국인 '일난국' 등 두 개의 연맹왕국이 존립해 있었다. 그러나 마한 왕국으로 '월지국'이 이곳 영암에 있었다는 의견도 있다. 이는 백제 때 이 지역이 '월나군'이었다고 하는 데서 착안하여 '월'자라는 동음어에 기준을 둔 것 같다. 현재 학계에서는 『삼국지』 위지 동이전에 있는 '월지국'은 충청남도 천안 일대에 있는 '목지국'을 잘못 기재한 것이라는 데 의견이 모아 있다. 따라서 '월지국'을 마한 시대의 영암과 관련지어 설명하는 것은 시정되어야 할 것 같다.

시종 지역에는 대형 고분들이 밀집되어 있어 커다란 정치체가 성립되어 있을 가능성을 분명히 하여 주고 있지만, 영암 지역 대부분을 차지하는 곳에 있는 '일난국'의 규모를 밝혀줄 유적들은 쉽게 보이지 않는다. 이는 아마도 '일난국' 연맹체가 강진 해남반도에 자리 잡았던 마한 남부연맹의 패자 '침미다례'와 이웃한 '내비리국' 사이에 끼어 있는 형국이었기 때문에 큰 세력을 형성하기가 쉽지 않았을 것이다.

여하튼 영암 지역에 '내비리국'이라는 대국과 '일난국'이라는 소국이 서로 경쟁 내지는 협조하면서 연맹을 유지하고 있었다. 말하자면 전자는 『삼국지』 위지 동이전에 언급된 대국, 후자는 소국에 해당하는 것이라고 짐작된다. 위지 동이전의 54국 가운데 두 연맹왕국이 오늘날 영암 지역에 있었다는 것은 당시 이 지역이 경제적으로 상당한 부국을 형성하였음을 보여준다고 생각한다. 이중환이 『택리지』에서 "영암 남쪽은 월남촌, 서쪽은 구림촌으로 신라 때 이름난 촌락이다. 이 지역은 서남해가 서로 맞닿는 곳에 있어 신라에서 당으로 들어갈 때는 모두 이 고을 바다에서 배로 출발하였다"라고 언급한 바와 같이 영암 지역은 영산 지중해의 길목에 위치하여 물산의 유입 이동이 빠르다는 지리적인 이점과 다른 내륙의 평야 지대와는 달리 하천 부유물과 퇴적물 유입이 증가함으로써 하상보다 높아져 조수(潮水)의 영향을 받지 않은 비옥한 노출간석지가 넓게 형성되어 있어 다른 연맹왕국보다 경제력이 튼튼했다. 이 지역이 훗날 백제에 편입되었을 때 '월나군'이라 하여 '현(縣)' 보다 격이 높은 '군(郡)'이 설치된 것은 이 지역의 정치적 힘이 강력하였다는 것을 보여준다.

동석(動石)과 영암의 정체성

고려 때 이미 '소금강산'이라는 별칭이 붙었던 월출산이 신라 때 '월나악'이라는 점이 주목된다. 이는 이웃한 시종, 반남 지역의 백제 때 행정구역명인 '반나부리'의 '나'와 연관이 있지 않을까 하는 의심이 들었다. 이를테면 '월나악' 명칭은 이미 내비리국이 있었던 마한 시대부터 월출산의 명칭이었고, 여기서 군 이름 '월나악'이 백제 때 붙여진 것이 아닌가 하는 것이다. 이러한 추론은 '월나군' 명칭이 통일신라 시대에 '영암군'으로 바뀐 데서 가능해진다.

조선 성종 때 찬술된 지리지인 『동국여지승람』 월출산조에 영암인이라면 너무나 잘 아는 '動石' 이야기가 자세히 기술되어 있다. 최근 그 '동석'을 확인했다는 기사도 나왔지만, 월출산 '동석'과 관련된 인터넷상의 기사들을 검색하고 영암 출신 인사들에게 확인한 바에 의하면, 1897년에 나온 『호남읍지』에 실려 있다고 하는 등 『동국여지승람』 기록과 전승 이야기들이 혼재되어 있다. 『동국여지승람』 '동석' 관련 해당 부분을 그대로 인용하면 "월출산 구정봉 밑에는 바위가 셋이 층층으로 쌓여있는데 높이가 한 장이고, 둘레는 10여 위가 되는 데 서쪽으로는 봉우리를 향하고 동쪽으로는 절벽으로 향해 있는데 1천100명이 들려 해도 꼼짝 않은데, 1명이 밀면 움직인다. 아무리 절벽 밑으로 밀어내려 해도 떨어뜨리지 않는다고 하여 '靈石' 즉 신령스러운 바위라 일컫는다. 군 명칭도 이에서 비롯되었다"라는 내용이다. 말하자면 '영암' 이름이 '영석'의 '석'자를 같은 훈인 '암'으로 바뀐 데서 유래한 것임을 밝히고 있다.

그런데 영암군 명칭은 신라 경덕왕 때 '월나군'의 명칭을 바꾼 것이라 할 때, 이미 '동석'의 존재를 알고 군 명칭을 개칭할 때 사용된 것이라 여겨진다. 경덕왕 때 추진된 행정구역 개편은 충북 길동군을 영<길

永>동군으로 고친 것처럼 전국의 모든 행정구역을 漢式으로 고친 것이었다. 이때 영동군처럼 이전 지명과 상관이 있거나 전남 '보성군'처럼 중국의 지역 명칭을 빌린 경우가 대부분이었다. 영암군처럼 월출산 '동석'과 연결을 지어 군 명칭을 정한 경우는 그 지역의 지리적 특성을 반영한 것이라는 점에서 매우 이례적인 사례라 하겠다. 이는 이 지역의 정치 세력이 백제에 편입된 후에도 토착성을 강고하게 유지하고 있었다고 하는 사실을 알려준다. 말하자면 바로 이웃 마한의 대국 '내비리국'이 백제와 통합된 후에 '반내부리'라고 명칭에서도 수모를 겪고, 행정 단위도 '현'으로 축소되었다가 통일신라 때 郡으로 승격되는 등 우여곡절을 겪었지만, 바로 이웃 영암 쪽에 있었던 또 다른 정치 세력인 '일난국'은 거센 물결을 이겨내고, 통일신라 시대는 물론 고려 시대까지도 '郡'의 지위를 잃지 않았다.

5. 득량만의 맹주 초리국(楚離國)

지석묘 왕국, 초리국

침미다례나 내비리국처럼 국가의 흥성(興盛)은 바다와 큰 강을 끼고 있는 경우가 많다. 전남 지역은, 영산강을 비롯하여 보성강과 탐진강, 섬진강 등 큰 강 유역을 중심으로 일찍부터 문물이 발달하였다. 남도의 대표적 젖줄이며 옹관 고분이 집중된 마한의 중심지 영산강 유역에 관심이 집중되다 보니 다른 지역은 상대적으로 소홀히 살핀 측면도 없지 않아 있다.

보성강 상류의 대룡산(420m) 자락에 자리 잡은 저자의 고향 마을에 큰 바위들이 밀집된 '사래바우'라고 불린 곳이 있다. 그곳에서 놀았던 추억이 아련히 남아 있는데, 그 바위가 지석묘라고 하는 사실을 안 것은 한참 후였다. 그 지명도 지석묘 때문에 붙여진 셈이다. 이렇게 보면 저자 마을은 청동기 시대부터 형성된 오랜 역사를 지니고 있다고 말할 수 있다.

전남 지역에 분포된 지석묘는 현재 유네스코 세계 문화유산으로 등록되어 있지만, 조사된 것만 해도 1만 9천여 기로, 그 숫자와 밀집도가 세계적이다. 이처럼 전남 지역에만 유난히 많은 지석묘가 분포된 사실은 아무래도 이상하다. 어느 특정 시기에 국한되어 그 많은 지석묘가 조성되었다는 것은 불가능하다. 그렇다면 그 지석묘들은 한 시대를 넘어 다음 시기인 철기 시대의 묘제로도 계속 기능하였다고 믿어진다.

전남 지역의 지석묘群 가운데서도 고흥반도가 포함된 남해안 일대와 보성강, 섬진강 주변에서 밀집 현상이 심하다. 지석묘 183개 群 2천 460여 기가 밀집되어 장흥군과 함께 전남 지역에서 가장 많이 분포된 고흥반도의 경우, 1998년 고흥-벌교 간 도로공사 때 그 구간에서만 167기의 지석묘 하부시설과 비파형 동검 1점, 마제석검 27점, 마제 석촉 49점 등이 출토되어 그곳에 청동기 시대부터 이미 커다란 정치 세력들이 존재하였음을 확인해주었다.

영산강 유역과 전남 서부 지역에서는 지석묘가 사라지고 철기 시대의 대표적 묘제인 주구 토광묘와 옹관묘 등이 조영되는 데 반해, 남해안과 전남 동부에서는 토광묘와 옹관묘는 거의 찾아지지 않고 지석묘만 계속 찾아진다. 이러한 현상은 이들 지역이 지닌 지리적인 특성과 관련이 있다. 고흥반도는 금관가야가 있는 김해와 침미다례가 있는 해남반도의 중간 지점에 있어 중국이나 가야, 왜로부터 이입되는 새로운 문화를 접할 기회가 상대적으로 늦었다. 내륙에 있는 보성강·섬진강 유역은 산악지대를 관통하며 굽이쳐 흐르는 강의 특성 때문에 외부의 문화 접촉이 더더욱 더디었다. 이러한 지리적 여건은 토착적 전통이 형성되어 독자적 문화가 뿌리내릴 수 있는 여건이 조성되었다. 하지만 곳곳의 좁은 분지에 흩어져 고립적으로 나타나는 연맹체들의 지나친 폐쇄성은 때로는 연맹의 발전을 가로막는 요인이 되었다.

영산강 유역에서는 세형동검 같은 철기 시대의 대표적 부장품은 물론 독자적 청동 제품을 주조하는 청동 거푸집이 영암 지역에서 출토되는 등 문화의 개방성을 설명해주고 있지만, 전남 동부 지역과 고흥반도 등 남해안 일대에서는 같은 단계의 동경(銅鏡)은 물론 세형동검과 같은 철기 시대의 부장품이 거의 출토되지 않고 있다. 이러한 사실은 이 지역의 발전이 그만큼 더디었다는 사실을 반영한 것으로, '연맹왕국' 이전 단계인 군장 사회를 벗어나는 데 많은 시간이 소요되어 기원전 2세기 무렵부터 연맹왕국이 성립되기 시작한 영산강 유역보다 1세기 늦게 성립되었다고 추측되고 있다. 따라서 이 지역에서는 군장 사회 단계의 주요한 묘제였던 지석묘가 연맹왕국 단계에 이르러서도 여전히 주된 묘제로 기능하고 있었다. 이는 이 지역에 유독 지석묘가 밀집된 현상에 대한 설명도 되지만, 다른 한편으로 지석묘의 밀집 분포 지역에 연맹왕국이 성립되어 있을 가능성도 있음을 말해준다.

마한 소국 가운데 13국이 전남 지역에 있었다고 하며 구체적인 위치 비정을 시도한 천관우의 주장이 지석묘 밀집도와 관련이 있다고 실증한 이영문은, 지석묘가 가장 밀집된 보성 복내, 순천 낙안, 고흥 남양 지역에 비교적 세력이 큰 연맹왕국, 즉 『삼국지』 위지 동이전에서 말하는 '대국(국읍)'이 형성되어 있었다고 하였다.

천관우는, 마한 소국 가운데 '초리국'이 고흥 남양 지역에 둥지를 틀고 있었다고 살폈다. 선생이 남양면 일대를 초리국으로 보는 근거는, 백제 때 남양면을 '조조례현(助助禮縣)'이라고 불렀다고 하는 데서 착안한 것 같다. 즉, '조조례' 古音 dziwo-dziwo-liei와 '초리(楚離)'의 古音 tsiwo-ljie이 음이 비슷하기 때문이라는 것이다. 이를테면 『삼국지』 위서에 보이는 '초리국'명에서 '조조례'라는 지명이 유래되었다고 보았다. 고대 지명의 어원이 현재 지명과 비슷하다는 점에서 동감하는 바다.

남양면 일대에 '초리국'이 있었으리라고 하는 것은 과역, 두원, 포두, 정암, 동강, 보성 조성면 등 남양면 주위 지역에 밀집된 지석묘 群에서 확인된다고 이영문이 지적하고 있다. 실제 그가 언급한 이들 지역은 마치 '초리국 내해'처럼 득량만을 빙 둘러싸고 있다. 어쩌면 그 시대의 득량만은 '초리국 지중해'가 아니었을까 싶다. 이들 지역에 백제 때 분차군(分嵯郡)에 속한 비사현(比史縣, 현 동강면), 조조례현(助助禮縣, 현

초리국 지도

남양면), 두힐현(豆肹縣, 현 두원면), 동로현(冬老縣, 현 조성면) 등 4개
현이 있었다. 이를테면 한 군에 속한 현들이 지리적으로 모두 득량만을
둘러싸고 있고, 백제가 특별히 4개의 현을 두어 통제를 하려고 한 것은
이 지역에 독자적인 세력을 유지하며 강고한 전통을 간직하고 있었던
정치 세력이 있었음을 암시한다.

초리국의 중심지라고 믿어지는 남양만과 직선거리로 불과 15km도
채 떨어지지 않은 보성군 조성면에는 귀산리(4개群 51기)·봉릉리(5개
群 41기)·매현리(4개群 49기) 등 23개群 209기, 득량면의 14개群 39기
등 37개群 248기의 지석묘가 분포하고 있다. 이들 지역에서는 철기와
삼각구연점토대 토기, 이른 철기 시대의 묘제인 토광묘, 환호와 밀집된

원형 주거지 등 연맹왕국의 모습을 입증할 수 있는 많은 유적·유물이 출토되었다. 특히 '금장산'이라는 비교적 평탄한 야산에 자리 잡은 조성리 유적에서는 환호, 밀집한 주거지, 패총, 토광묘 등이 복합적으로 확인되었고, 주거지의 중복도 심하게 나타나 장기간에 걸쳐 많은 사람이 정주했음을 알려준다. 심지어 불과 540㎡ 넓이에 주거지가 31기나 중복되어 있을 정도로 조밀하게 형성되어 있어 당시 이 지역에 비교적 많은 인구가 집단을 이루며 살고 있었음을 알려준다. 이를테면 조성면의 지석묘 분포 상황과 발굴 유물을 통해 당시 독자적인 세력을 형성하고 있는 연맹체 모습을 확인한 셈이다.

한편, 득량만 연안의 이들 연맹은, 자체적인 통합을 통해 적극적인 통합을 추진하였다고 본다. 이동희는 득량만을 매개로 남양만 세력 즉 초리국과 조성면 세력이 연합했을 가능성이 크다고 살폈지만, 3세기 후반에 이르러 초리국 반경 20㎞ 이내에 있던 조성, 동강, 두원 지역에 있었던 연맹체들이 대국이었던 초리국을 중심으로 통합되었다고 믿어진다. 이것은 조성리 유적에 보이던 환호가 3세기 무렵 없어지고 있는 데서 확인된다. 이제 득량만의 맹주가 된 '초리국'은 비옥한 농경지와 풍부한 해산물, 낙랑-백제-침미다례-(초리국)-금관가야-왜로 이어지는 중개무역에서 얻은 상업적 이익 등을 통해 마한 연맹체의 또 다른 대국으로 성장하여 갔다고 여겨진다. 조성 지역의 출토 유물과 유적, 과역·동강·남양 일대의 수많은 지석묘 群들은 '초리국' 연맹왕국의 역사를 웅변해주고 있다고 믿는다.

전남 보성군 조성면 조성리 일대 4개 지역을 순천대 박물관이 2001년과 2007년 두 차례의 발굴 조사를 하였다. 유적들은 남동-북서 방향으로 길게 형성된 독립 구릉상에 위치하고 있는데, 원삼국 시대 패총1기·구상유구1기·환호1기·원삼국~삼국시대 주거지 33기·수형 유구 5기 등의 유적이 확인되고, 단면삼각형점토대토기·경질무문토기·회색연질타날문토기·적갈색타날문토기·회청색경질토기 등의 유물이 출토되었다. 이곳에서 확인된 환호, 밀집된 주거지, 패총, 토광묘 등은 연맹왕국의 구체적인 모습을 파악하는 데 도움이 되었고, 이 일대가 해상 교역의 중요 거점이었다고 하는 사실을 이해하는데도 많은 시사를 주었다는 데 의의가 있다.

중개무역으로 성장한 득량 지중해 대국

남한 지석묘의 70% 이상이 밀집된 전남 지역 지역묘 군을 보면 분포 형태나 규모 면에서 다른 지역과 차이가 있다. 예컨대, 경남 지역은 여러 취락에서 하나의 지석묘 묘역을 공유하고 있지만, 전남 동부 지역과 득량만 일대 남해안은 개별 촌락마다 별도의 지석묘군을 만들었다. 이를 통해 경남 지역은 여러 촌락을 하나로 아우르는 큰 정치체가 형성되었지만, 전남 지역은 독립된 촌락을 중심으로 하는 작은 단위의 정치체가 출현하였다고 짐작할 수 있다.

전남 지역은 이처럼 소규모 정치체가 형성되었기 때문에 연맹장 세력도 상대적으로 미약했을 법하다. 경남 지역에는 길이 10m, 폭 4.5m, 높이 3.5m 무게 350톤 정도 되는 거대 지석묘가 보이지만, 전남은 길이가 10m를 넘는 경우는 거의 없고 대부분 1~2m의 작은 규모라는 사실에 주목할 필요가 있다. 이를테면 거대한 지석묘를 사용한 경남 지역 연맹왕국의 정치 권력은 변한 12국의 하나인 구야국의 전신을 떠오르게 하지만, 전남은 아직 군장(Chief) 사회 단계를 벗어나지 못한 소국을 생각하게 한다. 저자가 변한 지역에서는 대·소국 간에 세력 차이가 커서 연맹 간의 통합 작업이 활발했으나, 마한 지역은 세력 간의 우열이 드러나지 않아 통합력이 미흡해 연맹왕국으로 나아가는 데 한계가 있었다고 앞서 언급한 것이 여기서 확인된 셈이다.

초리국 중심지인 과역면 도천리와 과역리, 남양면 중산리와 동강면 유둔리 등에 수백여 개의 지석묘가 群 별로 분포되어 있다. 이처럼 밀집된 지석묘군 가운데 과역리 민등 고분군에 있는 길이 540cm, 폭 250cm, 높이 130cm의 크기의 지석묘 단 1기가 규모가 가장 큰 대표적 지석묘이고, 길이 3m 정도 되는 것이 群 별로 2~3기, 대부분은 길이 1m 안팎 정도의 소형 지석묘이다. 지석묘 분포 형태를 보면 마치 작은 지석묘들이 중앙에 있는 큰 지석묘를 감싸고 있는 모양이다. 그렇다면 규모가 가장 큰 지석묘가 있는 민등 고분군의 지석묘 조영 집단이 득량만 소국 가운데 가장 큰 정치 세력이었을 가능성이 크다. 민등 고분군이 있는 과역리는 '초리' 명칭과 관계가 있는 '조조례현'이 있는 남양면과 인접하여 굳이 행정적으로 구분하는 것이 의미가 없는 곳이다. 따라서 이곳이 초리국의 중심이었을 가능성이 크고, 그만큼 강대한 세력을 가졌기에 인근 소국을 통합할 수 있었다. 동시에 지석묘 群의 중심에 있는 규모 3m 정도의 지석묘를 통해 그곳에 소국 단계의 정치체가 있었지 않았을까 하는 생각을 하게 한다.

한편, 아주 많은 분포된 길이 1m 이하의 작은 지석묘는 연맹장의 묘제라기보다는 일반 백성의 묘제가 아닌가 한다. 이처럼 같은 곳에 집단 조영된 지석묘이지만, 그 규모의 차이를 통해 집단 내의 위계화 가능성을 생각해볼 수 있다. 어쩌면 피장자의 신분이 각각 다른 계층들이 한 곳에 몰려 있는 현상은, 마한 지역의 정치적 군장들이 읍락에서 백성들과 잡거했다는 『삼국지』 위서의 기록과 상통한다는 점에서 관심을 끈다.

남한의 지석묘 하한이 대체로 기원전 3~2세기로 추정되는 데 반해, 전남은 철기 시대 후기로 접어들기 시작한 원삼국 시대까지도 주된 묘제로 기능하고 있었던 것은 일반 백성의 묘제로 발전하였기 때문이다. 전남 지역 지석묘군이 조영되는 말기 단계에 이르러서는 부장 유물이 거의 출토되지 않는다는 이동희의 지적은 이와 관련하여 시사적이다. 전남의 지석묘는 토착성을 강하게 띠어 새로운 묘제가 들어와도 그것이 수용되기에는 한계가 있었다. 전남 지역 동부에 새로운 묘제가 늦게 들어온 까닭이다.

여하튼 전남 지역의 지석묘 분포 양태나 규모, 그리고 존속 기간을 통해 소규모 정치 세력이 독자성을 강하게 가지고 있어 통합력이 미흡할 수밖에 없다는 사실을 알 수 있다. 이러한 분립성은 지역이 가지고 있는 지형적 특징, 이를테면 좁은 산악지대를 굽이쳐 흐르는 보성강, 섬진강 유역에는 영산강 유역이나 해남반도처럼 넓은 평야 지대가 없어 나타난 현상이라 생각한다. 게다가 외부와도 단절되어 있어 새로운 문화를 접할 기회도 충분하지 않았을 것이고, 설사 새로운 문화가 유입되었다 하더라도 강한 토착성을 극복하기란 쉽지 않았을 것이다. 이렇듯 강한 토착성은 고유문화를 뿌리내리게 하지만 한편으로 문화의 발전을 더디게 하는 역기능도 있었다.

득량만 일대 남해안은, 보성강·섬진강 유역의 전남 동부 지역과 동일한 지석묘 문화를 공유하고 있는 듯하지만, 다른 특징도 엿보인다. 득량만 북서쪽으로 이어져 있는 해발 300~500m의 비교적 높은 산맥(호남정맥)은 보성강 유역 등 다른 연맹체들과 구분을 짓는 경계 역할과 함께 외부 공격을 막아주는 방어벽 구실도 하였을 것이다.

2018년 현재 조성면은 인구가 4천500여 명으로 대부분 1천500여 명 내외인 보성의 다른 면보다 훨씬 많다. 면의 규모가 큰 것은 현재적 상황이 주된 이유이겠지만, 일찍이 커다란 세력을 형성했던 역사적 전통과 함께 지리적 환경도 작용했을 것이다. 이를테면 AD1~2세기 무렵 한반도를 비롯하여 동북아시아에 밀려왔던 빙하기 때문에 농사가 잘되지 않자 내륙 사람들이 어족 자원이 풍부한 해안으로 모여들었다. 이는 과역면, 동강면, 남양면, 조성면 등 초리국 중심지라고 믿어지는 곳에서 발견되는 지석묘들이 해안에 집중되고 있는 데서 알 수 있다. 옛날보다 해수면 면적이 좁아졌다고는 하지만, 지금도 남서~북동 방향 장축 50㎞, 동서 방향 4.6~11㎞에 달하는 거대한 득량만은 해수의 교류가 활발할 정도로 입구가 넓어 조개류 등 각종 어족 자원이 풍부하다. 조성리와 인근 벌교 금평리 패총 유적에서 해남 군곡리 패총처럼

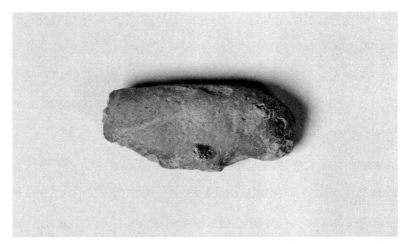
동물모양 토기(금평패총)

상어·복어·감성돔 등의 어류, 굴·꼬막·피조개·재첩·피뿔고둥·비단고둥 등 다양한 어족 자원이 발견되고 있다. 이는 1~3세기 무렵 득량만 연안의 정치 세력들의 중요한 경제 기반이 되었을 것이다.

현재의 득량만 일대의 지형은 일제가 1930년대 후반 쌀 증산계획을 추진하면서 대규모 간척지를 조성한 결과물이라는 아픈 역사를 간직하고 있다. 조성에서 고흥 대서면 일대까지 해안을 따라 형성된 길이 10㎞×폭 2㎞에 달하는 넓은 평야는 호남정맥에서 발원한 대곡천, 조성천, 득량천, 영천 등 하천들 특성에 따라 형성된 비옥한 옥토였다. 득량만 일대가 자갈질모래, 점토질모래, 점토 등으로 이루어진 퇴적층이라는 사실은 이를 뒷받침한다. 동강면의 유둔리 지석묘군이 있는 곳도 대강천과 원통천 등 작은 하천이 흐르고 있다. 이같이 살펴보면 이른바 '득량 지중해'에 위치한 여러 연맹왕국의 중심 세력이었던 초리국은 마치 '영산 지중해'에 자리 잡아 영산강 유역의 대국으로 발전하였던 '내비리국'과 비슷한 경제 기반을 가졌다고 할 수 있다.

한편 득량만은 우도를 비롯하여 여러 섬이 만 가운데 있어 거센 조류를 막아주는 천혜의 항만 조건을 갖추고 있다. 실제로 득량만 일대는 1960년대 말 제철 공업단지 입지 선정 당시 포항과 함께 복수 후보지였다. 백제 부흥이 실패하자 유민들이 왜로 건너간 항구도 이곳 조성 '동로성'이었다는 점도 해상 교통로에서 이곳이 차지하는 역사적 위치를 짐작하게 한다. 또 남해 항로의 중간 지점이라는 지리적 여건도 득량만 연안이 일찍부터 중개 무역항으로 주목받게 하였을 법하다. 이를테면 해상 중개무역의 거점 역할을 한 초리국은 득량만의 맹주를 넘어 남해안을 장악하는 대국으로서 위치를 확보하게 되었다.

금평패총

전남 보성군 벌교읍 척평리 금평 마을 어귀에 있는 원삼국 시대의 조개무지(패총)로, 1992년 목포~순천간 고속화도로 공사에서 발견돼 전남대학교 박물관에서 발굴 조사하였다. 청동기와 원삼국 시대의 5기의 주거지가 발굴되었는데, 주거지가 폐기된 뒤 그 위에 패총이 조성된 것으로 보인다. 시루·국자형토기·소형토기·쇠도끼쇠낚시바늘·쇠화살촉·복골·뼈화살촉·흙구슬·돌칼·돌끌 등과, 사슴·멧돼지·개 등의 포유류와 상어·복어·감성돔 등의 어류, 굴·꼬막·피조개·재첩·피뿔고등·비단고등 등의 어패류가 출토되었다. 1~3세기 무렵 경제 상황을 이해하는 데 도움을 주었다.

일제가 산미 증식 계획을 추진하면서 1929년부터 1937년 까지 보성 득량에서 고흥 대서까지 약 5km에 달하는 방조제 공사를 하여 1천758ha에 달하는 간척지가 조성되었다. 일제는 이곳에 필요한 용수를 공급하고 발전을 하기 위해 대룡산을 관통하여 보성강 물을 득량만으로 보내는 유역 변경식 댐과 보성강 발전소를 세웠다.(1937) 저자가 꼴을 먹이기 위해 소를 끌고 대룡산 정상에 오르곤 했었는데, 보성강 댐과 발전소, 득량만이 한 눈에 들어왔던 추억이 있다. 일제는 이곳의 쌀을 일본으로 보내기 위해 순천-보성-광주-송정리를 잇는 경전선 철로를 부설하였고, 득량, 예당, 조성 등 이곳 3곳에 역을 두었다.

점이(漸移)지대와 초리국

득량만 연맹체와 가까운 벌교 금평 패총에서 중국의 점술 도구인 복골 등 해남 군곡리 패총 유물과 비슷한 것들이 대량 출토되고 있다. 그보다 배 이상 넓은 인접한 조성리 패총은 아직 발굴 작업이 마무리되지 않아 단언할 수 없으나 금평 패총과 비슷하리라 여겨진다. 해남 군곡리 패총의 화천(貨泉), 여수 거문도 오수전, 창원 성산패총의 오수전, 김해 회현리 패총의 화천 등 남해안의 연안 항로에서 중국 화폐들이 대량 출토되고 있다. 이로 미루어 득량만 일대에서도 이 화폐들이 출토될 가능성이 크다. 이렇게 보면 득량만 일대는 일찍이 중개무역의 거점이었다. 이처럼 농·어업 발달 및 해상 무역을 통해 확보된 득량만 연맹체의 경제력은 큰 정치체의 출현을 예고하였다. 3세기 무렵, 영산강 유역의 내

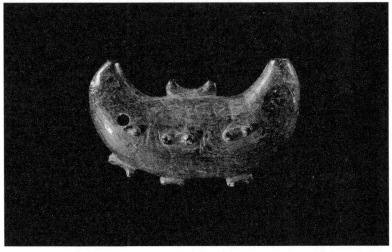

모자곡옥(방사유적)

비리국이나 침미다례와 같은 마한 연맹체들이 인근 소국들을 통합·발전해나가는 것도 이들에게 자극이 되었을 법하다. 초리국이 득량만 연안 연맹체의 중심 세력이라는 사실은 인근 지석묘군 가운데 민등 고분군에 있는 지석묘가 가장 규모가 크고, 그곳에서 불과 5㎞ 떨어진 남양면 중산리 지석묘군에서 출토된 석검의 길이가 무려 43.3cm로 전남 지역에서 가장 최대라는 점에서 짐작할 수 있다. 따라서 초리국이 연맹체들의 통합을 주도했을 법하다.

최근 초리국 중심지와 가까운 풍양면의 방사와 한동 마을에서 주거 유적지가 발굴되었다. 이곳에서 출토된 청동기 시대 유물들은 일찍부터 촌락이 형성되어 있었음을 알려주지만, 규모에서 대국에 미치지 못한 소국 수준의 읍락이 아니었을까 싶다. 그런데 기존 촌락 위에 4세기에 시작되어 5세기까지 한시적으로 주거지가 새롭게 조영된 흔적이 보인다. 현재는 방조제로 인한 '고흥호'가 있는 곳이지만, '득량 지중해' 길목의 만(灣) 안에 있는 방사 마을은 과거에는 왜, 가야, 낙랑 등 외국 무역선들이 왕래하기에는 좋은 포구였다. 방사 유적의 주거지가 보성강과 전남 동부 지역에 일반적이었던 원형 형태에서 영산강 유역에서 유행하던 방형계 형태로 바뀌고, 주로 충청·전라 지역에 출토되었던 토제 연통과 소가야 계통의 고배(高杯), 왜(倭) 계통의 모자곡옥(母子曲玉) 등이 출토되는 등 토착적 요소보다는 이웃 나라와 교류를 통해 유입된 문물들이 대부분을 차지하고 있다. 이러한 현상은 3세기 후반 초리국이 연맹을 통합한 사실과 4~5세기라는 특정 시기에 주거지가 조성된 것을 연결 지어 보면 이해가 된다. 말하자면 초리국이 팽창하면서 이곳 고흥반도 남단의 방사마을이 새로운 포구로 성장하고 있는 모습을 보여주는 것은 아닐까 한다. 방사 마을 반대편 해창만의 안동 고분도 그 조영 시기가 5세기 중엽이라는 점에서 이와 비슷한 상황을 반영하고 있다고 믿어진다. 초리국은 '득량 지중해'를 넘어 고흥반도 전체를 아우르는 대국으로 성장하고 있었다.

한편, 임영진은 조성리의 득량만과 고흥반도 일대에 별도의 정치체를 설정하고 있다. 즉, 고흥반도 남단의 서부 풍양면 일대와 동부의 도화면 일대에 '침미'와 '다례'의 두 연맹체가 있었다는 것이다. 말하자면 고흥반도의 밀집된 지석묘군과 21기나 되는 삼국시대 고분들, 특히 금동관, 금동신발 등이 출토된 포두면 길두리 안동 고분에 주목한 것으로 보인다.

안동 고분의 피장자가 재지 세력이라고 저자도 생각하고 있지만, 그 주변에 그 고분 외에는 전통적인 지석묘군도 없고, 심지어 출토 유물에서 일상용품이 전혀 나오지 않은 사실은 이 지역에 토착 세력의 존재 가능성을 상정하기 어렵다. 안동 고분이 있는 해창만과 서부 풍양면 일대는 지금은 대규모가 간척지가 형성되어 있지만, 이 지역을 흐르는 하천들은 비교적 급경사의 산지를 흘러내려 직선으로 이루어졌기 때문에 대규모 연맹왕국이 형성될 정도의 넓은 평야도 없었다. 따라서 그곳이 마한 남부연맹을 이끌었던 대국 침미다례의 중심지라고는 생각할 수 없다.

한편, 초리국을 중심으로 득량만 연맹체들은 지석묘를 오랫동안 주묘제로 이용했다는 점에서 보성강·섬진강 유역 등 전남 동부지역과 동일 문화권으로 볼 수 있다. 특히, 민등 고분군과 가까운 두원면 운대 지석묘에서 출토된 요령식 동검과 천하석제 소옥, 유경·유병식 석검 등이 주암댐 수몰 지구인 승주 우산리와 여수반도의 적량동·평여동 유적들에서 출토된 유물들과 유사한 점은 이를 분명히 해주고 있다. 조성리 출토 토기들 대부분이 재지적인 성격을 분명히 한 점도 토착 문화가 발달했음을 알 수 있다. 이를테면 남해안의 중간 지점에 있는 득량만이나 내륙 산간 지대를 흐르는 보성강 유역은 철기 문화와 같은 선진 문물이 영산강 유역이나 가야 지역보다 훨씬 늦게 유입된 데다, 그것을 배출할 통로도 없었기 때문에 고유문화의 전통이 특히 두드러졌다.

하지만 초리국 연맹왕국은 교역의 확대와 더불어 외부 문화가 유입되기 시작하였다. 조성리 유적에서 소가야 계통의 발형 기대와 삼각투창 고배가 출토되고 있고, 조선 중종 때 편찬된 『신증동국여지승람』에 "보성 동쪽 13리에 '가야산'이 있다."라는 기록이 있는 것으로 보아 득량만은 어떤 형태로든지 가야와 접촉이 있었을 법하다. 다만, 이때 가야 토기 양식이 차지하는 비중이 극히 일부에 불과하여 정치적으로 예속되었다고 볼 수는 없고, 단순한 경제적 교류 내지는 문화 접촉 수준 정도에 그쳤을 것이다.

득량만 연안과 전남 동부 지방에 많이 나타난 원형 중심의 주거 형태가 4세기에 들어서서 영산강 유역에서 주로 유행되던 방형으로 변화가 나타났고, 동시기에 나타난 토기들을 보면 섬진강 상류와 보성강 유역, 전북 서해안과 보성강 유역, 영산강 하류와 보성강 유역 등이 상호 비슷한 특징을 보인다. 이러한 모습은 이들 지역의 문화의 동질성과 이질성을 함께 찾아볼 수도 있지만, 다른 한편으로는 남하하는 백제 연맹체에 대응하려는 침미다례 중심의 마한 남부연맹들이 정치적으로 상호 결속력을 강화하려는 모습을 보여주는 것이라고 추측된다. 여하튼 폐쇄성이 강하였던 보성강 유역에 다른 지역의 문화가 용해되는 현상은 가야와 교섭을 통해 발전을 모색하던 초리국 연맹체가 침미다례 및 내비리국과의 교류를 통해 새로운 변화를 모색한 것과 관련이 있다고 본다. 이러한 점에서 초리국 연맹체는 보성강 유역 연맹체보다 훨씬 개방성을 가지고 있다고 본다.

한편, 방사유적의 모자곡옥에서 보이는 왜계 요소 및 안동 고분의 금동관, 금동신발에서 보이는 백제적 요소와 갑주에서 보이는 왜계 요소 등은 이들 지역이 중개 무역항으로 발돋움하고 있다는 것을 보여준다.

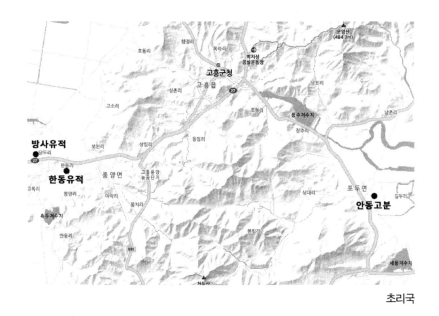

초리국

일부에서는 안동 고분의 금동관·금동신발 등이 백제적인 성격이 있다 하여 지방 기구인 담로가 설치되는 등 고흥반도가 백제의 통치체제에 들어갔다고 주장한다. 그러나 근초고왕의 공격이 일시적 충격을 주는 것이고, 내륙 지역에 백제문화 흔적도 많이 보이지 않는 점에서 이러한 의견을 따르지 않는다.

특히 안동 고분의 피장자의 성격이 그 지역에 한시적으로 존재하였던 재지 세력이라는 사실과 고분 형식이 같은 수혈식 석관묘이긴 하지만 당시 매장 시설, 분구의 구조, 출토유물 등 여러 가지 점에서 백제의 그것과는 다르다는 점을 주목할 필요가 있다. 말하자면 방사 유적이나 안동 고분 등에서 여러 문화 요소들이 보이는 것은 이 지역을 장악한 초리국 연맹왕국이 왜, 가야, 침미다례와 내비리국, 백제 등과 활발한 교역을 하던 당시의 모습을 보여준다. 이를테면 이러한 경제적인 교류를 정치적 영향력 확대로 해석하는 것은 유의해야 한다.

득량만의 맹주 초리국은 남해안의 맹주를 자처하며 발전하였으나, '영산강식 토기'와 같은 독특한 문화적 특징을 보여주지 못하였다. 이는 영산강 유역이나 가야에 비교해 정치적으로 미성숙했기 때문이라고 생각하기도 하나, 오히려 두 지역의 점이지대에 있었기 때문이라고 살피는 것이 옳겠다. 방사·한동의 주거지가 5세기를 정점으로 하여 추가로 조영된 흔적이 보이지 않는 까닭은, 6세기에 들어 백제가 섬진강 줄기의 임나사현(任那四縣)을 차지하여 여수반도가 새로운 교역 거점으로 등장한 것과 관련이 있지 않은가 한다. 이제 초리국도 점차 쇠락의 길을 걷게 되었다.

6. 보성강 유역 대국 비리국

미력·복내 지역 연맹체로 구성된 비리국

보성강 유역의 복내는 장흥 관산, 고흥 동강 일대와 더불어 전남에서 가장 많은 지석묘가 밀집되어 있다. 현재 조사된 보성지역 지석묘는 191개 소, 1천570여 기에 달하지만, 조사를 거듭할수록 늘어나고 있다. 이처럼 지석묘가 많은 것은 일찍부터 많은 사람이 집단을 형성하고 있었다는 것을 말해준다. 하지만 지석묘로 이용되는 돌이 많았던 것도 또다른 이유가 있지 않을까 싶다.

지질학적으로 영남 육괴에 속한 보성지역은, 중생대 백악기에 화산활동이 활발하였다. 이때 쏟아진 엄청난 화산석들이 응회암 계통의 크고 작은 바위들을 만들었다. 보성지역 지석묘 상당수가 응회암이라는, 공룡 전문가 허민의 설명은 이와 관련하여 시사적이다. 지석묘에 사용할 수 있는 돌이 많아 오랫동안, 심지어 일반 백성들까지도 무덤으로 이용하였다고 할 수 있다. 이 지역의 지석묘가 마지막 단계에 오게 되면 부장품이 거의 보이지 않는다는 점은 이를 반영한다. 심지어 채석보다는 바위가 있던 그 자리에 조영한 경우를 적지 않게 찾을 수 있다. 저자가 대룡산 능선에서 발견한 지석묘도 바로 그러한 형태였다. 이 지역에 굄돌만 있는 남방식 지석묘가 많은 것은 이 때문이라는 생각이 든다.

보성강 유역의 지석묘는 한 지역에 대규모로 조영된 것이 아니라 소규모로 분산되어 이루어졌다는 것을 알 수 있다. 이는 촌락들이 소규모였음을 알려주는데, 지역적 특성과 관련이 있지 않나 한다.

웅치면의 제암산·일림산·사자산 등에서 발원한 보성강은 장흥 장평으로 곡류했다가 보성 노동, 미력, 겸백을 거쳐 북상하여 율어, 복내, 문덕까지 120㎞를 달리다 섬진강과 만난다. 상류의 노동천, 대련천, 광곡천과 보성천, 미력천 등 많은 지류들이 합류하며 큰 강을 이루는 보성강은 계상산(580m)에서 발원한 노동천, 봉화산(465m)에서 발원한 광곡천과 같이 높은 산들이 이들 하천을 감싸고 있는 형국이다. 이처럼 높은 산악지대를 흐르는 보성강은 장년기의 당당한 모습으로 수량이 풍부하고 유속이 빨라, 노년기의 느릿한 흐름을 가지고 있는 다른 지역의 강들과 비교된다.

이 때문에 보성강 유역은 작은 분지나 지류들의 침식 활동으로 형성된 소규모 침식평야들이 대부분으로, 영산강처럼 넓은 평야 지대가 없어 작은 규모의 읍락이 형성될 수밖에 없었다. 마한 소국들이 산곡에 흩어져 있었다는 『삼국지』위지 동이전의 기록은 이러한 보성강 유역의 특성을 가리키는 것이 아닌가 한다. 이러한 사실은 벽옥산(479m) 자락에 있는 옥마리 지석묘군과 최근 조사된 거석리 구주 유적을 통해서도 알 수 있다. 말하자면 광곡천이 곡류한 곳에 있는 옥마리와 맞은편 충적평야에 있는 금호리 두 지역을 아우르는 읍락 단위의 소국이 형성되었을 가능성은 충분하다.

또 보성지역 지도를 유심히 살피면, 좁은 산곡을 헤쳐 곡류하는 보성강 물길이 지나가는 곳마다 비교적 규모가 있는 평야가 형성되어 있는 곳이 눈에 들어온다. 대표적인 곳이 광곡천, 보성천, 미력천 등 여러 하천이 합류하여 강폭이 크게 넓어지며 곡류를 한 미력 화방리 '용지등' 일대인데, 이곳은 전형적인 범람원으로 비옥한 충적평야가 형성되어 일찍부터 큰 취락이 형성되었을 법하다. 이는 강 반대편 송림 유적과 그곳에서 8km 채 안 떨어진 겸백 석평 유적 발굴조사에서 확인되었다.

어렸을 때 홍수가 지면 엄청난 퇴적물이 저자 마을 앞 보성천을 통해 보성강으로 밀려드는 것을 목격하였다. 이곳에 인접한 화방리 일대는 해마다 쌓인 퇴적물과 인근 대룡산과 백운산에서 흘러 내려온 유기질 토사가 보태지면서 비옥한 충적평야가 형성되었다. 나룻배를 타고 왕래한 추억이 있는 대룡산 건너편 용지등은 활천(活川)에서 유래하여 '살래'라고 불린다. 『신증동국여지승람』에 보이는 '사어향(沙於鄕)'은 이곳 '살래'를 말한다. 말하자면 '현'에 버금가는 행정 단위 '향'이 있는 것은 이곳에 상당한 정치체가 있었음을 알게 한다. 화방리 뒷산 백운산 선인봉 아래의 장동마을 일대에 있는 백제 성터도 주목된다. 이를테면 백제 때 보성을 복홀군(伏忽郡)이라 불렀는데, '홀'이 '성'을 뜻하는 백제식 음이라는 점과 관련지어 보면 '복홀군' 치소가 이곳에 있었던 것은 아닐까 한다. 그렇다면 이 지역에는 백제에 편입되기 전부터 일찍이 큰 세력 집단이 있었음은 분명하다. 살래를 중심으로 겸백 석평마을, 미력천과 보성천이 흐르는 인근 도개리와 반룡리 일대까지 아우르는 반경 10km 정도 되는 국읍 단계의 대국이 보성강을 따라 자리 잡고 있었다고 하겠다.

보성강이 문덕 쪽으로 곡류한 곳에 있는 복내 지역을 중심으로 문덕 (307기), 복내(398기), 율어(330기) 등 지석묘가 밀집되어 있다. 이를 통해 이 지역에 사람들이 집단을 이루며 정주(定住)했음을 확인할 수 있지만, 고분 밀집도를 통해 각각 독립된 연맹체들이 있었다는 것도 헤아릴 수 있다. 물론 그 가운데 세력이 강했던 복내 지역이 그 지역 연맹체 맹주로서의 위치를 강화해나갔을 것이다. 이영문도 일찍이 복내 일대의 지석묘 밀집도와 관련하여 마한 소국이 존재했을 가능성이 크다고 살핀 바 있다. 이는 기록에서도 확인할 수 있다.

『삼국사기』에 의하면 백제 때 이 지역에 '파부리군(波夫里郡)'이 있었다고 한다. 만약 '郡'이 설치되었다면 적어도 이전에 '국읍' 수준의 큰 정치 세력이 이곳에 있었을 것이라 믿어진다. 당이 백제를 멸한 후 설치한 '분차주'의 치소가 낙안 지역이라는 의견도 있지만, '분차주는 본래 파지성'이었다는 『삼국사기』의 기록을 주목할 필요가 있다. 이를테면 '파지'와 '파부리'가 음이 비슷하므로 복내가 '치소'일 수도 있다는 것이다. 여하튼 '州 治所'가 있었다고 하는 것은 그 사실 여부를 떠나 백제 멸망 당시에도 이 지역에는 토착 세력이 강고하게 유지되고 있었음을 알려준다. 말하자면 백제에 편입되기 이전부터 이 지역이 대국의 중심지였으리라는 것이다. 적어도 마한 54국에 그 이름을 올렸을 가능성이 크다.

하지만 이 지역 마한 연맹왕국의 실체를 확정하기란 쉽지 않다. 학계에서는 복내 지역의 소국이 마한 54국의 하나인 '벽비리국', 또는 '불운국'이 아닌가 생각하고 있다. 일찍이 신채호, 정인보, 이병도 모두 '파부리군'의 '파부리'와 '벽비리'가 음이 비슷함에 주목하여 '벽비리국'이 이곳에 있었다고 주장을 하였다. 반면, 천관우는 '불운국'의 음이 '파부리'와 전혀 달라 단정할 수 없지만, 『삼국지』 위지동이전 기록 순서, 즉 낙안에 해당하는 '불사분사국(不斯濆邪國)'과 여수에 해당하는 '원지국(爰池國)'의 앞에 국명이 위치한 것으로 볼 때 '불운국'일 가능성이 크다고 하였다. 하지만 나주 반남 지역이 분명한 '내비리국' 역시 『삼국지』 위지동이전 기록 순서와도 맞지 않기 때문에 이러한 기록의 순서에 따른 비정을 그대로 받아들일 수 없다.

여기서 저자는 선학의 연구와는 달리 『삼국지』 위지동이전에 있는 '비리국(卑離國)'이 이곳에 있었다는 새로운 주장을 하고 싶다. '비리국'을 충남 서산으로 비정하기도 하지만, 사실 '비리'는 평야를 의미하는 '벌'과 같이 사용되어 평야가 있는 곳에 많이 붙여져 보통 명사화된 명칭으로 54국 이름에도 여럿 보인다. '비리(卑離)'는 벌판을 뜻하는 벌(伐)=부리(夫里)=평야의 뜻이 있다고 육당 최남선 선생이 언급한 이래 정설화되어 있다. 위지동이전의 54국 가운데 '비리' 명칭이 있는 소국을 보면, 저자가 복내에 비정한 '비리국'을 비롯하여, '점비리국(占卑離國)', '감계비리국(監奚卑離國)', '내비리국(內卑離國)', '벽비리국(辟卑離國)', '모로비리국(牟盧卑離國)', '여래비리국(如來卑離國)', '초산도비리국(楚山塗卑離國)' 등 8곳이나 된다. 이는 소국들이 주로 분지나 평야지대에 위치하여 나타난 현상이라고 믿어진다.

'비리국'을 복내 지역으로 비정하려는 이유는, 백제 때의 '파부리' 명칭이 통일신라 경덕왕 때 '부리(富里)'로 개칭된 사실 때문이다. 말하자면 경덕왕이 '파부리'를 '부리'로 개칭한 것은 '부리'가 원 지명이었기 때문이었을 것이다. 백제가 '파'라는 접두어를 붙였던 것은, 반남 지역의 '내비리국'을 '절단낸다'는 뜻으로 '반'자를 사용하여 '반내부리'라 했듯이, 보성강 유역의 대국인 '비리국'이 백제와의 통합에 끝까지 반대하자 '파(破)'자를 사용하여 '파부리'라고 행정구역 명칭을 바꾸면서까지 세력 약화를 꾀한 것이 아닌가 한다. 이러한 추측이 설득력이 있다면 복내 지역에 있었던 연맹왕국의 모습은 '부리'와 같은 음인 '비리국'임이 분명해진다.

이처럼 보성강 유역에는 복내와 미력 화방리 일대를 아우르는 대국을 중심으로 연맹체가 형성되어 있었다. 이들은 산악지대에 가로막혀 각기 독자적인 세력을 형성한 탓에 결속력은 미약하였으나 강을 통한 교류는 활발하였다고 여겨진다. 그러다 3세기 후반 보성강 유역의 맹주가 된 복내 지역 '비리국'으로 점차 통합의 과정을 밟아 갔다고 여겨진다.

영산강·섬진강 문화가 어우러진 비리국

보성지역 중심부를 곡류하며 전남 남부 내륙의 젖줄 역할을 한 보성강은, 영산강, 섬진강과 함께 우리 지역 3대 하천에 속한다. 보성강 유역 연구는, 영산강, 섬진강과 달리 1980년대 중반 주암댐 건설로 수몰

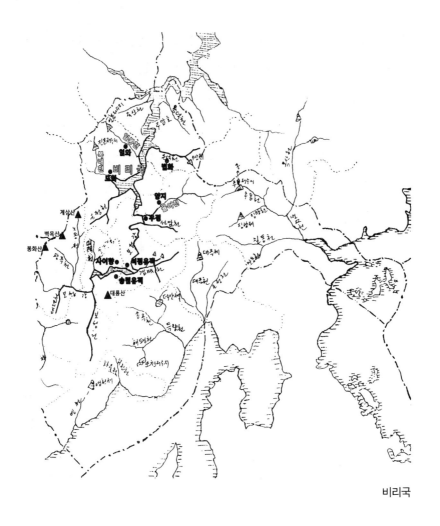

비리국

된 문덕, 복내 일대에 대한 발굴조사가 이루어질 때까지 사실상 방치되었다. 이후 광양–목포 간 고속국도 공사 과정에서 이루어진 보성강 상류 지역의 겸백 석평·미력 송림 마을의 발굴 조사는 마한 연맹체들의 구체적인 모습을 보여주었다. 앞서 행해진 노동 거석리 지역의 발굴 작업 또한 보성강 상류 지역의 읍락을 이해하는 데 도움을 주었다. 하지만 120km 이상 곡류를 거듭한 보성강 유역에 대한 전반적인 발굴조사와 종합적인 분석 등 해결해야 할 과제가 쌓여있다.

'지석묘의 고장, 보성'이라고 할 만큼 지석묘 밀집도가 높은 보성강 유역은 지형적인 특성에 따라 분포 규모의 차이가 있다. 이를테면 80기 이상이 밀집된 율어면 문양리 양지 마을을 비롯하여 인근 율어리 우정 마을(47기), 문덕면 죽산리 하죽(68기)과 동산리 법화(32기), 복내면 일봉리 일와(39기)와 복내리 도화(48기), 시천리 살치(47기) 마을 등 보성강 중류 지역과 상류의 겸백 도안리(40기) 일대에서 밀집도가 높다. 반면 대부분은 노동 금호리와 옥마리 일대(16기)를 제외하고는 5기 미만의 소규모 군으로 이루어져 있다. 이처럼 보성강 유역은 대국에 버금가는 세력도 있지만, 읍락 수준에 그치고 있는 경우도 많다는 것을 알려준다.

최근 발굴 조사된 도안리 석평 일대는 시굴 조사 면적이 9만2천96㎡에 달할 정도로 대규모 유적과, 그 가운데 절반에 달하는 중복 주거지와 공방 유적을 통해 적어도 몇 개 읍락을 아우를 수 있는 국읍이 형성되어 있었음을 짐작하게 한다. 따라서 인접한 화방리 일대까지 포함하면 2~3세기 무렵 그곳에 대국이 성립되어 있었음이 확인된다. 이처럼 지석묘 밀집지에는 큰 연맹체가 성립되어 있었다. 따라서 율어, 복내 지역에는 비교적 큰 연맹체들이 있었음이 분명하다. 특히 율어천 분지에 있는 양지·우정지역은 단일 연맹왕국을 이루었고, 일봉천과 복내천의 넓은 구릉지에 형성된 일와·도와 지역도 서로 각축을 하였지만 통합

과정을 거쳐 대국으로 성장하였다고 본다. '生於福內'라는 말이 있을 정도로 풍요로운 경제 기반을 자랑한 복내 지역에서 탄생된 비리국 연맹왕국은 내륙으로는 영산강 상류인 지석천, 하류로는 섬진강 유역과도 통하는 곳에 있어 일찍부터 빠른 성장을 경험하였을 것이다. 반면 한때 비리국에 뒤지지 않은 세력을 형성하였던 율어천 연맹체들은 내륙 분지에 갇혀 있는 지리적 한계를 극복하지 못한 채 3세기 후반 인근 비리국으로 통합되었다고 믿어진다.

그러나 화방리·석평 지역의 연맹왕국은 백제 때 복홀군 치소이고, '향'

석평유적

까지 있는 것을 보면 백제와 통합되는 순간까지도 강한 세력이 유지되고 있었다고 여겨진다. 이렇게 볼 때 복내에 세력 기반을 둔 비리국은 화방리 지역 대국과는 느슨한 연맹을 유지한 것으로 믿어진다. 여하튼 비리국 중심의 연맹왕국이 보성강 중·상류 지역을 아우르는 대국이 되었다고 본다.

한편 석평 유적에서 철기류와 관련된 출토 유물로는 수정을 가공하는 공방에서 사용된 철촉, 철도자, 철부 등이 약간 보일 뿐, 철제 무기류나 철제 농기구는 보이지 않는다. 이렇듯 철제 농기구가 보이지 않는 것은 그 지역 토양이 굳이 철제 농기구가 필요 없는 비옥한 충적토 지대였기 때문일 것이다. 게다가 어망추와 같은 유물이 많이 출토되고 있어 어업의 비중도 적지 않다고 여겨지기도 하지만, 전통적 채집 경제 유습이라 생각된다. 이처럼 자급자족할 수 있는 경제 기반이 갖추어져 있는 보성강 유역은 영산강 유역처럼 철기 제작과 분배를 통한 사회 발전이 나타날 여지가 거의 없었다.

그럼에도 석평 유적에서 50㎡가 넘는 주거지가 나타나는 등 주거지 규모가 점차 확대되고 있는 것을 살필 수 있는데, 이는 집단 내의 위계화가 진행되었다는 것을 알려준다. 위지 동이전의 "영주(纓珠)를 보물로 여겨 옷에 꿰매어 장식하거나 목과 귀에 걸기도 한다."라는 기록이 석평 유적의 수정 공방을 통해 확인할 수 있지만, 이 또한 연맹체 내부에서 새로운 세력이 성장하고 있음을 보여주는 것이라고 믿어진다.

하지만 이곳 지석묘군에서 거대 지석묘가 눈에 띄지 않고, 대형 주거지도 읍락 안에 있는 것으로 볼 때 "비록 수장이 있다고 하나 민간에 잡거하여 통제력이 약하고 성곽도 없었다."는 위지 동이전의 기록처럼 연맹장 힘이 연맹 전체를 완전히 장악할 정도로 강대하였다고 볼 수 없다. 산악지대에 둘러싸인 보성강 곳곳에 형성된 소국들이 분립성과 토착적 전통을 가졌다. 이는 지석묘군이 읍락별로 무리를 지어 있고, 묘제로 오랫동안 기능하고 있는 데서 짐작할 수 있다. 이처럼 소규모 정치체가 지속되면 통합을 저해하여 연맹왕국의 발전을 더디게 한다. 석평 유적에서 알 수 있듯이, 별도의 공방이 있는 등 독립된 생활체가 형성될 수 있는 여건이 마련되면 통합 작업은 더욱 어려워질 수밖에 없다. 이러한 분립성과 토착적 전통은 정치적 통합을 지향하는 데 걸림돌이 될 수 있지만, 때로는 정체성을 형성하는 데 중요하게 작용했을 법하다.

원형과 방형의 주거지가 공존하고 있는 석평 유적에서, 처음에 형성된 원형 주거지가 차츰 방형 형태로 바뀌고, 원형보다 방형의 비중이 크다는 사실이 확인되었다. 원형은 주로 경남 지역을 비롯하여 전남 동부의 주거지 형태이나, 방형은 서부 영산강 유역 형태로 알려져 있다. 보성강 유역은 고흥반도와 더불어 방형 형태가 일찍 나타났을 뿐 아니라 비율도 높다. 보성강이 시작되는 노동 거석리 구주 지역에서 방형 주거지가 확인되고 있지만, 영산강 유역에서 나타난 주구토광묘가 장흥 탐진강을 거쳐 보성강 상류를 통해 유입되고 있는 것으로 알려져 있다. 말하자면 방형 주거지와 같은 서부 영산강 문화가 탐진강 상류를

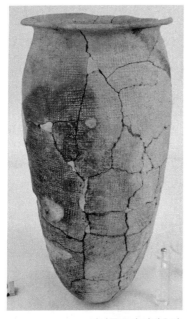
타날문토기(석평유적)

거쳐, 보성강 유역으로 유입되었던 것은 아닐까 여겨진다. 보성강 유역이 방형을 새로운 주거지로 받아들인 것은 대형 주거지를 만드는 데 원형보다 유리했기 때문이었다.

석평·송림 유적 등 보성강 유역에서 나타나고 있는 또 다른 특성의 하나로 지적되고 있는 타날문 토기가 해남 군곡리 유적, 보성 금평 유적과 조성리유적, 순천 낙수리 유적 출토 토기에서 공통적으로 출토되고 있다. 송림 유적은 석평 유적에 인접해 있어 같은 성질의 토기가 나오는 것은 당연하지만, 대룡산이 가로막고 있는 득량 지중해 연안에 있는 조성리와 금평 유적, 심지어 군곡리 유적에서 나왔던 토기가 보성강 유역에서도 나왔다는 것은 마한 남부연맹체 내부에서 교류가 활발히 이루어지고 있었다는 증거로 볼 수 있지 않을까 한다. 그런데 보성강 유역의 원형 주거지에서는 전남 동부는 물론 영산강 유역 등 다른 지역에서는 보이지 않은 공열 토기가 나오고 있고, 장방형 주거지에서 타날문 토기 등이 출토되는 등 독특한 특징이 보인다. 또한 방형계 주거 형태가 유입되었다 하더라도 영산강 유역에서 유행된 4주식 주거 형태가 보성강 유역에서 상대적으로 희소하게 나타난 것은 이 지역의 또 다른 특성이다.

이처럼 보성강 유역만이 가지고 있는 독특한 문화 현상은 이 지역이 가지고 있는 정체성이 반영된 것이라 여겨진다. 이를테면 오랜 분립성을 강고하게 가졌던 보성강 유역 연맹체의 특성을 보여준 것이라 할 수 있다. 보성강 유역 연맹체들은 전남 동부 지역 문화는 물론 서부 영산강 문화도 받아들이고 있고, 심지어 석평 유적과 송림 유적의 가야식 고배에서 알 수 있듯이 소가야와 교류를 하고 있다. 이를 두고 보성강 유역이 전남 동부와 서부 두 지역의 점이지대에 해당하기 때문에 나타난 현상으로 설명하기도 한다. 하지만 저자는 보성강 유역 연맹체들이 산악지대에 가로막혀서 폐쇄적인 성격이 드러날 수밖에 없는 한계를 극복하기 위해 보성강을 통해 외래문화를 받아들였던 것이라고 믿어진다. 말하자면 그들은 토착적 전통에 새로운 문화를 가미한 고유의 문화를 만든 셈이다. 이러한 과정에서 보성강 유역 문화의 특질이 형성되었다고 믿어진다. 이는 고유 양식보다는 가야, 백제, 영산강, 왜 등 외래 요소가 훨씬 많은 비중을 차지하여 문화 점이지대의 성격이 강했던 득량 지중해 연맹왕국과 비교된다.

◆석평 유적

(재)마한문화연구원이 2009년과 2010년 두차례에 걸쳐 보성군 겸백면 도안리 석평 마을 일대를 발굴 조사를 하여 주거지 167기, 수혈 51

기, 지상 건물지 8기, 토기 가마 3기 등을 확인하였다. 원형계와 방형계의 주거지 형태가 함께 나타나 전남 동부 지역과 서부 지역의 문화가 교차되는 모습을 알 수 있게 해주었다. 또한 슬래그(slag)가 출토되는 주거지, 토기제작과 관련된 주거지, 수정 가공과 관련된 유물들이 출토된 주거지 등 생산시설도 확인되어 자급자족적 경제의 모습을 살필 수 있다. 해남 군곡리 유적, 보성 조성리 유적, 금평 유적, 순천 낙수리 유적, 남원 세죽리 등의 유물상과 유사한 경질무문토기와 타날문토기가 공반되는 양상도 보이고 있다. 이처럼 석평 유적은 1세기 후반부터 5세기까지 마한시대의 보성강 역사를 이해하는 데 중요한 자료를 제공해주고 있다.

7. 낙안벌을 지배한 불사분사국

낙안벌의 불사분사국

영산강 유역은 1917년 임나일본부의 흔적을 찾으려는 일제가 주목을 한 이후, 나주 일대의 대형 고분을 중심으로 발굴·조사가 이루어져 실체 파악에 접근할 수 있었지만, 보성강과 섬진강 유역은 주암댐 건설과 순천만 개발과 관련하여 일부 지역에만 발굴이 이루어져 전체적인 특성을 이해하는 데 한계가 있다.

북쪽의 내륙 지역이 높은 산지로 둘러싸여 있는 전남 동부 지역은 섬진강이 보성강과 합류하여 남해로 흐르지만 좁은 분지에 부분적으로 발달한 곡간 평지를 중심으로 작은 소국들이 형성되어 분립적인 성향이 강하게 나타났다. 말하자면 그만큼 토착적 전통이 강고하게 형성되어 영산강 유역이나 가야 등 외부 문화가 유입되었다고 해도 그것이 토착적 요소를 바꿀 정도까지는 되지 못하였다. 따라서 전남 동부 지역이 '가야 문화권'에 편입되었다는 데 동의할 수 없다. 이를테면 전남 동부 지역은 지리적으로 영산강 유역보다 가까운 탓에 가야 문화 요소가 많이 보일 수는 있지만, 그렇다고 그것을 '가야 문화권'이라고 단정하는 것은 무리이다.

영산강 유역의 넓은 충적 평야를 중심으로 마한의 중심 세력을 형성하였던 반남 일대의 '내비리국'과 해남 반도의 '침미다례'는 마한 남부 연맹의 중심 국가로 백제 연맹체도 쉽게 넘볼 수 없었다. 반면, 경남 서부권은 지리산 등 높은 산지, 황강·남강 수계에 둘러싸인 분지와 복잡한 해안선으로 이루어져 일찍부터 여러 정치체가 난립한 상태에서 6세기 백제와 가야국의 대립에 휘말리기도 하였다.

경남 서부권과 비슷한 지리적 조건을 갖춘 전남 동부 지역은 교통로가 발달하지 않아 외부 문화의 유입이 적어 연매체 형성이 상대적으로 미흡하였다. 해안 지역은 해남 반도나 고흥 반도처럼 반도가 돌출되어 대외 문물이 유입될 수 있는 여건을 갖추었지만 연맹 세력이 미약하여 남해안의 맹주였던 득량만의 '초리국'에게 의지하는 형국이었다. 이렇다 보니 이들 지역은 영산강 유역 연맹왕국은 물론 득량만 연안이나 보성강 유역의 연맹왕국보다 정치적 발전이 더디었다.

전남 지역의 마한 연맹왕국과 지석묘 밀집군이 비교적 일치한다고 주장한 바 있는 이영문은, 전남 동부 지역의 지석묘 분포 지역 가운데 득량만 일대, 보성강 중류 지역, 순천 낙안 일대가 밀집도가 가장 높아 그 지역에 연맹체가 형성되었을 가능성이 높다 하였다. 이 가운데 낙안 분지에는 모두 39개 群 240여 기의 지석묘가 분포되어 있는 것으로 미루어 정치세력이 있었음은 분명해 보인다. 이곳의 정치 세력을 특정 짓는 것은 쉽지 않으나『삼국지』위지 동이전에서 언급된 '不斯濆邪國(불사분사국)'일 가능성이 높다는 데 대체로 동의하고 있다.

낙안군이 백제 때 분차군(分嵯郡) 또는 부사군(夫沙郡)이었다고 하는 사실에 주목한 천관우는, '夫沙'의 古音 'piu-sa'와 '不斯'의 古音 'pieu-sie'가 음이 서로 비슷한 점에 착안을 하였다. 그는 '濆邪'의 'pun-ia'는 '벌판'을 뜻하는 '伐'과 같은 접미사로 '불사분사국'은 '벌판'이 있는 곳이라 하였다.

실제 '不斯濆邪國'이 있었던 곳이라 추정되는 곳에는 주변이 높은 산으로 둘러싸인 직경 10㎞ 미만 정도의 낙안 분지가 있어 이곳에 마한 연맹체의 중심지인 '국읍'이 형성되었을 가능성이 높다고 하겠다. 훗날 백제시기에 郡治가 설치된 것도 지극히 자연스러운 일이었다. 고려 이전의 분차군의 치소는 현재의 낙안읍성 자리가 아니라 벌교 고읍리 일대였다. 이곳에서 낙안면 옥산리(7개군 39기)와 벌교읍 지동리(3개군 34기) 두 지역 지석묘가 가장 밀집되어 있다. 특히 지석묘 30기가 밀집되어 있는 지동리를 중심으로 옥산리, 고읍리 등이 반경 5㎞ 이내에 위치하여 있다는 점에서 이곳이 연맹왕국의 중심지였다고 생각된다. 말하자면 득량만의 초리국과 인접한 곳에 위치해 있는 불사분사국은 지석묘의 밀집 규모만 가지고 비교해 보면 득량만 연안 연맹체보다는 작은 연맹왕국이었다는 생각을 갖게 된다.

백제 멸망 후 당이 설치한 7州 가운데 하나인 '분차주'의 治所를 『대동지지』나 『동사강목』 등이 '분차·부사' 지명에 의거하여 낙안과 관련지어 생각한 이래, 대체로 이를 따르는 경향이 있다. 하지만 '분차주'가 '본래 파지성'이었다는 기록도 있는 것을 보면 치소가 낙안이라고 쉽게 단정할 수만은 없다. 가령, '파지'가 보성 복내를 뜻하는 '파부리'와 음이 비슷한 것을 고려하면 '분차주' 치소가 처음에는 보성 복내 지역에 있었으나 뒤에 낙안 지역으로 옮겼을 가능성도 배제할 수 없다.

또 분차주 관할 4현 가운데 하나인 '軍支縣(군지현)'이 주목된다. '군지현'은 『대동지지』와 『동사강목』에서는 벌교읍 마동리에 있는 '군지부곡'으로 비정하고 있다. 칠동리, 척령리, 장좌리 등이 있는 이곳은 6×1.5km, 약 9km²의 범위에 해당하는데 낙안 분지의 절반 정도에 해당한다. 삼국시대의 郡과 縣이 연맹왕국 시대의 '국읍', '읍락'과 각각 비교된다는 견해를 참고해보면 '군지현'은 '불사분사국'에 속한 읍락의 하나가 아니었을까 한다. 이곳은 현재 마동리 3개群 21기를 비롯하여 6개 群 27기의 지석묘가 산재해 있어 이러한 추론을 가능하게 한다.

이와 함께 마동리 바로 동쪽에 있는 척령리 금평 마을에 있는 패총 유적이 주목되고 있다. 이 유적은 원삼국 시대 주거지가 폐기되고 난 다음에 형성된 패총 유적으로 3세기 후반 경의 다수의 경질무문토기와 동물형 토제품, 철기, 복골 등이 출토되어 당시의 사회 모습을 살피는

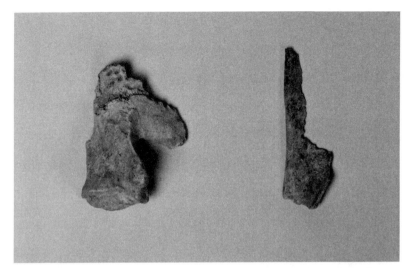

점뼈(금평패총)

데 도움을 주고 있다. 환호에 3겹이 돌고 있는 이 패총은 그 규모가 길이 200m×너비120m 정도로 조성리 유적의 길이 500m×너비200m와 비교하여 훨씬 작지만, 1겹이면서 대형인 조성리 유적과 차별성을 가지고 있다. 금평 패총은 조성리 패총의 1/6수준이지만 해안의 독립 구릉에 입지해 방어적 성격의 환호가 있는 점 등은 조성리 패총과 유사한 형태이다. 패총이 대규모 집단을 이룬 집단의 모습을 보여준다는 점에서 금평 패총이 있었던 곳과 바로 인접한 마동리 군지 마을이 당시 읍락의 중심지였다고 생각된다.

'不斯濆邪國(불사분사국)'은 이러한 읍락들로 구성된 국읍, 즉 대국이었다. 금평 패총에서 출토된 복골(卜骨)은 해남 군곡리 패총의 그것과 유사하다는 점에서 이들 지역이 대외 무역에 종사했을 가능성도 있다.

하지만 복골이 출토되었다고 해서 바로 이러한 결론은 내리는 것은 성급하다. 말하자면 바로 인근 득량만 연맹체인 '초리국'이 이미 독자적인 세력을 형성하며 대외 무역을 장악하였기 때문에 세력이 미약한 '불사분사국'이 그들을 밀어내고 교역권을 확보하기는 쉽지 않았을 것이다.

이를테면 금평 유적에서 출토된 복골은 득량만 연맹왕국 상인들이 인근 연맹왕국과 교역했던 품목의 하나였다고 생각된다. 보성강 유역의 석평 유적에서 출토된 토기들을 보면 군곡리와 조성리 것과 유사한 것들이 많다. 이것은 결국 이들 연맹체들 사이에 교역이 이루어지고 있었다는 증거이다. 이를테면 금평 유적의 출토 복골은 그 지역 연맹체들이 직접 중국과 교역을 하였다고 살피기보다는 마한 연맹체 내에서 상호 교역이 이루어지는 것을 보여주는 것이라 생각하는 것이 보다 자연스럽다.

아무튼 낙안 지역에 자리 잡은 '불사분사국'은 인근 보성강 중류의 '비리국'이나 득량만을 차지한 '초리국'에 버금가는 세력을 형성했다고 볼 수 없다. 그것은 지석묘의 밀집도가 두 지역보다 현저히 적을 뿐 아니라 현재 발굴이 충분히 이루어져 있지 않아 단정할 수는 없지만 그곳의 유적 규모가 조성리 유적이나 석평 유적보다 작다는 점에서 짐작할 수 있다. 이처럼 '不斯濆邪國'의 연맹 발전이 더딘 것은 기본적으로 분립적인 성격이 강한 지역성 때문일 것이다. 거기다 남쪽으로 열려 있다 하더라도 득량만 연안 연맹체가 가로 막고 있고, 북쪽 내륙은 산지가 발달하여 경제적으로 윤택하지도 않고 교통로 발달도 여의치 않아 새로운 외부 문화 전달이 어려웠기 때문이라고 본다.

토착적 성격이 강한 문화

낙안 지역을 지배했던 '불사분사국'의 구체적인 모습은 벌교 지역의 '금평 패총' 유적을 제외하고는 발굴·조사가 이루어지지 않아 정확한 실상을 알 수 없다. 따라서 이 지역에 『삼국지』 위지 동이전에 보이는 소국의 하나인 '불사분사국'이 있었을 것이라고 추정만 할 뿐 당시를 상세히 특정 짓기에 어려움이 따른다. 바로 이웃한 순천지역은 바다와 가까이 있고 산악에 둘러싸인 분지 형태를 이루는 등 낙안 분지와 비슷한 지리적인 특성을 지니고 있어 '불사분사국'과 같은 연맹체가 형성되어 있었으리라 추정되고 있다. 이들 지역들은 비록 바다로 이어져 있다 하더라도 산악 지대로 갈라져 있어 분립적인 성향을 띠면서 독립된 연맹체를 이루었을 가능성이 높다. 다만 3세기 후반 위지동이전에 '불사분사국'이 이 지역을 대표하는 연맹체로 기록에 보이는 것은 '불사분사국'이 이곳 연맹체의 중심 세력이라는 것을 알려주는 것이라 여겨진다.

그러나 반경 10km를 넘지 않는 좁은 곳간에 갇혀 있는 분지 형태를 띠고 있어 설사 '국읍' 수준이었다고 하더라도 영산강 유역이나 득량만 유역의 연맹체와 비교하기 어려울 정도로 작은 규모였을 법하다. 물론 남쪽이 바다를 향해 열려 있지만 순천 분지에서는 딱히 패총과 같은 유적이 아직 발견되지 않고 낙안 지역의 경우는 금평 패총처럼 소규모여서 해양 활동이 적극적이었다고 여겨지지 않는다. 물론 내륙 분지의 농업이 주산업이었지만 영산강 유역처럼 농업 생산력의 발전을 통한 부의 축적도 미약하여 자급자족적 단계에 머물러 있었을 것이다. 말하자면 상대적으로 계층의 분화가 덜 이루어졌을 것이라 여겨진다.

순천 분지 일대는 최근 신도시 건설과 관련하여 발굴·조사가 활발히 이루어져 4~5세기 당시의 모습이 많이 드러나고 있다. 이를 통해 이웃 '불사분사국' 사회에 대해서도 어느 정도 추론이 가능하다고 믿는다. 순천 일대가 포함된 전남 동부 일대는 영산강 유역의 대형 옹관고분과 같은 독자적인 고분 및 '영산강식 토기'와 같은 '독자적'인 토기 문화도 발달하지 않았다. 이 지역에서 확인된 4~5세기 고분은 확인된 숫자가 많지 않아 단정 지어 말할 수는 없지만, 5세기 후반까지도 전통적인 목곽묘가 낮은 수준의 군집을 이루며 조영되다 6세기 전반에 이르러서

덕암동 유적 전경(순천)

비로소 석관묘로 전환이 이루어지는 등 목곽묘 단계에서 오랫동안 사회가 정체되어 있는 모습을 보여준다.

반면 영산강 유역에서는 4세기까지 조영되던 목곽묘가 4세기 후반 옹관묘와 공존하는 등 변화가 나타났고 경남 서부 지역에서도 높은 군집도로 조영되던 것이 5세기 전반에 석관묘와 공존하다 5세기 후반에 고총 고분이 등장하면서 주변 묘제로 격하되거나 완전 소멸되고 있었다. 이를 통해 다른 지역보다 새로운 묘제 유입이 매우 늦었다는 것이 확인되고 있는 전남 동부지역은 외래문화 유입이 더디게 이루어졌음을 확인할 수 있다. 이는 높은 산지가 둘러싸고 있는 폐쇄적인 지형적 요인이 크게 작용했을 것이다.

남쪽으로 바다가 열려 있긴 하지만 리아시스 해안 특성 때문에 도움이 되지 않았다는 의견도 있다. 하지만 복잡한 해안선 때문이 아니라 초리국으로 대표되는 인근 득량만 연맹 세력이 해상 무역을 장악한 상황에서 낙안과 순천 분지의 연맹 소국들이 대외 활동을 하는 것이 불가능한 데서 비롯된 것이라고 보는 것이 옳을 것이다.

한편 이들 전남 동부 지역에서 재지계인 장란형 토기와 호(壺) 중심의 고배(高杯) 등 가야계 토기가 함께 출토되고 있다. 특히 가야계 토기의 출현은 가야 문화의 영향력 확대와 관련하여 비상한 관심을 끌기도 하였다. 사실 전남 동부 지역은 마한 연맹체의 세력 중심인 영산강 유역보다 경남 서부 지역이 지리적으로 가깝기 때문에 가야 지역과 접촉이 빈번하였으리라고 쉽게 추측할 수 있다.

하지만 폐쇄적인 지형적인 조건은 두 지역의 교류가 예상보다 활발히 이루어지지 않은 것 같다. 출토 토기들을 분류해 보면 심발형 토기나 장란형 토기와 같은 재지적 성격이 강한 토기가 차지하는 비중이 대표적인 가야계 토기인 고배, 호보다 많다. 이와 관련해 전남 동부 지역에서 확인되고 있는 다양한 호 가운데, 서부 경남지역에서 광범하게 분포하고 있는 수평구연호 토기 등은 거의 출토되고 있지 않다는 의견은 주목된다. 게다가 이곳에서 발견된 가야계 토기라 하더라도 가야계 토기를 모방한 재지적인 성격의 것도 많다. 결국 4~5세기에 전남 동부 지역에 보이는 가야 토기는 당시 가야와 교류를 통해 반입했거나 그 과정에서 획득된 정보를 갖고 생산하였을 가능성이 높다. 때문에 전남 동부 지역에 보이는 일부 가야 토기를 가지고 가야문화권의 확대 등으로 설명하는 것은 지나친 논리의 비약이라 생각한다.

결국 전남 동부 지역은 비록 더디었지만 각 지역별로 형성된 독자적 문화를 간직하며 발전을 하였다고 보고 싶다. 말하자면 이 지역에는 토착 문화를 토대로 영산강과 득량만 유역의 마한 문화, 가야계 문화 등이 혼재돼 있었다. 이때 동부 지역에서 주로 이용된 원형 집자리 비중이 절대적이지만 영산강 유역에서 유행한 방형 주거 유적도 함께 보이는 것이 주목되는데. 이는 이들 지역이 외부 문화와의 교섭을 통해 발전한 점이지대의 성격도 가지고 있다는 것을 보여준다.

한편으로 이들 지역에서는 철겸(鐵鉗), 철부(鐵斧) 등과 같은 철제품이 거의 출토되지 않고 위신재도 단순 부장품에 불과 하는 등 영산강

고배(성산리 유물)

유역 고분과 비교해 볼 때 매우 빈약하다. 말하자면 이들 지역은 집단 간, 집단 내의 계층성이 아직 뚜렷이 드러나지 않고 있다고 말할 수 있다. 이를테면 4~5세기까지도 이들 지역에는 일정한 체계를 갖춘 왕국의 힘이 미약하여 다양한 문화를 하나로 통합할 수 있는 정치 세력이 성장하지 못했다고 본다.

영산강 유역에서는 3세기 후반 대형 분구묘의 출현하는 등 변화가 있었지만 전남 동부 지역은 4세기에 들어서도 목곽묘가 지속되는 등 뚜렷한 변화가 없었다. 말하자면 영산강 유역에 3세기 후반에 침미다례나 내비리국과 같이 강한 대국이 출현하고 있었지만 전남 동부 지역

장란형 토기(덕암동 유물)

은 아직 뚜렷한 연맹체를 결성하지 못한 채 작은 소국 중심의 사회가 지속되고 있었다고 헤아려진다. '불사분사국' 또한 이러한 사회 발전단계에 있었을 것이다. 다만, 낙안지역이 백제시기에 4개의 속현을 거느린 분차군의 치소였을 가능성을 고려해보면 낙안벌을 차지하였던 '불사분사국'이 점차 다른 지역으로 영향력을 확대하며 연맹 왕국으로 발돋움하고 있었음은 분명해 보인다.

3장

한국 고대사의 원형, 마한 문화

3장

한국 고대사의 원형, 마한 문화

1. 한국고대사의 시원 신창동 유적

마한의 파노라마, 신창동 유적

광주 공항에 착륙하기 위해 강의 하류에서 상류로 천천히 거슬러 올라가며 고도를 낮추는 항공기에서 바라보면 도도히 흐르는 영산강 물길이 한 눈에 들어온다. 그 물길이 전라도의 동맥이요, 고대 마한 발전의 원동력이었다. 현재의 영산강 모습은 비록 여러 곳에 홍수를 막기 위해 제방을 쌓고, 지석천 하류 등 일부 지역에서 직강 공사를 해 유로가 바뀌긴 했지만 원래의 형태를 거의 유지하고 있어 옛 모습을 헤아리기는 어렵지 않다. 특히 신창동 유적에서 확인되는 온대수림과 낙엽수림 흔적이 현재의 임상(林相)과 비슷하다는 점에서 영산강을 통해 우리 지역 고대사의 윤곽을 그려낼 수 있다고 믿는다.

마한의 고유한 토착문화는 영산강, 보성강 유역의 안정된 경제 기반이 밑거름이 되었음은 물론이다. 그들은 상호 교류를 통해 공통된 마한

문화의 특질을 형성하였다. 이들의 삶의 모습은 어떠했을까? 최근 발굴된 여러 유적·유물들에서 이러한 의문에 대한 답을 조금씩 찾을 수 있다. 영산강 상류 지역에 있는 이른바 '신창동 유적'은 보기 드물게 생활유적과 고분이 함께 출토된 농경복합유적으로, 기원전 1세기 전후의 마한 사회 모습을 생생히 드러내 주고 있어 마한의 '타임캡슐'이라 부르기도 한다.

저자는 역사 문화 공원으로 지정된 이곳의 작은 언덕을 수시로 올라 연꽃으로 덮여있는 연못을 바라보며 혹시 이 언덕이 인근 월계동의 전방후원형 고분과 같은 그러한 고분은 아닐까라는 생각을 하며 그 시대를 그려보곤 하였다.

광주에서 장성으로 넘어가는 국도 1호선, 광주 보건대학 맞은 편 고속도로를 사이에 두고 영산강이 곡류하는 해발 25~30m 정도의 작은 구릉에 위치한 이 유적지는, 1992년 국도 1호선 직선화 공사 과정에서 도작관계 자료들이 쏟아져 인근 3만 8천436㎡ 일대가 사적 375호로 지정되었다. 1960년 옹관이 발견되자 1963년 서울대 고고학과 김원룡교수가 이끄는 발굴팀이 옹관묘 53기를 발굴한 데 이어, 1992년부터 우리나라 발굴 역사상 유례가 없을 정도로 20여년 넘게 2018년 현재까지 18차례에 걸쳐 발굴이 연차적으로 이루어지고 있다.

이곳 유적에서 저습지와 환호, 토기 요지, 옹관묘군, 주거지, 밭 등의 유구들이 알려졌고, 구릉 하부에 위치한 저지에서 논의 존재도 확인된 우리나라 대표적인 농경 복합 유적지의 하나이다. 이를 통해 마한사에 해당하는 초기 철기 시대부터 원삼국 시기에 이르는 수많은 역사적 사실이 밝혀졌다. 예를 들어 "마한은 소와 말을 탈 줄 모르며 장례에 써버린다(不知乘牛馬 牛馬盡於送死)"라 하였던 『삼국지』 위지 동이전 기록과 상반되는 유물 즉, 지름 1m 60cm 크기의 바퀴통과 바퀴살이 출토되어 말이나 소가 이끄는 수레의 존재 가능성을 높여준 사례가 대표적이다.

기원전 1세기경의 것으로 확인된 우리나라에서 가장 오래된 천 조각이 선사·고대의 베틀 구조를 밝힐 수 있는 방직 도구와 함께 발견되었다. 최근에는 국내 최초로 철기시대에 벼를 재배했던 밭이 발굴되어 육도(陸稻)의 가능성도 확인해 주었다. 이처럼 신창동 유적지는 우리나라 '최고', '최초'라는 수식어가 붙어 있는 유물들이 많이 출토돼 우리의 관심을 끌기에 충분하다.

저자가 이 유적지를 주목하는 것은 이러한 수식어 때문이기도 하지만, 지리적으로 영산강이 곡류하는 상류 구릉지에 위치해 있고, 인근 월계동 전방후원형 고분과도 비교적 가깝게 위치하여 있어 마한 연맹 왕국의 실체와 영산강을 통해 이루어지는 주변 국가와의 경제·문화적 교류의 구체적인 모습을 확인할 수 있을 것이라는 기대 때문이다. 이를테면 신창동 유적지는 마한 사회를 밝힐 수 있는 중요한 공간의 하나라는 점에서 역사적 의의가 크다. 그럼에도 불구하고 아직 이에 연구는 이루어지지 않은 상태이다.

역사 시간에 우리나라 신석기 시대에 밭농사가 시작되고, 청동기 시대에 이르러 벼농사가 나타났다고 공부하였던 기억을 가지고 있을 것이다. 그러나 1978년 나주 다시면 가흥리 영산강 유역 습지에서 채집한 화분을 탄소 측정 연대로 살핀 결과 지금부터 3500년 전에 이 지역에서 벼가 재배되었다는 흔적이 나와 학계를 깜짝 놀라게 했다. 물론 관련 고고학적 유물이 동반되지 않은 것이 한계지만, 탄화미가 출토되어 우리나라 최초의 도작문화 유적지라 여겨졌던 경기도 여주 흔암리와 부여 송국리보다 시기가 이른 신석기 후기에 영산강 유역에서 도작문화가 형성되어 있었음이 확인된 셈이다. 말하자면 가흥리보다 더 이른 시기에 벼가 재배된 곳이 있을 가능성도 배제할 수는 없지만, 중국 양쯔강 유역에서 지금부터 6000년경 시작된 벼농사가 영산강 유역에서 3500여년경에 재배되고 있었다는 사실은 주목되어도 좋을 것이다. 즉, 비슷한 화분 검사법을 통해 조사된 같은 한반도 남부 지역인 김해 예안리나 울산 방어진 지역의 벼농사 재배 시기가 각각 지금부터 3000~2000년, 2300년경으로 확인되고 있는 것과 비교해 보면, 나주 다시 가흥리 사례가 가장 오래된 것이라고 할 수 있다.

결국 한반도에서는 영산강 유역에서부터 벼농사가 시작되었을 것이라는 추정이 가능해진다. 이러한 이해가 설득력이 있다면 벼의 전파 경로에 대한 나름의 결론을 내리는 것이 가능해진다. 그동안 벼농사의 전파 경로에 대해 요동반도를 거쳐 북쪽으로부터 들어왔다는 북방설과 화남이나 동남아에서 우리나라 남부로 전래되었다는 남방설, 그리고 두 설을 절충하는 절충설이 있었다. 만약 영산강 유역에서 우리나라 도작문화가 시작되었다고 한다면 아무래도 남방설이 보다 설득력이 있지 않나 한다. 남방설을 비판하는 주된 근거가 당시 항해술로 볼 때 양쯔강에서 황해를 가로질러 왔을 가능성이 희박하다는 것이지만, 나타난 현상을 굳이 부정할 이유는 없다고 생각된다.

벼농사 발달 조건을 충분히 갖춘 영산강 유역은 밭농사보다 벼농사가 차지하는 비중이 다른 지역보다 높았다. 1992년 신창동의 저습지 유적 토층에서 벼 생산력 내용과 발전 정도를 파악할 수 있는 무려 155cm 두께의 벼 껍질 압착층이 확인돼 벼 재배 흔적을 확인할 수 있었다. 게다가 각종 토기뿐만 아니라 목기, 칠기, 목제 낫과 괭이 등의 농기구, 심지어 현악기와 비슷한 악기류 등 생활 용품도 발견됐다. 이곳에서는 한반도에서 처음으로 밭 유적이 확인됐는데, 토양을 분석한 결과 벼 재배가 확인됐다. 前국립광주박물관장 조현종은 저구릉 사면에 계단으로 형성돼 있는 이곳에서 밭벼 재배 사실의 확인은 우리나라에서 최초라고 하였다.

한편 해발 20m의 영산강 범람원에 의해 형성된 배후 습지와 구릉 하부의 저지가 연접한 곳에서 논 유적이 1998년 발굴에서 확인됐다. 이 유적에는 점토대토기 단계의 토기 파편과 탄화미 등도 섞여 있었다. 당시 경제에서 논과 밭에서 생산된 곡물이 차지하는 비중을 신창동 유적에서 출토된 다량의 목재·낫 유물에서 대략 추측할 수 있다. 이는 철제 농기구가 본격적으로 사용되기 이전임을 말해주는 것이지만, 낫 사용은 수확방법이 개선되고 재배 면적이 확대되는 등의 변화가 일어났음을 알려준다. 그렇다고 이 시기에 괄목할만한 종자 개량이나 단위 면적

당 수확량이 증가하는 등 재배 기술이 발달했다고 볼 수 없다. 그것은 신창동 유적에서 검출된 벼 껍질 층에서 채취한 토양 샘플을 분석한 결과 상당수 벼에서 개화 후 수정이 이루어지지 않았거나 아직 여물지 않은 쭉정이가 다량 발생하였다는 데서 알 수 있다. 말하자면 농구 등의 발달과 함께 벼 재배기술에서 상당한 진전이 있음에도 불구하고 이상 기후 현상에서 비롯되는 자연 재해 내지는 저습 답에서 발생하기 쉬운 뿌리가 썩는(根腐) 현상 등이 있었던 것은 아닐까 추측되고 있다.

이러한 현상은 AD1~2세기에 한반도에 닥친 냉해와 재배 기술의 한계 때문이라 이해할 수 있다. 그러나 농기구의 발달을 통해 농경이 가능한 지역에 대한 벌채와 개간이 이루어져 농경지가 확대됨으로써 쌀 생산량이 늘었을 것은 분명하다. 한편 도작 농경 비중이 점차 커져갔다고 하더라도 쌀이 식량의 대부분을 차지했다고 볼 수는 없다. 도작 농업이 발달했다고 하는 일본 야요이 시대의 쌀 생산량은 휴경지 비중과 미숙미의 비율이 높아 당시 1년 식량 소비량의 3.3개월분에 불과하였다는 연구는 참고 된다. 말하자면 당시 밭작물의 비중이 상당했던 우리나라의 경우를 고려할 때 도작 농업에서 생산되는 비중이 우리가 기대한 만큼 많은 편은 아니었다고 생각된다.

농업생산력의 발전과 연맹왕국으로의 발전

그렇다하더라도 논벼와 밭벼가 함께 경작되었다는 사실이 최초로 확인된 신창동 유적은, 우리나라에서 부여의 송국리 유적을 제외하고

새 모양 목제품(신창동 유적)

는 거의 찾아지지 않았던 탄화미 흔적을 대규모로 확인해주었다는 점
에서 커다란 의의가 있다. 이곳에서 확인된 무려 155cm나 되는 벼 껍질
압착층 두께는, 70cm 정도인 중국 허무두 유적과 비교해도 대단한 규
모여서 동북아 최대의 벼 생산지였을 것이라는 주장까지 나오게 되었
다. 압착층 면적을 분석한 결과 이 지역의 벼 수확량이 대략 500톤 정도
로 추정된다는 연구에서 당시 농업생산력 수준을 짐작할 수 있다. 영산
강 유역의 다른 충적 평야들도 이와 비슷한 상황이었을 것이라고 추측
되지만, 특히 영산강이 크게 휘감아 도는 곡류 부분 아래에 위치해 넓
은 범람원이 형성되어 있었던 신창동 일대는, 강의 상류에서 밀려 내려
오는 퇴적물이 쌓여 평지가 되었던 까닭으로 벼농사와 같은 습지성 작

물이 발달할 수 있는 좋은 조건을 갖추고 있었다. 게다가 비록 목재이 긴 하지만 이곳에서 출토된 괭이, 따비, 굴지구, 낫, 절구통 등은 국내에서 수확과 곡물 가공에 사용된 농기구가 동시에 발견된 최초의 사례라고 한다. 이러한 다양한 농구들이 농업생산력을 증대시키는 데 중요한 기능을 하였을 것이다.

이 지역에서 농업이 비약적으로 발전한 것은 농사와 관련된 각종 의례가 많이 행해지고 있었다고 하는 사실에서도 알 수 있다. 이를테면 이곳에서 출토된 솟대의 일종으로 해석되고 있는 새(鳥) 모양의 목제품은 벼의 수확이나 가공 등과 관련된 수변 의례와 관련된 것이라 한다. 또 출토된 많은 제기는 『삼국지』 위지동이전에 "항상 5월에 파종을 마치면 귀신에 제사를 지낸다."라고 한 기록을 입증해주고 농경과 관련된 제례 의식이 성행했음을 확인해준다.

특히 이곳에서 출토된 우리나라에서 가장 오래된 비단, 삼베 천 조각 역시 면직 기술이 발전하였다는 것을 알려준다. 이는 『삼국지』 위지 동이전에 "마한인들은 양잠 기술을 알고 있으며, 금·은과 비단을 귀하게 여기지 않았다"는 기록을 입증해주는 것으로, 심지어 평민들도 비단 옷을 입고 다닐 정도로 양잠 산업이 매우 발달하였다는 말해주는 것이 아닌가 한다.

여하튼 이와 같이 발달한 농업 생산력은 이 지역이 보다 큰 정치체로 발전할 수 있는 토대가 되었을 것이다. 고고학 자료를 통해 전남 지역을 15개의 세력권으로 구분하였던 임영진은 영산강 중·상류 지역은 극락강권(광주 동림·평동·하남동)과 영산강 상류권(담양 태목 일대)으로 나눌 수 있다고 하였다. 두 지역의 취락 실태를 분석한 이영철 역시 이들 지역에 상당히 규모가 큰 거점 취락이 형성되어 있었지만, 신창동 지역은 그보다 작은 규모의 취락이 형성되어 있었다고 이해하였다. 극락강 유역도 AD 2세기부터 5세기까지 대규모 주거 공간과 공동 창고, 70여 기가 넘는 집단 분묘 등이 확인돼 상당한 규모의 정치체를 짐작하게 한 담양 태목리 유적 수준이었을 것이라는 의견이 있다. 특히 태목리 유적의 고분군에 있는 무려 장축 길이가 62m나 되는 거대한 고분은 주 매장 시설이 확인되지 않아 정확히 알 수 없지만, 고분 규모로 볼 때 피장자의 신분이 연맹장 정도의 세력가가 아니었을까 생각되고 있다. 그렇다면 두 세력권을 포함하여 그 사이에 영산강을 따라 불과 10여 km 각기 떨어져 있는 신창동 지역까지를 포함한 웅대한 세력권이 형성되어 있었다고 보는 것이 타당할 듯싶다. 실제 지형적으로나 거리상으로 볼 때 극락강권과 영산강 상류 지역을 분리하여 보는 것보다는 하나로 아울러 보는 것이 설득력이 있다. 이를테면 신창동 지역을 중심으로 반경 10km가 넘을 정도의 연맹체가 이곳에 성립되어 있다고 보는 것이 어떨까 싶다.

고유한 마한 문화 기틀 형성

신창동 유적지에는 BC 1C~AD 2C 후반 무렵에 조성된 것으로 보이는 취락 흔적이 구릉 사면에 형성되어 있다. 촌락 규모가 그리 크지 않은 것으로 보아 인근 정치체의 식량 공급기지 역할을 하였다고 생각할 수 있으나, 우세한 경제력을 바탕으로 점차 중심 세력으로 성장하였을 가능성도 높다. 금동관이 출토된 나주 신촌리 9호분과 같은 대형 고분이 확인되지 않고 금동관과 같은 위세품 대신 생활도구들만 주로 출토되고 있어 속단하기는 이르지만, 이곳과 불과 1.5km 떨어져 있는 월계동의 거대한 전방후원형 고분을 통해 이러한 추측도 가능하다고 본다. 특히 1963년 출토되어 이른바 '신창동식 옹관'이라 명명되었던 합구식 옹관은 이들 지역에 독자적인 토착 정치 세력이 성장하고 있을 가능성을 높여 준다.

1963년 서울대 고고학과 김원룡 교수팀이 처음 조사할 때 발견된 총 53개의 옹관(甕棺)은 30cm~50cm 크기로 주로 유아나 소아용으로 추정되는데, 1개로 된 단옹식과 3개로 된 3옹식을 제외한 나머지 51개는 크고 작은 2개의 옹관을 이어붙인 합구식(合口式)으로 횡치되어 있었다. 이 형식은 대체로 납작한 바닥에 동체의 중하부가 볼록하고 외반구연인 재지 계통의 송국리형 토기와 삼각형점토대 토기의 양쪽에 쇠뿔모양 손잡이가 달린 고조선 계통의 명사리식 토기가 결합된 독특한 모양이어서 '신창동식 옹관'이라고 부른다. 광주 운남동, 무안 인평 고분군, 함평 당하산·송산 유적지에서 이와 비슷한 형태의 옹관이 출토되고 있다. 이 '신창동식 옹관'을 통해 외부 문화를 독자적으로 재구성한 고유의 특질이 많이 보이고 있어 토착 정치 세력이 있었을 가능성을 알려 준다. 아울러 이 옹관이 다른 지역의 옹관으로 발전하고 있어 이 지역이 고대 마한문화가 처음 일어난 곳이 아닌가라는 생각을 들게 한다.

신창동 유적에서는 한반도 서남부에서 처음 발견된 칠기 고배(高杯)를 비롯하여 수많은 칠 관련 유물이 출토되고 있다. 대부분 목태를 두른 칠기로, 토기 내부에 옻칠 수액을 보관한 흔적과 칠이 묻은 천 조각이 바닥에 부착되어 있다. 우리나라에서 최초로 발견된 칠기 제작과 관련된 칠 용기와 나무 주걱을 통해 이곳에 칠기 제작 기술을 소유한 생산집단이 존재했었다는 사실을 알 수 있다. 현재의 극락강을 조선 성종 때 편찬된 『동국여지승람』에는 '칠천(漆川)'이라고 불렀다고 한 것을 보면 이 지역이 일찍부터 칠과 깊은 관련이 있었다는 것은 분명하다.

앞서 간단히 언급했듯이 수레바퀴통과 바퀴축, 가로걸이 대 등 수레바퀴와 관련된 부속구들의 출토는 수레의 존재를 확인해준다. 다만 이곳에서 바퀴테가 출토되지 않아 그 형태를 정확히 알 수 없지만, 출토된 철경부동촉(鐵莖附銅鏃)이 낙랑계통이라는 점을 고려할 때 낙랑 지역에서 사용되었던 수레와 어느 정도 비슷하지 않았을까 상상이 된다. 지나친 추측일지 모르지만, 복원된 수레 모양을 보면 농사용보다 세력가들이 순행할 때 이용했을 가능성이 높아 보인다. 이곳에서 발견되는 수많은 작은 토기들도 생활 용품이라기보다는 제기로 믿어지는데, 이 또한 종교 의식을 주관하였던 지배세력의 존재를 상정할 수 있다. 결국 신창동 유적에서 출토되는 많은 유물들은 당시 마한인들의 생활 모습을 보여주기도 하지만, 이 지역에 있었던 연맹왕국의 실체를 찾는 실마리를 제공해주고 있다고 생각한다.

신창동을 중심으로 형성된 연맹체가 우세한 경제력을 기반으로 발전을 했음에도 불구하고, 이 지역에서 사용된 농기구들이 기원후 4세기 무렵까지도 철제 대신 목재로 주로 만들어졌고, 수레 부속 도구들 또한 금속제를 사용한 낙랑과 달리 목재를 이용하여 제작되었다는 사실은 아직 철기 문화 발달 수준이 미약했음을 알려준다. 이는 당시 이 지역이 철제 농기구를 사용하여 생산력 증대를 통한 사회 계층분화를 촉진시키지 못했고, 철제 무기를 바탕으로 다른 연맹체를 통합하려는 단계까지는 이르지 못했다는 사실을 말해주는 것이라 여겨진다.

『삼국지』 위지동이전 왜인전에 "왜인은 대방(군)의 남동쪽 큰 바다 가운데 있는데 대방군에서 왜에 이르기까지는 해안을 돌아 물길로 가서 한국(韓國)을 거쳐 남쪽으로 가다 동쪽으로 가면 그 북쪽에 구야국에 도달하는데 7천 여리이다' 비로소 바다를 건너 천 여리를 가면 대마국에 도달한다"라는 내용이 있다. 이 기록은 당시 한 군현에서 왜로 가는 교통로를 확인해주었다는 점에서 일찍부터 주목되었다. 특히 '남쪽으로 가다 동쪽으로 가면'이라는 구절은 서남해안 즉 무안반도와 해남반도를 돌아가는 것을 의미하는 것으로, 한 군현-가야-왜를 연결하는 중간 기착지 역할을 하였다는 것을 알 수 있다.

해남 군곡리 유적에서 나오는 복골과 야요이 계통 토기 등의 유물은 이를 말해준다. 따라서 무안반도와 해남반도 사이에 있는 영산강 내해는 지중해를 형성한 것과 같은 형상으로 교역의 중심지로 성장할 수 있었다. 수많은 포구 흔적과 수문포 패총에서 출토되는 복골 등의 유물에서 한 군현 및 주변국과 중개무역을 하는 거점 역할을 하였다는 것을 알 수 있다.

신창동 유적지에서는 BC3~4C 무렵 고조선에서 유행하였던 점토대토기가 출토되고 있다. 점토대토기는 부여 송국리 등 한강 이남에서 출토돼 고조선 세력의 남하와 관련하여 해석하기도 한다. 이러한 토기가 신창동 등 영산강 유역에서도 출토돼 이 지역과 고조선과의 연관성을 갖게 한다. 신창동 등지에서 출토된 점토대토기는 부여 송국리 유적에서 출토된 것과는 다른 삼각형 점토대토기라는 점이 특이하다.

말하자면 송국리 등 한강 유역을 통해 남하하는 유이민을 통해 전파된 것이 아니라 일찍이 영산강 유역 마한 세력과 고조선이 직접 교류를 하고 있었던 사실을 반영해주는 것은 아닐까 한다. 신창동 등 영산강 상류 지역에서 반량전(전한), 화천(신), 오수전(전한) 등 기원 전후의 중국에서 사용되었던 화폐들도 출토되고 있어 기원 전후에 이미 한 군현과 교류가 이루어지고 있었다는 것을 알 수 있다. 해안지역 패총 등에서 출토되던 복골이 내륙인 이곳에서도 출토되고 있는 것도 이 지역이 외부와 교류를 활발히 하고 있었음을 짐작하게 한다.

신창동 유적지와 영산지중해 사이에 있는 광주 복룡동 지역에서 우리나라에서 처음 꾸러미로 된 화천이 발견되었는데 이 역시 당시 한 군현과 이 지역 정치체가 직접 교류를 하였다는 증거로 이해되고 있다. 말하자면 고조선을 멸망시키고 등장한 낙랑, 대방 등 한 군현 세력이 고조선을 이어 영산강 세력과 교역을 계속하였던 것이 아닐까 하는 생각이 든다. 앞서 잠깐 언급했던 낙랑계통의 수레바퀴통의 철경부동촉를 비롯하여 낙랑계 토기, 그리고 왜의 야요이계 토기 등 외래 문물들이 보이고 있는 것도 이러한 사실을 더욱 방증해준다.

철경부동촉은 신부에 홈은 없고, 경부는 단명형태가 육각형이며 철경이 꽂혀 있고, 기형이 옹형인 토기는 구연은 직립되었고 상단에 안으로 수평에 가깝게 꺾여 있어 평양 오야리 출토 낙랑 토기 구연부와 유사하여 모두 낙랑 현지에서 제작된 것으로 추정하고 있다. 이를테면 이 지역 연맹체와 한 군현이 직접 교류한 증거로 해석하고 있는 복룡동 출토 화천 꾸러미 유물처럼, 신창동 지역의 출토 유물들도 낙랑국과 이 지역의 교류가 직접적으로 이루어졌다는 것을 의미한다. 이때 출토 화폐를 가지고 지나치게 경제적인 교역이 활발히 이루어졌다는 것을 경계해야 한다는 의견도 있지만 중요한 것은 두 지역의 활발한 교류를 반영해주고 있다는 사실이다.

한편 왜가 중국 군현과 교류하기 위해서는 중간 기착지인 영산강 유역을 반드시 경유해야 했을 것이다. 해남 군곡리 패총과 광산 평동 유적지 등에서 출토된 야요이계 토기가 이러한 사정을 짐작하게 한다. 신창동 유적지에서도 이 지역의 특성을 보여주는 삼각형점토대토기와 함께 저부 가운데 접지면이 좁고 높으며 동체부가 와반되어 올라가는 야요이계로 추정되는 토기가 출토되었다. 말하자면 영산강 내륙 깊숙한 곳까지 왜 상인들이 들어왔다는 것을 알 수 있다. 이들이 이곳 내륙까지 들어오게 된 까닭은 식량을 구입하기 위해서였을 것이다.

신창동 유적의 벼껍질 압착층에서 추정하는 바와 같이 이곳은 동북아 최대의 곡물 생산지로 알려져 있다. 동이전 왜인전에 있는 "(왜는)

농지가 조금 있지만, 경작해도 먹기에 여전히 부족하여 또한 남쪽과 북쪽으로 다니며 양식을 구입한다"라는 기록은 이러한 추정의 중요한 근거이다.

이밖에도 신창동 출토 토기들 가운데 현무암 태토로 만든 토기가 주목되는데 이것은 이 지역과 제주 지역 정치체의 교류를 통해 유입된 것으로 생각된다. 어쩌면 식량이 부족한 제주도에서도 이 지역과 식량을 구입하기 위해 왔을 가능성은 충분하다.

'신창동식 옹관'의 존재에서 이미 독자적인 정치세력이 존재하였을 가능성을 확인하였지만, 이 지역에서 이렇듯 한군현 및 왜와 교류 흔적이 집중되어 있는 것은 이러한 추정을 분명히 해준다. 영산지중해를 통해 유입된 새로운 문물을 내륙으로 연결해주는 중요한 길목에 위치해 있는 신창동 일대의 정치세력은 비옥한 농업 생산력을 바탕으로 한 군현과 왜와 교류를 통해 새로운 문화를 받아들이며 독자적인 정치체를 더욱 발전시켜 나갔음직하다.

이와 관련하여 1997년 신창동 유적지에서 출토된 목제형 현악기가 관심을 끈다. 현재 원삼국(기원 전후~AD3C경) 시기에 제작된 것으로 추정되는 현악기는 이곳을 비롯하여 경산 임당동, 창원 다호리, 그리고 낙랑 유적지 등 4곳에서 발견되었다고 한다. 우연의 일치이지만 마한, 진한, 변한 등 삼한 지역과 낙랑 지역에서 출토되어 지역적, 역사적 특성을 헤아리는데 많은 도움을 주고 있다.

이 중에서 반파된 모습으로 발견된 신창동 유적 현악기는 거의 완전한 실물 형태로 우리나라 음악사를 연구하는데 매우 중요한 자료이다. 10현금으로 추정되고 있는 이 현악기는 전체 길이가 77.2cm로 임당동 (67cm), 다호리(64cm)의 것과 비슷하고, 중앙이 볼록한 凹 모양 역시 서로 공통적인 특징을 띠고 있다. 반면 낙랑 지역의 석암리에서 출토된 현악기는 길이가 110cm로 훨씬 길고 두께도 두꺼워 이들과 차이가 있어 중국 계통으로 추정하고 있다. 이처럼 삼한 지역에서 발견된 악기가 서로 비슷한 특질을 보이는 것은 동일 문화권의 영향이라고 해석하기도 한다. 이를테면 이들 지역에서 고조선에서 널리 사용된 점토대토기가 출토되는 것과 관련하여 고조선 유이민 남하와 관련이 있지 않을까 하는 것이다.

그러나 변한 지역에 해당하는 가야의 유명한 가야금은 12현으로 크기나 양이두 형태가 앞서 삼한 시대에 유행하였던 현악기와 차이가 있다. 이를테면 가야금은 기존 현악기와 다른 그 지역의 재지적 특성을 지녔다고 짐작할 수 있다. 일본의 현악기인 '고토'가 재지적인 특성을 가졌듯이 당시 악기들이 지역적인 독자성을 강하게 가지고 있다고 한다. 말하자면 거창 다호리나 경산 임당동에서 출토된 현악기들의 특성이 신창동 유적에서 원형에 가깝게 출토된 것과 거의 비슷하다는 점을 고려한다면, 그 현악기들은 고조선의 영향을 받았다고 하기보다는 신창동 지역에서 독자적으로 제작된 현악기가 교류를 통해 전파되었던 것이라고 살피는 것이 옳다고 생각한다.

이렇게 살필 수 있다면 신창동 지역을 중심으로 한 상당한 정치 세력이 있었음은 분명하다. 즉, 이미 BC3C 경 고조선과 일찍 교류하며 보다 발달한 선진문화를 접하며 사회를 발전시켰던 이들 정치체는 고조선이 멸망한 후에는 영산강을 통해 낙랑 등 한 군현 및 왜 등 외부 세력과 직접적인 교류하며 사회를 발전시켰다고 여겨진다. 그들은 내륙의 풍부한 물산을 토대로 외부에서 유입된 새로운 문화를 받아들여 그들의 고유한 문화 전통을 만들어갔음이 분명하다. '신창동식 옹관'이라고 하는 고유의 무덤 양식, 옹형 형식의 삼각 점토대토기 그리고 현악기의 모습 등은 이러한 추정을 하는 데 주저함이 없게 한다.

2. 마한의 정체성과 영산강식 토기

영산강식 토기와 마한

『삼국사기』에 백제 동성왕 20년(498)에 "탐라가 조공을 내지 않으므로 왕이 친히 정벌하기 위해 무진주에 이르니 탐라가 이를 듣고 사신을 보내어 죄를 빌므로 정벌을 중단하였다"라는 기록이 있다. 백제의 마한 영역 지배와 관련된 중요한 기록이나 이를 둘러싼 학계의 논란이 뜨겁다.

하나는 동성왕이 무진주에 이름으로써 비로소 영산강 유역이 백제의 영역으로 편입되었다는 것으로, 5세기 후반~6세기 초에 백제의 영역이 되었다는 근거로 작용되고 있다. 다른 하나는 동성왕의 친정 목적이 무진주가 아닌 탐라국을 대상으로 한 것에 주목해야 한다는 것이다. 즉, 무진주에 이르렀다는 것은 이미 백제의 영역이 되어 있다는 것을 의미하므로, 4세기 후반 근초고왕의 침미다례 공격 때 백제의 영역이 되었던 것과 관련이 있다고 보아야 한다는 것이다. 이것은 근초고왕의 마한 정복설을 염두에 두고 내린 해석이라 생각된다. 마지막으로 이때 나오는 '탐라'가 우리가 알고 있는 제주도가 아니라는 해석이다. 말하자면 '도무'로 읽어지는 강진 지역과 음이 비슷한 것으로 보아 『양직공도』에 나오는 '하침라'를 말한 것이 분명하다는 것이다. 그렇다면 6세기 중엽까지도 강진지역은 백제의 영역이 아닌 '방소국(傍小國)'으로 남아 있는 셈이 된다. 따라서 498년 이전은 물론 이후까지도 이 지역이 백제의 영역에 편입되었다고 볼 수 없다는 것이다. 『삼국사기』의 기록을 달리 해석할 필요성을 느끼게 된다.

영산강 유역을 중심으로 여러 곳에서 출토되고 있는 수많은 유적 유물들은 이러한 추정을 뒷받침하는 자료로 이용하기에 결코 부족함이 없다. 이들 유물을 새롭게 살펴보면 우리가 알고자 하는 마한제국의 정치적 실체가 분명히 드러나리라 생각한다.

영산강 유역 연맹체들이 토착 문화를 바탕으로 고조선, 낙랑, 왜와 교류하며 그들만의 정체성을 확립하였다고 하는 것은, 신창동 지역의 여러 유물과 일본열도에 '영산강식 토기'라고 명명된 이 지역 특유의 토기들을 통해 확인하였다. 특히 재지적인 색채가 분명한 신창동식 옹관과 꾸러미 채 발견되는 오수전 화폐 또한 독자적인 정치체의 가능성

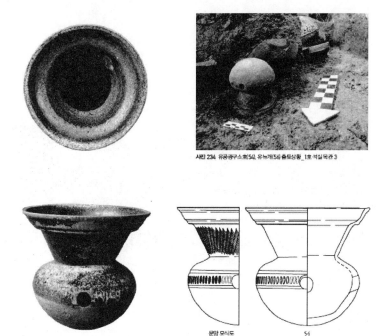

사진 234 유공광구소호(54) 유뉴개(54) 출토상황_1호 석실목관 3

유공광구소호(정촌고분)

을 한층 높여주었다. 고고학적 자료는 역사적 사실을 유추해 내는 데 많은 도움을 주고 있다. 일각에서는 '영산강식 토기'와 같은 문화적 독자성은 지역성을 반영하는 것일 뿐 정치적 독립성을 인정하는 것으로 확대해석해서는 안 된다는 반론도 적지 않다. 그러나 역으로 정치적 독립성을 상실하였다고 판단하기 위해서는 기존의 문화적 독자성이 위축됨과 동시에 정복 세력의 문화 요소가 파급되는 현상도 함께 확인되어야 한다.

최근 영산강 유역에서 출토되는 유물들을 통해 그 시기의 특징을 찾

일본 수에키 토기

으려는 연구가 활기를 띠고 있다. 이 가운에 묘제와 더불어 관심을 기울이고 있는 것이 토기의 특성에 대한 분석 작업이다. 이미 3세기 무렵부터 이중구연호나 광구평저호, 호형 분주 토기 등이 영산강 유역을 중심으로 나타나고 있었고, 심지어 호형 분주 토기는 금강이남 지역까지 출토 범위가 넓혀지고 있다. 우연의 일치일지 모르겠지만, 마한 남부연맹 세력권과 이들 출토 토기의 범위가 일치하고 있다. 4세기 후반에 나타난 경질의 양이부호·광구소호·장경소호, 5세기에 나타난 유공광구소호 등도 영산강 지역의 특징적인 토기였다. 영산강 하류 지역에서 주로 출토되고 있는 유공광구소호(有孔廣口小壺)는 6세기 전반까지 이 지역을 대표하는 토기로 '영산강식 토기'라는 이름으로 일본 지역에까지 알려져 있다.

5세기 무렵에 유행한 고배(高杯)도 영산강 유역의 경우, 무개(無蓋)식으로 백제의 유개(有蓋) 고배와 형식에 차이가 있다. 완형에 가까운 배신(杯身)이 가야 또는 왜의 수에키 토기와 비슷한 것으로 볼 때, 고배는 이들의 영향을 받았다고 생각된다. 영암 신연리 9호분 출토품이 장흥 상방촌 유적에서 나타난 가야계 기대의 영향을 받은 것처럼 가야 토기의 영향력이 이 지역 곳곳에 나타나고 있다. 그런데 6세기를 전후하여 아주 작은 수량이지만 백제식 유개 고배가, 그리고 6세기 이후에 백제의 통형 기대와 유사한 것들이 보이기 시작하고 있다. 이는 이 지역에 대한 백제의 영향력이 점차 나타나고 있음을 알려준다.

금강이남 지역까지 광범위하게 분포된 호형 분주 토기가 5세기 중엽 이후에는 영산강 유역권에서 더욱 대형화된 모습으로 나타나고 있는 것도 지역성을 보여주는 증거라고 생각된다. 이 무렵 일본 고분 시대 하니와의 영향을 받은 통형의 분주 토기가 차츰 재지적 특징을 보이면서 6세기 전반 무렵까지 영산강 유역의 전방후원형 고분과 신촌리 9호분 등 여러 대형 고분들에서 사용되고 있다. 원통형과 상부에 나팔부가 있는 호통형이 조합을 이루고 1~2줄의 돌대가 돌려지며 그 사이에 3~4개의 투창이 뚫린 특징을 지니고 있다. 이러한 토기는 백제 지역에서는 사용되지 않는 영산강식 토기의 독자성을 보여주는 대표적인 사례라 하겠다.

한편 마한 단계의 편구형 원저 단경호에서 점차 구형화되고 있는 타날문 단경호는, 소성할 때 횡치소성이 이루어지는 등 형태나 타날 문양 등에서 아라가야의 승문 타날문 단경호의 영향이 반영된 것이라는 생각을 하게 한다. 이는 한성 도읍기 이후 점차 무문화 경향이 나타나기 시작한 백제 단경호와는 구별되는 것으로, 이 역시 이 지역이 백제의 영향력과 무관함을 알려준다.

이처럼 영산강 유역에서 5~6세기 무렵에 유행한 토기들이 백제 지역에서는 아예 보이지 않거나 설사 보인다하더라도 형식적인 면에서 구별되고 있는 것들이 대부분이다. 백제에서 주류를 이루었던 유개고배, 전형적인 직구단경호, 통형 기대 등이 6세기 무렵에 이르러 영산강 유역에 소량 나타나기 시작했다는 점에서 적어도 출토된 토기만을 가지고 살핀다면, 영산강식 토기들이 지닌 독자적 특질은 적어도 6세기 전반 무렵까지 유지되고 있었다고 이야기할 수 있다. 이를테면 이때까지 영산강 유역에 독자적 정치체가 존속되어 있었다는 앞서의 추론과 일치하고 있는 것이다.

영산강 유역 정치체들은 유입된 다양한 외래문화를 폭넓게 수용하여 재지적인 특성으로 녹여냈다. 외래계통 토기 가운데 가야 지역에서 나타났던 광구소호, 약간 늦은 장경소호, 승문 타날문 단경호 등이 서남해안 지역에서 4세기 후반부터 가장 먼저 나타나기 시작하여 5세기 전반 무렵에 영암 등 영산강 하류 지역으로까지 확대되며 주류를 형성하였다. 특히 5세기부터 나타난 가야계 고배는 전북 고창 지역까지 확대되고 있었는데, 6세기를 전후한 시기에 광주 장수동 점등 고분에서 대가야계의 유개장경호가, 장성 영천리 고분에서 점열문이 시문된 소가야계의 고배, 광주 명화동 고분에서 대가야 계통의 모자 모양의 꼭지 달린 개 등이 출토되고 있어 관심을 끈다.

특히 대각이 달린 소가야 계통의 대부호는 재지화가 이루어진 흔적으로 여겨진다. 이처럼 가야와 관련된 자료는 4~6세기에 걸쳐 금관가야, 아라가야, 소가야, 대가야 등으로 계통을 달리하여 나타났고, 점차 기종이나 형식이 재지화 되는 경향을 통해 알 수 있다. 이를 통해 영산강 유역 마한 연맹체들은 가야 연맹체와 활발한 교류를 하고 있었으며, 외래문화를 고유의 전통으로 발전시켰다는 것을 살필 수 있다. 나아가 영산강 하구에서 점차 내륙 방면으로 확장되고 있다는 것도 살필 수 있어 남원 방면에서 영산강 상류 쪽으로 유입되었다는 일부 주장과 배치되고 있음을 알 수 있다.

한편 5세기 무렵부터 나타나기 시작한 왜계 토기들이 특히 전방후원형 고분에서 많이 출토되고 있는데, 광주 월계동 1호분 전방후원형 고분에서는 수에키 토기 계통의 개배, 고배, 유공광구소호 등의 모방 흔적을 엿볼 수 있다. 특히 왜의 하니와 영향을 받은 것으로 알려진 통형 분주 토기는 재지화 되고 있는 대표적 사례에 속한다. 5세기 후반 무렵의 대규모 도요지가 확인된 나주 오량동 유적의 개배의 회전 깎기 기법이 수에키 토기와 유사한 것으로 보아 왜와 활발한 교류를 살필 수 있다.

신라계 토기 계통으로는 개와 장경호 등이 있는데, 모두 6세기 무렵으로 추정되고 있다. 나주 영동리 3호분 석실묘에서 출토된 신라 계통의 개와 삼족배는, 비록 현지에서 제작은 하였다고 하나 소성 흔적으로 보아 신라 지역과 직접 교류를 했던 흔적으로 여기고 있다.

이와 같이 5~6세기 무렵 영산강 유역에는 가야계와 왜계 심지어 신라의 성격이 많이 찾아지고 있으나 백제의 흔적은 뜻밖에도 쉽게 찾아지지 않는다. 나주 신촌리 9호분 출토 유물에서도 백제계보다는 왜계, 가야계 문화 요소가 많이 보이고 있다. 이러한 사실은 영산강 유역이 이미 기원이전부터 낙랑과 가야, 왜를 연결하는 교역의 중심지 역할을 하였다는 것과 연결을 지어 보면 이해가 된다. 반면 백제의 흔적이 6세기 이전까지 거의 보이지 않는 것은 마한 남부연맹과 대치하고 있던 백제가 이 무렵까지 반도 서남부 일대에 거의 진출을 하지 못하고 있는 현실을 반영해주는 것이라 생각된다.

통일성과 분립성 상징 영산강식 토기

영산강식 토기라고 알려져 있는 토기들이 주로 영산강 본류와 고막천유역 등 지류, 북으로는 고창, 영광 지역의 와탄천 유역, 함평천 유역, 해남, 장흥, 심지어 고흥 일대까지 분포하고 있어 이들 지역이 같은 문화권임을 알 수 있다. 차령산맥 이남까지 마한 남부연맹체였다고 하는 사실을 토기를 통해서도 확인하게 된다. 신라나 가야에 비해 이 지역 토기들이 연속성이나 통일성 등 일정한 재지적인 특성이 확연히 드러나지 않은 것은 강력한 정치체가 오랫동안 성립되어 있지 않아서가 아니라 이 지역의 지역적 특성 때문이다. 이 지역은 규모가 비슷한 연맹체들이 고유의 토착성을 바탕으로 공통의 문화를 공유하며 마한 남부연맹체로서의 유대감을 간직하고 있었다는 것을 출토 토기들은 말해주고 있다.

영산강 유역을 중심으로 6세기 초까지 30~50m에 달하는 거대한 무덤들이 성행하였으나, 같은 시기의 공주 송산리 고분군에서는 왕릉을 포함하여 이보다 작은 무덤들만 있을 뿐이다. 이를 두고 학자들은 전남 지역의 경우는 가족장의 특성 때문이라고 하여 그 규모가 갖는 정치적 의미를 인정하려 하지 않는다. 하지만 설사 아무리 가족장이라 하더라도 왕릉보다 크게 봉분을 조성하는 것은, 고대 국가 계급 질서 안에서 허용될 수 없다. 말하자면 이 지역의 대형 고분들 또한 전남 지역에 6세기 초까지 독자적인 정치체가 존재하여 있음을 알려주는 중요한 증거인 셈이다.

영산강식 토기라고 알려진 토기들이 주로 영산강 본류와 고막천유역 등 지류, 북으로는 고창, 영광 지역의 와탄천 유역, 함평천 유역, 해남, 장흥, 심지어 고흥 일대까지 분포하고 있어 이들 지역이 같은 문화권임을 알 수 있다. 심지어 전북 완주 상운리 고분이나 전주 장동고분군 등에서도 유공광구소호가 발견되어 전북 지역 대부분도 영산강식 토기 문화권에 속하고 있지 않나 하는 생각이 든다. 곧 차령산맥 이남까지 마한 남부연맹체였다고 하는 사실을 토기를 통해서도 확인하게 된다.

이 가운데에서도 영산강식 토기의 특징적인 유물들이 주로 영산강 유역의 본류, 지류와 더불어 고창, 해남 지역 일대에 집중되어 있는 점이 관심을 끈다. 이를테면 이들 지역이 해남반도 일대의 '침미다례', 영산강 본류에 속한 영암 시종과 반남지역에 위치한 '내비리국', 신창동·월계동 지역에 위치하여 일찍이 한 군현, 가야 등과 활발한 교류를 하였던 연맹왕국 등 마한 남부연맹의 핵심을 이루었던 정치체들이 있었던 곳이라는 점에서 마냥 우연의 일치로 받아들여지지 않는다. 즉, 이들 지역에서 출토된 개배와 함께 유공광구소호와 무개고배, 분주토기들은 지역적으로 통일성을 갖추고 있다. 가령 개배의 경우, 개의 드림부나 배의 구연부 끝이 뾰쪽하게 끝나는 점 등은 영산강 유역권에서 공통적으로 나타난 특징이라 하겠다. 말하자면 이들 지역이 동일한 정치체를 형성하고 있는 증거로 보아도 좋을 것이다.

그런데 흥미로운 것은, 이처럼 공통된 특징을 보이는 토기들이 지역에 따라 약간의 차이가 드러나 있다는 점이다. 개배나 유공광구소호 등이 기종이나 형식이 영산강 상류, 중류, 하류 등 지역에 따라 약간 달리 나타나고 있다. 예컨대, 개배의 경우, 개의 상부 중앙이 둥글게 처리된 것, 상부 중앙이 좁게 편평한 면이 만들어지고 두꺼운 편인 것, 상부 중앙이 넓게 편평하며 신부에 비해 드림부가 높은 것 등 지역적으로 차이가 있고, 유공광구소호 또한 지역에 따라 저부 형태가 원저, 평저, 말각평저 등으로 구별되고 있다. 곧, 상류=월계동식, 중류=복암리식, 하류=반남식으로 특징을 분류할 수 있다.

이는 해당 지역에서 같은 영산강식 토기라 하더라도 각 지역의 실정에 맞게 변형을 가하여 사용하고 있었던 사실을 알려주는 것은 아닌가한다. 이러한 차이는 그 지역의 정체성을 반영하는 것이기 때문에 별도의 연맹체들이 성립되어 있음을 말해주고 있는 것이라 믿어진다. 더구나 이들 지역이 신창동 유적과 월계동 전방후원형 고분이 있었던 월계동 지역, 복암리 구분군, 신촌리 9호분으로 대변되는 대형 고분이 있는 반남 지역 등 영산강 유역에서 비교적 큰 정치체가 있었으리라 추정되는 곳이라는 점에서 이러한 생각을 더욱 하게 된다. 이를 통해 마한 남부연맹체를 구성한 대국들의 구체적인 위치도 아울러 특정 지을 수 있다. 나아가 영산강 유역의 마한 남부연맹체들이 비록 같은 연맹체를 결성하였지만 독립적인 성격을 지니고 있는 전형적인 연맹체의 모습을 보여주는 사례라고 여겨진다.

한편 발형기대나 통형분주 토기의 무늬나 형태에서도 영산강 상류와 하류의 양상이 구분되고 있다. 서현주의 연구에 의하면, 상류 지역은 대체로 문양 등에서 복잡한 모습을 보이거나 영향을 준 외래 토기의 혼적이 남아 있지만, 하류 지역은 재지적인 특성이 강하게 드러난다고 한다. 아울러 영산강 토기 문화권에서는 개배나 유공광구소호의 형식, 분포 범위에서만 지역적 차이가 약간 보이는데, 영산강 하류 지역에 위치한 시종천 일대에서는 그 차이가 뚜렷한 반면, 다른 지역에서는 미약하다고 한다. 이처럼 영산강 하류 지역의 토기들에서 보다 재지적인 특성이 강하게 드러나는 것은 그 지역의 정치체가 다른 지역보다 훨씬 강고한 토착 세력을 형성하고 있음을 알려준다.

이는 시종천을 중심으로 세력을 형성했던 영산 지중해 대국 '내비리국'이 오랫동안 세력을 유지한 것과 깊은 관련이 있어 보인다. 따라서 이 지역은 다른 어느 지역보다 토착적 전통을 바탕으로 강한 정체성이 형성되어 있었다. 백제적인 특성이 깃들어 있는 개배가 영산강 상류에 비해 하류 지역에서는 거의 드러나지 않고 있는 점도 이 지역이 마한 남부연맹의 중심지 역할을 하고 있었다는 사실을 반증해주고 있다. 훗날 이 지역을 복속한 백제가 이 왕국을 '절단 낸다'는 의미의 '반나부리'라는 명칭과 '군'이 아닌 '현'으로 강등시키고 있는 것도 이와 관련이 있다.

그런데 같은 영산강 유역 내부에서 이 지역을 대표하는 토기 양식이 이동하거나 확산되는 모습이 많이 보이지 않는 현상을 주목해야 한다는 견해가 있다. 즉, 지역의 특징적인 유물들이 단계적으로 변화하거나 통일성이 드러나지 않은 것은 강력한 정치 중심체가 형성되어 있지 않았기 때문이라는 것이다. 말하자면 영산강 상류, 중류, 하류 등에서 각 지역적인 특성이 드러난 토기 양상만 놓고 볼 때, 여러 정치체가 병존되어 있었던 것은 분명하지만 그것이 일부 지역에 국한되거나, 일시적인 현상에 불과하였기 때문에 6세기를 전후한 시기 영산강 유역에 독자적인 정치체가 오랫동안 성립되어 있었다고 보기 어렵다는 것이다. 이를테면 영산강 유역 정치체의 중심지였다고 할 수 있는 반남 지역에서 출토되었던 금동관이나 관모, 금동신발, 장식대도 등이 영산강 상류 지역이나 해남 반도 등 주변 지역에서 보이지 않는 것은 이 때문이라는 것이다. 곧 6세기를 전후하여 이 지역에 나타난 백제계 양식이 일정한 경향성과 통일성이 보이는 것과 비교된다는 것이다. 따라서 이 무렵 백제의 세력이 본격적으로 영향을 미쳤다고 하는 사실을 확인할 수 있다는 것이다.

그러나 이러한 주장은 중요한 사실을 간과하고 있다. 우선 누차 언급되었듯이 토기의 특성을 통해 독자적인 정치체가 영산강 유역 여러 곳에 있었다는 것은 모두들 인정하고 있다. 그럼에도 불구하고 신라나 가야에 비해 이 지역 토기들이 연속성이나 통일성 등 일정한 재지적인 특성이 확연히 드러나지 않은 것은 강력한 정치체가 오랫동안 성립되어 있지 않아서가 아니라 이 지역의 지역적 특성 때문이다. 영산강을 중심으로 주로 평야 지역에 있는 마한 남부연맹 왕국들은, 『삼국지』 위지 동이전에서 확인할 수 있듯이 진한이나 변한 지역과 비교할 때 대국과 소국 간의 세력 차이가 크지 않기 때문에 연맹 사이의 힘의 우열에 따른 통폐합보다는 서로 공존하는 협력 관계를 오랫동안 유지하였을 가능성이 크다. 이러한 사실은, '마한의 읍락 우두머리들이 일반 민들과 잡거했다'는『삼국지』위지 동이전의 기록과도 서로 통하고 있다. 즉, 이 지역에서 아직 계층분화 현상이 상대적으로 미흡한 편인 셈인데, 4세기 이후에까지도 철제 대신 목재 농기구가 광범하게 사용되고 있는 것도 이러한 현상을 이해하는 데 도움을 주고 있다. 따라서 영산강 유역권은 다른 지역보다 연맹간의 분립적인 성격이 강하게 드러날 수밖에 없다. 그러면서도 서로 협력하며 연맹체를 유지하려는 노력을 기울였을 가능성이 크다.

결국 영산강 유역에서 출토된 토기들이 공통된 특질과 더불어 세부적으로는 약간의 차이가 나타난 현상은, 이처럼 마한 남부연맹 구성원이라는 정치적 특징을 반영함과 동시에 독자적인 성격도 아울러 지닌 연맹국가의 모습을 보여주는 것이라 하겠다. 말하자면 영산강 유역에서 출토된 토기들에서 확산성과 통일성이 많이 보이지 않고 있는 것은 이처럼 다른 연맹체를 압도할 강력한 연맹체가 존재하지 않고 서로 분립성을 유지하며 공존하고 있었기 때문이었다. 따라서 신라와 가야 등과 비교하여 이 지역의 경우 정치체가 '짧은' 시간 병존함으로써 통일성과 확산성이 형성될 틈이 없었다고 살핀 것은, 진한, 변한 지역과 달리 이 지역 정치체들의 세력 차이가 크지 않았다는 사실을 미처 이해하지 못한 결과라 생각한다. 오히려 이 지역은 규모가 비슷한 연맹체들이 고유의 토착성을 바탕으로 공통의 문화를 공유하며 마한 남부연맹체로서의 유대감을 간직하고 있었다는 것을 출토 토기들은 말해주고 있다.

3. 마한르네상스 상징 다시들 복암리 고분

마한의 '타임캡슐', '다시들' 복암리 고분군

나주 다시면 복암리에 2016년 개관한 '복암리 고분 전시관'이 있다. 국가 사적 404호 복암리 고분을 실물 그대로 재현하고 있다. 1996년 '아파트형 고분'이 발견되었다고 하여 많은 사람들을 흥분시켰던 복암리 3호분을 비롯한 여러 고분들이 새롭게 발굴 조사되면서 복암리 지역이 영산강 고대 문화 중심지로서의 중요성이 새삼 부각되었다. 2005년 국립나주문화재연구소가 세워지고, '고분전시관'까지 세워지게 되었던 것도 이 때문이다. 이들 기관들은 국립나주박물관과 더불어 영산강 유역의 고대사를 밝히는 데 중요한 기능을 하고 있다.

2005년 복암리 고분군에서 불과 2km 떨어져 있는 영동리 고분에서 출토된 古인골 가운데 비교적 형태가 온전한 남성, 여성, 어린이 등 3명을 2019년 디지털 홀로그램으로 복원하여 많은 사람의 관심을 끌었다. 그리고 복암리 3호분과 이웃한 정촌고분에서는 금동신발을 비롯하여 많은 유물이 쏟아져 나와 이 지역에 정치체가 있음을 확인시켜주기도 하였다.

이 가운데 나주시 다시면 복암리 471번지 일대에 있는 복암리 고분은, 처음에는 분묘 4기가 확인되었다. 석실과 원형주구가 확인된 둥근 원형분의 1호분은 직경 18m, 높이 4.3m이고 굴식 돌방 형식을 취하고 있다. 2호분은 길이 20.5m, 너비 14.2m, 높이 4~4.5m 정도이고 평면 사다리꼴 형태이다. 제형 주구 안에서 원통형 토기를 비롯하여 각종 토기와 말뼈, 소뼈 등이 출토되었다. 평면 네모꼴 형태인 3호분은 동변 약 30m, 서변 약 42m, 남변 약 39m, 북변 약 32m, 최고 높이는 약 6m로 다른 봉분에 비해 규모가 상대적으로 크다. 도굴로 파헤쳐진 함평 신덕 고분이나 광주 월계동 고분, 해남 조산 고분 등과 달리 3호분은, 문중 소유의 선산이어서 도굴되지 않은 상태로 발견되었다. 96호 석실 내부에서 4기의 옹관과 함께 금동신발, 장식대도 등 다양한 유물이 확인되었다. 4호분은 남-북 최대 길이 31.5m, 동-서 최대 너비 23m, 높이 2.5~3m 규모이다. 이 고분군 인근 다른 복암리와 '다시들' 유적에서 제형 또는 'ㄷ'자형의 주구가 조사되어 주변까지 고분들이 밀집되었음을 알려주었다.

또한 복암리 고분 바로 인근 복암리 산91번지의 산비탈면에 위치한 정촌고분은, 한 변 길이가 30m, 높이 7m 내외이다. 2006년 나주시 향토문화유산 13호로 지정되었고, 2013년부터 2016년까지 국립나주문화재연구소에 의해 발굴조사가 진행되었다. 2017년 12월에 발굴 보고서가 나왔을 뿐 아직 본격적인 연구는 이루어지지 않았다. 2014년 조사에서 전모가 드러난 1호분 석실은, 현실 장축 4.8m, 단축 3.6m, 높이 3m 내외로 현재까지 영산강 유역에서 확인된 가장 큰 석실이고, 발등에 용머리 장식이 부착된 화려한 형태의 금동신발이 출토되어 큰 주목을 받았다. 특히 영암 옥야리 고분에서 복암리 3호분으로 이어지는 횡혈계 석실 고분의 연결 고리를 정촌고분의 횡혈계 석실이 하고 있다는 점에서 의미가 있다.

복암리 일대는 복암리 3호분, 정촌고분처럼 의미 있는 유물들이 쏟아져 나온 고분들이 여럿 있다. 이 가운데 시종·반남 일대의 대형고분들과 비교될 정도로 규모가 30m-40m에 달하는 대형고분들이 적지 않아 당시 이 지역이 영산 지중해 대국을 이룬 '내비리국' 수준의 연맹체를 형성하였을 가능성을 높여주었다. 특히 정촌 고분에서 나온 금동신발을 비롯하여 수많은 유물은 마한 시대의 특징을 그대로 보여주고 있어 마치 '타입캡슐'을 보고 있는 듯하다. 이들을 통해 이 지역 마한 연맹왕국의 실체는 물론 마한 사회에 대한 복원이 어느 정도 가능하리라 믿는다.

그런데 이러한 복암리 지역 정치체를 주목한 학자들 가운데 일부는, 백제에 맞섰던 반남 지역에서 백제와 관계를 통해 세력을 키운 복암리 세력으로 영산강 유역의 주도권이 넘어갔다고 이해하기도 한다. 이러한 주장이 과연 타당한지 저자가 오랫동안 품고 있는 의문이다. 이제 답을 할 차례이다.

두 정치체가 통합된 다시들 마한 연맹왕국

영산강 본류와 문평천이 합류하는 지점에 '다시들'이라는 넓은 충적평야가 형성되어 있는 곳에 복암리 고분군이 있다. 이곳은 지금도 신라 천년고도 경주처럼, 농경을 위해 땅을 파다 보면 토기 등이 나와 다시들 전체가 하나의 거대한 유물보고라는 생각을 하게 한다. 더구나 이 지역은 벼농사가 일찍 시작된 가흥리 유적과도 인접해 있어 농업생산력이 어느 지역보다 높았던 곳이다. 따라서 많은 사람이 집단을 이루어 커다란 정치체를 형성하였을 것이다. 게다가 노령산맥 이남의 내륙 지역과 서남해안 지역을 영산강을 이용한 수로로 연결할 수 있는 교통로에 위치하고 있어 새로운 문물 유입이 빨랐을 것이다. 잠애산과 학마산 사이의 시랑골 및 탁마산 서쪽 강암, 중동 마을을 중심으로 많이 분포된 지석묘는 이 지역이 이미 청동기 시대에 상당한 수준의 읍락을 형성하고 있음을 짐작하게 한다. 통일신라 유적으로 알려져 있는 거마산 능선에 있는 회진성과 복암리 3호분 분구 사면에 조성된 기와 가마터 또한 삼국시대 이후까지도 이곳이 영산강 유역의 거점이었음을 말해준다.

복암리 일대가 주목을 끌었던 것은 1996년 봉분이 일곱이 있다고 하여 촌로들 사이에 '칠조산(七造山)'이라고 불리었던 곳에 남아 있는 4개의 고분이 확인되면서부터였다. 3개 고분은 1970년대 경지정리 때 이미 봉분은 삭평되고 없는 상태였다. 4개의 고분이 모두 대형고분으로 이루어져 있어 이 지역의 정치적 위상을 짐작할 수 있다. 특히 3호분은 그 형태가 평면 네모꼴로 동변 약 30m, 서변 약 42m, 남변 약 39m, 북변 약 32m, 최고 높이는 약 6m로 다른 봉분보다 규모가 훨씬 크다는 점에서 관심을 끌었다. 봉분에서 옹관묘 22기, 수혈식 석곽묘 3기, 횡혈식 석실분 11기, 횡구식 석곽묘 1기, 횡구식 석실묘 2기, 석곽옹관묘 1기, 목관묘 1기 등이 확인되었다. 즉, 목관묘-옹관묘-석곽옹관묘-수혈식석곽묘-횡구식석곽묘-횡혈식석곽묘 순으로 시기를 달리하는 묘제가 차례대로 조영되어 있었다. '아파트형 고분군'이라고 명명한 것이 전혀 이상하지 않을 정도였다. 이와 같이 한 봉분 안에서 이렇게 양식을 달리하는 고분들이 순차적으로 조영되어 있는 것은 무엇을 의미하는 것일까?

이를 두고 영산강 유역의 대표적인 분구묘의 특징에 해당하는 가족묘와 더불어 추가장에 따른 다장 형태를 보여주고 있다고 보기도 한다. 이를테면 복암리 3호분의 한 옹관에서 함께 출토된 2인의 인골이 모계가 같은 친족으로 확인되고 있는 것도 이러한 추정을 가능하게 한다는 것이다. 하지만 이렇듯 한 봉분에서 수세기에 걸쳐 형식을 달리하는 고분이 계속 조영되었던 것은 단순히 가족묘의 특징으로만 볼 수 없게 한다. 여러 시기의 다양한 고분이 조영되는 과정에서도 영산강 유역의 전형적인 묘제인 옹관묘 중심의 다장 풍습이 유지되고 있는 것에서 견고한 토착성을 느낀다. 3호분을 포함하여 나머지 고분들의 거대한 봉분 규모와 무려 26기나 되는 3m 넘는 대형 옹관 및 금동신발, 장식대도, 은제관식 등 출토 유물들은 이 고분 피장자가 강력한 정치적 군장이었음을 알려준다. 그렇다면 대를 이어 이 지역에서 세력을 형성한 토착 세력이 있었음이 확인된다.

복암리 고분보다 약간 늦게 발견된 '정촌고분' 또한 주목을 끌기에 충분하다. 복암리 3호분이 있는 '칠조산'과 불과 600m가량 떨어져 있는 곳에 있는 잠애산 산비탈부에 조영되어 있는 '정촌고분'은 복암리 3호분과 반남 신촌리 9호분과 같은 방형분이라는 공통된 특징을 지니고 있다. 그 고분은 한 변이 30m 내외로 복암리나 신촌리 고분과 크기가 비슷한 데다 출토된 금동신발 및 토기 등 부장품 또한 엄청난 양이어서 피장자가 연맹체 수장층이었을 가능성을 한층 높여준다.

이를 통해 복암리 3호분과 정촌고분이 있는 '다시들' 지역에 강고한 마한의 정치체가 형성되어 있었다는 것이 분명해졌다. 이들은 다른 영산강 유역 정치체들처럼 독자적 정치체를 형성하고 있었다. 영산강식 토기들이 반남리식, 복암리식, 월계동식 등으로 지역에 따라 약간의 차이를 보이고 있는 것이 이러한 사정을 말해준다. 말하자면 복암리 일대에 영산강 중류 지역을 대표하는 마한 남부연맹을 구성하는 또 다른 대국이 성립되어 있었다. 복암리 일대와 함평 월야 지역을 포함하여 하나의 마한 정치체가 형성되었다고 보는 의견도 있는데 일리 있다.

이 지역의 정치체의 성격은 고분 양식을 통해서도 헤아릴 수 있다. 영산강 유역에서 발견된 고분들을 보면 지역 간에 구분이 잘 드러난다. 초기옹관이 출토되는 마제(말굽)형과 초·중기 옹관이 함께 출토되는 제형(사다리꼴)분은 영산강 유역 전역에서 나타나지만, 후기 옹관이 출토되는 방형분은 복암리와 반남 일대에 집중되고 있다. 복암리와 반남 지역에서 옹관을 초기부터 끝까지 분묘에 사용하였지만, 그 밖의 지역인 영산강 상류와 서남해안, 고막원천과 함평천 상류 등에서는 후기 형식 옹관이 확인되지 않은 채 백제계나 왜계 석실로 대체되어 가고 있다. 복암리와 반남 지역에 옹관 묘제가 오랫동안 지속되었던 것은 그 지역의 토착성의 강고함을 말해준다. 곧, 독자적인 세력을 형성한 정치체가 유지되고 있었음을 알려준다.

복암리 3호분에서 출토된 옹관묘 22기, 수혈식 석곽묘 3기, 횡혈식 석실분 11기, 황구식 석곽묘 1기, 횡구식 석실묘 2기, 석곽옹관묘 1기,

목관묘 1기 등은 목관묘-옹관묘-석곽옹관묘-수혈식석곽묘-횡구식석곽묘-횡혈식석곽묘 순으로 변천하는 묘제의 구체적인 모습을 밝혀주었다는 점에서 의의가 있다. 이처럼 한 봉분 안에 여러 묘제들이 집중되어 나타난 것은, 이 지역이 지닌 농업 공동체로서의 강한 유대감으로 인해 추가장에 의한 가족장이 발전하면서, 초기에는 수평적인 확장을 통한 추가장이 이루어지다가 점차 수직적 확장을 통한 추가장으로 바뀌었기 때문이라는 의견이 있다. 물론 이러한 이해가 설득력이 없는 것은 아니나, 동일한 곳에서 수 세기에 걸쳐 대형 고분이 조영된 것은 단순히 추가장 또는 가족장을 넘어 강력한 재지 세력의 토착성을 전제하지 않고서는 설명할 수 없는 것이다.

복암리 3호분에서 4세기 후반 또는, 5세기 말로 소멸 시기를 둘러싸고 논란이 많았던 옹관묘가 6세기 중엽까지 사용되었다는 것이 확인되어 마한 세력이 그때까지 존속되었음을 입증해주었다. 이러한 사실로 인해 4세기 후반 마한이 백제에 병합되었다는 기존의 이해는 더 이상 성립할 수 없게 되었다.

중개무역을 통해 성장한 다시들 연맹왕국

복암리 3호분에서 확인된 10여 기가 넘는 석실분의 존재는, 이제 옹관과 함께 석실고분 시대가 본격적으로 출현하고 있었다는 것을 알려줌과 동시에, 영산강 유역에 횡혈식 석실이 도입되고 변천되는 과정까지도 알게 해주었다. 옹관과 목관 일색이던 영산강 유역에 석실분의 모습이 보이기 시작한 것은, 약간의 이론이 있으나 5세기 중엽 영산강 하류에 위치한 영암 옥야리 방대형분의 횡구식 석실에서부터였다는 의견이 많다. 영산강 중류 지역에 위치한 나주 가홍리 신홍고분에서 확인된 횡혈계통의 석실분은 이보다 약간 시기가 늦게 조영되었는데, 옥야리 고분의 영향을 받은 것으로 보인다. 곧이어 가홍리 고분과 인접하며 영산강 연안에 위치한 잠애산 비탈에 조영된 복암리 정촌고분이 횡혈식 석실분으로 등장하고 있다. 모두 3차례의 추가장이 이루어졌던 정촌고분에서 두 번째 추가장이 진행될 무렵인 5세기말, 복암리 3호분과 같은 방형분의 석실분이 조영되고 있다. 이 무렵 영암 자라봉 고분, 광주 쌍암동 고분, 복암리 건너 영동리 고분이 축조되었고, 반남 지역의 신촌리 9호분은 수직으로 확장되면서 상층에 옹관이 매장되었다. 이처럼 영암 옥야리 고분에서 처음 모습을 보였던 석실분은 가홍리 고분, 정촌고분, 복암리 고분을 거치며 이 지역의 특질을 지닌 이른바 '영산강식 석실분'으로 자리매김해갔음을 알 수 있다. 석실고분을 조영하기 시작한 것은 이 지역의 추가장 의식과 관련이 있다. 석실분이 추가장에 용이했기 때문이다.

그런데 일부에서는 영산강 유역 석실분을 백제 석실분의 영향과 관련하여 살피기도 한다. 그러나 영산강 유역 석실고분들이 내륙에서 남하하는 것이 아니라 영산강 하류에서 영산강 연안을 따라 북상하거나 인근 내륙 지역으로 확산되고 있어 백제 석실고분의 영향을 받았다고 생각하기 어렵다. 실제 백제식 석실은 산록에 위치하며 궁륭형 천장을 하고 장축 방향이 남북 방향을 띤 반면, 영산강유역 석실은 동서방향을 띠고 있으며, 평천장을 한 정촌 고분처럼 궁륭형 대신 평천정, 맞조임 천정을 하고 있는 경우가 많다. 백제식과 같은 맞조임 천정 형식을 지녔다고 하더라도 벽석을 밖에서 눌러주는 보강석을 별도로 하였다는 점에서 차이가 있다. 현문(玄門)도 할석만을 쌓아 연도를 밀폐하는 개구식(開口式)과 판석으로 입구를 우선 막고 연도에 추가적으로 할석 폐쇄를 하는 문틀식 현문으로 나누는데, 웅진기에는 개구식이, 사비기에는 문틀식이 유행한 백제와는 달리, 영산강 유역은 등장 단계에서부터 문틀식과 개구식이 병존하였고, 수적으로 문틀식이 보다 많았다. 개구식도 공주 송산리 고분군에서 보이는 전형적인 형식을 그대로 따르지 않았다. 이렇게 보면 영산강 유역에서 보이는 석실들은 백제와 관련성이 거의 없다고 보는 것이 타당하다. 따라서 영산강 유역에 석실분의 등장을 백제의 영향력 확대로 해석하는 것은 지나치게 성급한 판단이라 하겠다.

전체 길이가 6.8m나 되어 현재까지 알려진 영산강 유역 횡혈식 석실분 가운데 가장 긴 정촌 1호분은 현문의 문비석에서 연도 천장석까지 한 단씩 상승하는 구조로 평천장을 하고 있는데, 이러한 구조는 일본 구주 지역에서 확인되고 있다고 한다. 유일하게 정촌 고분 석실에서 바닥에 누워있는 문비석이 발견되었는데, 문비석은 일본 구주 지역에서 보인다고 한다. 이렇듯 정촌 고분의 석실은 왜와의 관련성이 많다.

한편 정촌고분의 1호 석실이 축조된 이후 분구를 다시 파고 안치된 매장품 가운데 나온 개배는 전형적인 복암리식에 해당하지만, 그 이전

유공광구소호(복암리 고분)

축조 당시 조성된 층에서는 수에키계와 오량동식 개배가 공존하고 있다. 같은 곳에서 나온 유공광구소호도 오량동 출토품은, 동체부에 원형 구멍이 뚫려 있는 형태로 구연부가 강조되지 않았으나, 수에키 토기의 영향을 받으며 점차 동체부가 줄어들고 구연부가 강조되는 방향으로 변화가 나타나고 있다. 정촌고분에서 나온 목재의 재질을 시료 분석한 결과 '금송'이 확인되었는데, 한반도에서는 식생 되지 않고 시코쿠 및 큐슈 등 일본 남부 지방에서 자생한 것으로 알려져 있다.

결국 5세기에 들어서서 새롭게 등장하고 있는 영산강 유역의 석실분들은 백제와의 관계보다는 왜와의 교류 속에서 이루어진 것이라고 보는 것이 설득력이 있다. 말하자면 당시 영산강 유역 정치 세력들은 영산 지중해를 중심으로 왜와 활발한 교류를 하고 있었는데 이 과정에서 이러한 묘제의 변화가 일어났다고 생각한다.

복암리 3호분에서 왜의 규두대도의 기원이 된 규두대도(圭頭大刀) 및 귀면문환두대도 등이 출토되었는데, 복암리 세력이 백제와 왜 사이에서 사치품을 유통하는 중개무역을 하며 부를 축적하는 증거라고 보는 의견이 있는데 양 지역의 교류와 관련하여 주목된다. 인근 신촌리 9호분에서 출토된 금동관이 백제의 2화 입식과는 달리 신라 가야 계통의 3지입식 내외관으로 구성되었다는 점은 이 지역이 백제, 왜, 가야 심지어 신라와도 교류가 이루어지고 있었다는 것을 알려준다. 특히 정촌고분에서는 중국에서 3~4세기에 제작된 시유도기, 이부호, 청자반구호 등이 출토되어 이 지역과 교류 가능성도 알려준다.

이렇게 보면 영산강 연안의 복암리 세력은, 풍부한 농산물을 바탕으로 내륙 및 백제, 왜, 가야, 심지어 중국과 중개무역을 통해 세력을 키워갔음을 알 수 있다. 백제 무령왕릉과 익산 쌍릉 등 왕릉에 사용되는 고급 수입 목재인 금송을 당시 정촌 고분 조영에 이용하였고, 피장자가 유려한 곡선의 용머리 장식을 한 금동신발을 신은 채 묻혔다는 것은 당시 피장자의 신분이 이 지역 연맹장이 아니었을까 하는 생각을 하게 한다. 역시 금동신발이 출토된 복암리 3호분 피장자의 신분 또한 이 지역의 연맹체의 장이었음을 보여준다. 그렇다면 당시 '다시들' 지역에는 이들 두 세력이 병립하여 있을 정도로 세력이 큰 정치체가 형성되어 있었다는 것을 알 수 있겠다.

외래문화를 주체적으로 수용한 다시들 연맹왕국

경주의 대릉원에 있는 대형 고분들과 견주어도 결코 뒤지지 않는 영암 시종, 나주 반남, 다시들 일대에 집중된 수많은 거대 고분들은 이 지역에 독자적인 정치 세력이 있었음을 웅변해주고 있다. 백제의 수도였던 한성, 공주, 부여 지역에서는 이러한 대형 고분들이 쉽게 찾아지지 않고 있어 4세기 후반부터 백제의 지배를 받았다는 통설이 사실과 다름을 확인시켜준다. 영산강 유역 정치체들이 각기 연맹체를 구성하며 고유의 정체성을 확보하고 있었다고 하는 것은 수 세기 동안 지속된 옹관묘의 조영 및 영산강식 토기 등을 통해 확인할 수 있다.

영산강 유역에서 옹관묘 가운데 가장 발달한 U자형 전용 옹관은, 최근 발굴 조사된 나주 오량동 요지에서 거의 유일하게 생산된 것으로 알려져 있다. 이를테면 그곳에서 생산된 옹관이 인근 지역의 옹관 수요를 독점했다는 것이다. 곧 4세기 후반에서 6세기 전반까지 유행한 U자 옹관을 생산하고 관리하였던 세력이 이 지역의 핵심 세력을 형성하였을 가능성이 크다. 바로 이러한 점에서 신촌리 9호분이 있는 나주 반남 지역이 주목되었다. 거대한 봉분에 금동관까지 출토된 신촌리 9호분은 다른 옹관고분군의 중앙에 위치하여 있고, 오량동 도요지와도 10km이내에 있어 옹관고분을 조영한 집단의 중심 세력이라고 할 수 있다. 특히, 반남 지역은, 다른 인근 영산강 유역의 여러 지역에서 5세기에 들어 석실묘 등 새로운 묘제를 도입하는 등 변화를 보임에도 불구하고, 6세기 중엽 백제식 석실로 대체될 때까지 다른 묘제를 차용하지 않은 채 옹관 묘제만 조영되고 있었다. 물론 왜, 가야 계통의 금동관 양식 및 왜계 분주 토기 등의 흔적에서 이 지역이 외래 문화 수용에도 소극적이지는 않았다는 것을 알 수 있지만, 다른 지역보다 강한 토착성을 견지하고 있었음은 분명하다. 이러한 문화를 기반으로 마한 남부연맹의 대국 '내비리국'이 성립되었던 것이다. 훗날 백제에의 복속을 끝까지 거부하다 '절단 낸다'는 의미의 '半'이 들어가 백제 때 '반내부리현'이 되었던 것도 이와 무관하지 않다.

복암리 3호분 가운데 6세기 중엽에 조성된 석실분에서 옹관고분이 함께 확인되어 이 지역이 그때까지도 옹관고분을 사용하고 있음을 알게 되었다. 하지만 다시들 지역은, 옹관고분 밀집 지역의 외곽에 위치하고 있어 옹관고분 사회 전시기를 대표하는 중심 세력으로 보기에는 한계가 있다. 3호분 96석실에서 출토된 옹관의 경우도 성행기가 아닌 쇠퇴기 옹관의 모습을 보이고 있는 것도 이러한 추정을 가능하게 한다. 이처럼 상대적으로 미약한 옹관묘제의 전통은, 기존 옹관묘와 더불어 새로이 유입된 석실분이 유입되어 독자적 묘제로 발전하는 여건을 마련하였을 가능성이 크다. 바야흐로 영암 옥야리 장동 고분에서 시작된 석실분이 나주 가흥리 고분을 거쳐 복암리 지역에 와서 영산강식 석실의 전형으로 발전하였던 것이다.

이와 관련하여 영산강식 석실분이 해남반도 연안, 영산강 중·하류 연안, 함평-광주 노선 등 영산강 하구에서부터 영산강 본류를 중심으로 분포되어 있는 반면, 반남 고분군이 자리하고 있는 삼포강 일대에는 거의 출현하지 않고 있는 것이 주목된다. 이는 5세기 중엽에 이르러 기존 옹관묘 중심의 반남 지역 연맹체인 내비리국에 맞서는 새로운 집단이 다시들 지역에서 세력을 키워 영산강을 마주 보며 양립한 모습을 보여주는 것은 아닌가 생각된다. 이를 두고 일부에서는 반남 지역에서 복암리 지역으로 영산강 유역의 주도권이 넘어갔다고 주장하기도 하지만 그 시기에 금동관이 출토된 거대한 신촌리 9호분이 조영되고 있는 데서 알 수 있듯이 신촌리 세력은 여전히 강고한 세력을 유지하고 있어 타당하지 않은 주장이라 여겨진다.

한편, 정촌고분과 복암리 3호분에 보이는 금동신발과 석실분을 백제의 위세품 내지는 백제 계통으로 해석하여 복암리 세력이 성장하는 과정에 백제의 역할이 있었다고 주장하기도 한다. 앞서 살핀 바처럼, 복암리 석실은 적어도 6세기 중엽까지는 백제 계통이 아닌 영산강식 석실분의 특질이 강하게 묻어 있었다. 또한 신촌리 9호분의 금동관처럼 이 지역의 금동신발 또한 백제의 위세품이 아니라 현지 재지 세력들이

금동신발(정촌고분)

제작한 것이라 여겨진다. 그리고 백제의 영향력이 작용하였다면 정촌 고분처럼 일본에서 금송을 수입하여 웅장하게 묘역을 조영한다는 것은 불가능하다. 특히 두 곳 금동신발 제작 시기가 한성시기 말기라고 한다면, 당시 고구려의 남진 정책으로 고전을 면치 못하던 백제가 이 지역을 정치적으로 복속하려 시도했다는 것 또한 믿기 어렵다. 결국 백제가 반남과 복암리 세력들을 그들의 영향력 아래 두었다는 것은 사실이 아님은 명백하다 하겠다.

다시들 지역은, 영산강이 곡류하여 이루어진 비옥한 충적 평야의 높은 농업생산력과 정촌 세력의 거점인 회진포구를 통해 이루어진 활발한 대외교역 등이 밑거름이 되어 빠른 속도로 성장을 거듭하였을 것이다. 이곳과 인접한 광주 명화동 지역에서 출토된 화천(貨泉)을 비롯하여 영산강 상류에 해당하는 신창동 지역에서 출토되고 있는 고조선 시대의 유물들은 바로 회진 포구를 경유하여 이루어졌던 당시 교역 실태를 보여준다. 영산강 지류인 삼포강 일대에 위치한 내비리국 등의 연맹체가 전통적인 농업에 의존한 것과 비교가 된다.

한편, 다시들 일대의 가흥리, 영동리, 복암리 고분들이 모두 옹관고분을 같은 시기에 조영하고 있어 이들 지역이 동일한 옹관고분 세력권이었음을 말해준다. 그런데 정촌 고분 세력은, 출토된 금동신발과 백제 무령왕릉 등 왕릉에 사용되고 있는 일본산 금송(金松)을 묘제에 이용한 데서 그 세력을 상상할 수 있고, 역시 복암리 지역 세력 또한 금동신발 및 은화관식 등 수많은 출토 부장품을 통해 그 규모를 짐작할 수 있다.

추측하건대 두 세력은 다시들 집단 내에서 병존하여 경쟁하였다고 짐작된다. 그렇지만 고식 옹관의 분포가 복암리 지역이 상대적으로 적은 것으로 미루어 고분군이 처음에는 평지에 가까운 구릉 사면에 조영되다가 평지의 다시들 유적이 위치한 복암리 쪽으로 확장되어간 것으로 짐작된다. 이러한 모습은 횡구식 석실분이 가흥리 고분에서 정촌고분을 거쳐 복암리 3호분 고분으로 확산되어 가고, 정촌고분에서 추가장이 이루어질 때 복암리 3호분 고분에서 영산강식 석실분이 축조되고 있는 것에서도 알 수 있다.

이렇게 보면 두 집단이 세력 차이가 크지는 않았지만, 처음에는 정촌 세력이 훨씬 우월한 위치에 있지 않았을까 싶다. 말하자면 영산지중해의 대표적 포구인 회진포구에 위치하여 새로운 문물 유입과 중개무역에 유리한 위치에 있었던 정촌 세력이 연맹의 주도권을 앞서 장악했을 가능성이 높다. 복암리 3호분과 지근거리에 있는 정촌고분이 입지, 축조기법, 석실의 세부구조, 내부 매장 시설로 목관을 사용하는 등 여러 면에서 이질적인 요소가 많은 것은, 바로 정촌 세력이 새로운 문물을 앞서 수용하고 있는 모습의 반영이라고 생각한다.

그러나 정촌고분에 추가장이 도입될 무렵 형성되기 시작한 복암리 3호분의 묘제 및 부장품들을 통해 다시들 연맹체 세력 내부의 주도권이 바뀌어지고 있는 것을 알 수 있다. 가령, 부장품 규모만 놓고 보더라도 복암리 일대가 정촌 고분보다 훨씬 많고, 장식마구와 은화관식등 정촌 고분에는 보이지 않는 유물들이 출토되고 있는 데서 이러한 추측이 가능하다. 곧 비록 포구에 위치하여 외부 문물을 빨리 유입하였지만, 잠애산 경사면에 위치하였던 정촌 세력보다는 다시들 평지에 위치하여 보다 발달한 농업생산력을 확보하며 정촌 세력을 통해 외부 문화를 능동적으로 받아들인 복암리 세력이 발전의 동력을 확보하지 않았을까 하는 생각이 든다. 이처럼 다시들 지역에는 정촌, 복암리 등 다른 지역의 대국 규모의 정치체들이 하나의 연맹체를 형성하여 강력한 정치체로 성장을 거듭하였다.

이와 관련하여 복암리 3호분과 같은 영산강식 석실분의 핵심적인 특징을 보여주는 석실분 형식이 신안 안좌도 읍동 고분군과 신안 상태도 상서 고분군 등 영산강 하구까지 나타나고 있는 것이 주목된다. 이 고분들 형식이 석실의 종단면형이나 벽면의 석재구성 등에서 부여 능산리식 석실과 차이가 엄연히 있다는 점에서 백제와의 관련성보다는 복암리 세력의 영향력이 그곳까지 미친 것이라고 보아야 한다는 김낙중의 의견처럼, 이제 다시들 세력이 영산강 중·하류 연안을 아우르는 세력을 형성하였음을 알려주는 중요한 사례라고 생각된다. 조선 성종 때에 편찬된 『동국여지승람』에 신안 압해도와 장산도를 나주 관할에 두고 있는 것도 이러한 인식의 반영이 아닌가 싶다. 백제를 멸하고 웅진 도독부를 설치한 당(唐)이, 복암리 지역에 대방주 치소를 두었던 것도 결코 우연은 아니라 하겠다. 이제 영산 지중해의 또 다른 대국으로 우뚝 서 있었던 것이다.

나주시 오량동 산 57번지에 있는 도요지로 사적 456호로 지정되어 있다. 2001년 유적이 발견된 이래 국립나주문화재연구소에서 2007년 부터 8차례나 발굴조사를 실시하였다. 영산강의 남안 구릉지로 영산강 본류를 마주하며 나주 복암리 고분군과 반남 고분군사이에 있어 교통 의 요지에 해당되는 곳이기도 하다. 이곳에 77기의 가마가 밀집 분포하 고 있음이 확인되었고, 4세기 후반─ 6세기 초반까지 100~150년의 일 정 기간 옹관이 생산되었고, 특히 5세기 무렵의 영산강 중하류 지역에 성행한 U자형 옹관의 주생산지로 유명하다. 이와 같은 전용 옹관의 제 작 과정과 제작 집단, 운송과 교류 등을 비교 연구하는 데 있어 중요한 가치를 지니고 있다.

4. 마한의 장례 풍습

복장(複葬)과 파리 번데기 껍질

고고학과 법의학의 만남

2018년 6월 7일 가야와 백제사의 모습을 헤아릴 수 있는 유적들이 모 습을 드러냈다는 보도가 동시에 나왔다. 경남 함안군 가야읍 가야리를 발굴조사를 한 국립 가야문화연구소가 5, 6세기에 조성된 것으로 보이 는 대규모 토성과 목책(木柵) 시설, 각종 토기 조각 등을 찾아내 그동안 미처 확인되지 않았던 아라가야의 실체를 확인하게 되었다는 것과 공주대학교 박물관이 조사하고 있는 공주 교촌리 유적에서 무령왕릉과 유사한 전축분(塼築墳:벽돌무덤)이 새롭게 확인됐다는 것이다. 이들 모두 가야사와 백제사를 연구하는 데 있어 매우 중요한 자료들이다. 이처럼 수많은 유적, 유물들이 아직도 우리의 손길을 애타게 기다리고 있다.

같은 시기의 가야사보다 기록이 거의 남아 있지 않은 마한사는 유적, 유물에 대한 조사가 더욱 중요하다. 가야사 관련 조사는 그동안 활발히 이루어졌던 금관가야와 대가야의 중심지였던 김해와 고령 지역에 이어 최근에는 주변 지역까지 확대되면서 새로운 자료들이 출현되고 있다. 신라, 백제, 가야지역에 비해 상대적으로 발굴조사가 시작 단계에 있는 마한 연맹왕국 중심지였던 영산강 유역을 비롯하여 보성강 유역 등에 대한 발굴조사가 시급함을 말해주고 있다. 마한 관련 출토 유적·유물들이 빈약한 것은 없어서가 아니라 그것을 찾으려는 노력이 부족한 때문이다. 모든 고대사가 그러하지만, 특히 기록이 전무 하다시피 한 마한 역사를 밝히기 위해서는 출토 유적·유물들을『삼국사기』지리지 및『신증동국여지승람』등 후대의 사서와 일본, 중국 등에 파편으로 남아 있는 기록들과 유기적으로 엮어내려는 자세가 요구된다.

최근 첨단 과학 기술을 동원하여 유물의 미세한 부분까지 찾아내고 인접 학문과 융합 연구를 통해 유물을 구조적으로 이해하려는 시도들은 고무적인 현상이라 하겠다. '다시들'의 정촌고분의 유물 분석에서 시도된 고고학과 법의학 사이에 이루어진 학제간의 융합 연구가 대표적인 예라 하겠다. 이러한 연구에 힘입어 마한의 사회상을 추적해보려 한다.

앞서 다루었던 정촌고분 1호 석실 내에서 출토된, 다른 지역과 비교하여 완벽하고 화려한 형태로 구성된 금동신발은 이 지역에 강력한 왕국의 존재 사실을 뒷받침해주는 주된 근거이다. 그런데 금동신발을 보존 처리하는 과정에서 신발의 서편 바닥과 동편 인골 부위(발뒤꿈치) 쪽에서 십여 개의 파리 유체, 즉 파리 번데기 껍질이 확인되어 학자들을 깜짝 놀라게 하였다. 일반적으로 파리가 시신 부패과정에서 생성되는 부패 가스에 잘 유인되기 때문에 파리 유체가 무덤에서 발견되는 일은 무덤이 생성된 지 얼마 지나지 않은 경우에서는 드물지 않다고 한다. 하지만 1500여 년이라는 긴 시간이 경과 한 후에도 형태를 거의 그대로 유지한 채 발견되는 사례는 매우 희귀하다.

국내에서는 비단벌레의 날개를 장식 재료로 사용한 천마총의 말안장이나 1973년에 발굴된 경주 계림로 14호 묘의 화살통과 같이 인위적으로 제작한 장식품에서 발견된 사례들은 있다. 그러나 당시의 장례절차와 매장과정 등과 관련하여 우연히 매장되었을 것이라고 추측되는 곤충의 일부가 이렇게 발견된 경우는 국내에서는 최초의 사례에 속하여 많은 관심을 끌었다. 국립 나주문화재연구소와 고려대학교 의과대학 법의학팀은, 2016년 파리 번데기 껍질이 왜 금동신발 뒤꿈치에 묻어 무덤 안에 들어가게 되었는지를 밝히려는 작업을 하였다.

고분에서 파리 번데기 껍질이 출토된 사례를 분석하여 그것을 연구한 사례가 일본에서 이미 있었다. 일본 하지이케고분 출토 인골에서 발견된 쉬파리과와 집파리과의 깜장파리속 파리 번데기 껍질을 분석하여 파리가 활동하는 밝은 장소에서 장례절차인 '빈(殯)'이 적어도 수일 간 행해지고, 일주일을 넘기고 수일이 지나면 장례를 마치고 매장하였던 것으로 추정된다는 사실을 밝혀냄으로써, 장례를 치를 때까지 8일 밤낮으로 곡하고 슬피 노래를 불렀다는 『일본서기』의 구체적인 실증자료를 확보하였다.

정촌고분 1호 돌방과 같은 조건(빛 차단, 평균 온도 16℃, 습도 90%)에서 파리의 알, 구더기, 번데기 등이 어떤 상태일 때 성충이 되는지를 조사하여, 고분에서 출토된 파리 번데기 껍질이 '검정뺨금파리(Chrysomyia megacephala)' 것이라고 판단하였다. 현재도 그 파리들이 정촌 고분 주변에서 주로 서식하고 있을 뿐 아니라 지난 1500여 년간 기후가 현재와 비슷하다는 점에서 그러한 추정이 가능하다는 것이다. 그 파리들은 주로 5~11월(9월경에 가장 활발히 번식)에 왕성히 활동하고 있는 것도 확인되었다.

또한, '법곤충의학'을 적용을 시켜 시체에 있는 곤충의, 알 → 구더기 → 번데기 → 성충으로 이어지는 생활상과 사망 후에 경과되는 시간을 산출한 결과 파리가 번데기 상태일 때만 성충이 되고, 알에서 번데기가 되는 데 까지는 평균 6.5일 정도 걸린다는 사실을 밝혀냈다. 파리 알이나 구더기는 고분과 같은 환경 속으로 들어가면 바로 동면 상태로 들어가기 때문에 번데기가 만들어지지 않는다는 점도 확인하였다. 정촌 고분의 출토 금동신발 등에 묻어 있는 파리 번데기 껍질은 피매장자가 사망하고 바로 고분에 매장되지 않고, 파리가 시신에 충분히 접근하고 산란할 수 있는 계절과 장소에서 금동신발을 착용한 상태로 최소 7일 이상 노출된 후, 파리가 시신과 함께 고분 안으로 들어가 매장되었다는 것을 알려준다. 말하자면 정촌 고분 1호 주인공은 무덤 밖에서 일정기간 장례 절차를 거친 다음 무덤에 안치되었음을 설명해준다. 이를테면 당시 다시들 지역에는 시체를 매장 전에 빈소에 안치하였다가 최소한 7일 정도 지나 장례를 치르는 장제(葬制)가 유행했다는 의미이다. '복장' 곧 '빈(殯)'이 행해지고 있었던 것이라 하겠다.

우리나라에서 이러한 '빈장'은 일찍부터 행해졌었다. 지금의 함경도 남부 지역에 위치한 옥저에서 '골장제' 또는 '가족공동무덤'이라 불리는 장제가 행해졌다고 하는 사실을 기억한 독자들이 많을 것이다. 이 장제 모습이 『삼국지』 위지동이전 옥저조에 자세히 실려 있다. 번거롭지만 원문을 그대로 옮겨본다.

> "장례 치를 때는 큰 나무로 곽을 만드는데, 길이가 십 여 장이나 되고, 그 윗부분에 출입구를 하나 낸다. '새로이 죽은 자는 모두 가매장을 하는데, 겨우 형태만 덮은 후 피부와 살이 썩으면 이내 뼈를 취하여 곽 안에 둔다.' 집안 모두가 하나의 곽에 공동으로 들어가는데, 나무를 살아있는 형상처럼 깎는다. 죽은 자의 수와 같다.(其葬作大

木槨, 長十餘丈, 開一頭作戶. 新死者皆假埋之, 才使覆形, 皮肉盡, 乃
取骨置槨中. 擧家皆共一槨, 刻木如生形, 隨死者爲數)"

　이처럼 뼈만 따로 추려 항아리에 담아 가족들 유골이 있는 곽에 함께
안치하였기 때문에 '골장제' 또는 '가족공동무덤'이라고 불렸다. 저자는
이를 가리켜 오늘날의 가족납골당의 기원(?)이었다고 학생들에게 농담
을 하는데, 이러한 골장제가 '복장(複葬)'을 설명하는 것임은 분명하다.

　복장제는 고구려에서도 행해지고 있었다. 중국 사서인 北史의 기록
에, "죽은 사람의 시신을 염하고 실내에 '빈(殯)'을 두었다. 3년이 지나
면 좋은 날을 골라 장례를 치렀다. 부모나 남편의 상에는 상복을 3년 입
었고 형제의 상에는 3개월 입었다"라고 하는 것에서 고구려에서 '빈
(殯)'이라 불리는 복장이 있었음을 알 수 있겠다.

　신라 역시 같은 북사의 기록에, "사람이 죽으면 관렴(棺斂)을 하고 나
서 고분이나 릉을 축조한 후 장례를 치렀다"고 하는 것에서 '복장'이 행
해졌음을 알 수 있고, 삼국 이전의 부여의 습속에도 "장례 절차를 5개
월을 정지시킨 것을 영화로이 알았다"는 내용이 있는데, 여기서 '정상
(停喪)'의 의미는 곧 '복장'을 의미하는 것이라 생각된다. 이러한 '복장'
의 구체적인 모습은 백제 무령왕릉 지석을 통해 보다 분명히 드러난다.

　1971년 무령왕릉 발견은, 피장자의 신분이 확인된 최초의 삼국시대
왕릉이었다는 점에서 세계 고고학계를 깜짝 놀라게 하였다. 그 묘지석
에 따르면, AD 523년 5월 62세의 나이로 사망한 무령왕은 27개월 후인
525년 8월에 유해를 대묘(大墓)에 안치하였고, 526년 11월에 사망한

그 왕비 또한 27개월이 지난 529년 2월에 대묘(大墓)에 안치하였다는 것이다. 곧 무령왕 부부가 27개월간 복장을 하였다는 것을 알 수 있다. 이와 같이 복장 또는 가매장 상태로 27개월을 지낸 후 시신을 안치한 장제는 일종의 삼년상에 가깝다고 할 수 있다. 그러나 시신을 묘에 안치한 뒤 삼년상을 치르는 중국과는 엄연한 차이가 있어 보인다.

이와 같이 우리나라에서는 삼국 이전부터 이미 복장이 행해지고 있었다. 이러한 복장 곧 빈장이 마한 지역에서도 이루어지고 있었음을 기록에서는 확인되지 않지만 정촌 고분의 파리 번데기 껍질을 통해 확인할 수 있는 것이다. 정촌 고분의 유물들이, 마한의 사회상을 살피는데 중요한 '타임캡슐'이라는 것을 새삼 증명해주고, 고분 연구가 단순히 묘제 형태나 유물의 특성을 분석하는 수준을 뛰어넘어 해당사회의 특질들을 찾는 단계로 발전하고 있음을 알 수 있다. 1971년 폭우가 쏟아지는 데도 밤을 세워가며 무리하게 무령왕릉 발굴을 강행하여 고분이 전달하고자 한 많은 흔적들을 놓쳤다는 것은 주지의 사실이다. 유형의 출토 유물 발견도 중요하지만 봉분 내부에서 발신하는 수많은 메시지들을 무심코 흘려보내서는 안 될 것이다.

후장(厚葬)과 복장(複葬)

소(牛), 말(馬) 犧牲과 순장

복암리 정촌고분의 출토 파리 번데기 껍질을 통해 마한 사회에 복장(複葬)이 행해지고 있음을 확인하였듯이, 분묘에는 그 의식(儀式)의 수

행과정에서 발생한 직접적인 잔존물 또는 상장의례와 관련된 의식의 진행 과정과 진행방법 등을 살필 수 있는 흔적들이 비록 온전하지는 않는다고 할지라도 단편적이거나 일부 남아 있게 마련이다. 이러한 자료들이 모여 고대의 상장의례를 복원할 수 있는 바탕이 되고 있다 하겠다. 장례 의식은 그 사회의 성격을 살피는 데 매우 중요한 요소에 해당하므로, 내친김에 마한 시대 이 지역의 장례 의식을 더듬어 보기로 하겠다. 특히 지석묘와 옹관묘가 우리 전남 지역의 대표적인 묘제로 자리매김하게 되었던 이유를 장례 의식과 관련하여 추적해보고자 한다.

『삼국지』위지동이전을 보면, 마한은 "장례를 치를 때 곽(槨)은 있으나 관(棺)은 없다. 우마(牛馬)를 탈 줄 모르고 장례를 치를 때에만 우마를 쓴다(其葬有槨無棺 不知乘牛馬 牛馬盡於送死)"라 하였는데, 이는 마한의 장례와 관련된 거의 유일한 기록임에 분명하다. 마한 사람들이 소나 말을 탈 줄 모른다는 이 기록은 광주 신창동 유적의 출토 수레바퀴 유물을 통해서도 사실과 다를 가능성이 있다고 이미 언급한 바 있다.

그런데 이어 나오는 '장례를 치를 때에만 우마를 쓴다.'라고 한 표현이 눈길을 끈다. 이 기록을 이제껏 마한에서는 '(사람 대신) 소나 말을 순장하는 풍습이 있었다'는 식으로 해석하여 왔다. 우리나라에서 순장 풍속이 있었다고 하는 것은 일찍부터 여러 기록에서 확인되었다. 부여는 『삼국지』위지동이전에 "사람이 죽으면 여름철에는 모두 얼음을 사용하고 사람을 죽여 순장을 한다. 많을 때는 백 명 정도 되어 후히 장례를 치른다. 곽은 있으나 관은 없다"라고 하는 것을 통해 사람을 죽여 순장하는 풍습이 있음을 알 수 있다. 동옥저에서도 죽은 사람의 숫자대로 살아 있을 때와 같은 모습으로 나무로 모양을 새기기도 하였다는 기록으로 보아 목각을 순장 대용으로 삼았음을 짐작할 수 있다. 고구려에서는 동천왕이 세상을 떠나자 신하들이 같이 묻히기를 원하였다는 기록과 다음 왕인 중천왕이 이를 금지하는 조치를 취하였다는 기록으로 보아 순장 풍속이 있었던 것은 분명하다. 신라 또한 지증왕 3년에 순장을 금하는 조처가 나오는데, 그 이전에는 왕이 죽으면 남녀 각 5인을 순장하는 풍속이 있었다.

이렇게 보면 위지동이전의 "마한은 장례를 치를 때에만 소나 말을 썼다"는 표현은 사람 대신 소, 말을 순장한 것이 아닌가 하는 생각을 할 수도 있다. 그러나 위지동이전의 원문의 정확한 뜻은 '소, 말을 장례 치를 때에만 썼다'라고 하여 순장과 관련한 언급이 없어, 그것이 제사를 지낼 때 제물로 이용된 것인지, 아니면 순장 대용으로 '희생(犧牲)'으로 이용하여 같이 봉분에 들어간 것인지 쉽게 단정하기 어렵다. 더구나 백제는 주로 '사슴'을 희생으로 사용하였다는 의견도 있다. 만약 소나 말을 마한에서 그것으로 사용하였다면 두 지역의 문화적 차이의 반영으로 해석할 수 있어 충분히 흥미를 끌 가치가 있다.

우리 고대사회에서 소(牛)를 희생으로 삼은 사례는 많다. "전쟁을 하게 되면 하늘에 제사를 지내고, 소(牛)를 잡아서 그 발굽을 보아 길흉을 점쳤다."는 부여의 유명한 우제점법(牛蹄占法) 기록을 통해 소를 희생으로 삼았다고 하는 사실과 경북 영일 냉수리비와 울진 봉평비에 소를

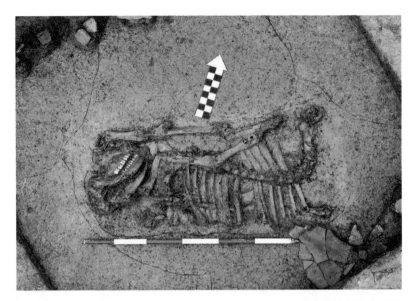

소 매납 유구(복암리 1호분)

죽여 하늘에 제사를 지냈다는 '殺牛' 기록들이 그 대표적인 예이다. 이
러한 사실만 놓고 보면 소를 단순히 순장이 아닌 제사의 제물로 삼았음
을 알려준다. 그러나 일본 기나이(畿內) 지방을 중심으로 소나 말을 참
수하여 봉분에 넣은 형태의 제의가 있었다고 전해지는데, 한반도에서
건너왔다고 하여 '韓神'으로 불렸다 한다. 이러한 일본의 사례는 소나
말이 사람 대신 순장 대용으로 봉분에 묻혔을 가능성을 높여준다. 여하
튼, 한·일 두 지역의 사례만 놓고 보면, 위지동이전 마한 기록이 단순 제
사의 제물로 이용된 것인지, 순장 대용의 희생으로 봉분에 들어간 것인
지 결론을 내리기 어렵다. 다만, 부안 변산반도에 있는 죽막동 유적에
서 사람 모양의 토우와 더불어 '토제마(土製馬)'가 출토된 것으로 보아,

말을 순장 대용으로 사용하였지 않았을까 하는 생각을 갖게 한다. 곧 마한 지역에서 소·말을 제사 때 사용되는 제물이라기보다 '희생(犧牲)'으로 하여 봉분에 넣었을 가능성이 크다는 생각을 하게 한다. 그리고 이러한 현상이 당시 마한 사회에서는 일반적인 현상이었기 때문에 중국 측 기록에 역사적인 사실로 남아 있었던 것은 아닐까 생각되었다. 따라서 마한의 여러 봉분 출토 유물에서 당연히 소나 말뼈가 발견되어야 하지 않을까 하는 생각이 들었다.

나주 복암리 1호분에서의 소뼈 1개체분과, 복암리 3호분의 말뼈 출토는 이러한 막연한 의문에 대한 갈증을 조금이나마 풀어주었다. 특히 복암리 2호분의 동쪽 주구에서 소뼈 1개체분으로 추정되는 완전한 형태의 동물 뼈가 발견되었고, 그곳으로부터 동쪽으로 4~5m 떨어져 있는 곳에서 말뼈로 추정되는 동물 뼈가 심하게 부식된 채 출토되었다. 일부에서는 출토 뼈들이 당시 폐기물 처리장으로 의심되는 곳에서 나왔기 때문에 음식으로 먹고 버린 뼈가 아닌가 하여 그 가치를 높이 평가하지 않으려 하지만, 출토 동물 뼈들이 주구에서 흩어져 있는 제사용 토기들과 함께 나오고 있어 장례 의식 때 같이 묻힌 것으로 보는 것이 옳다. 특히 주구 동쪽 부분에서 발굴된 동물 뼈 가운데 소뼈로 추정된 뼈의 경우, 긴 목을 꺾어 동쪽으로 틀어놓았고, 네 다리는 함께 묶어 놓았던 듯 가운데로 가지런히 모아 있었다.

말하자면 단순히 제물로 사용하고 버렸다면 여러 동강이로 분리되어 있어야 옳을 것이지만, 이렇듯 1개체가 목까지 꺾어져 있는 상태로 온전하게 발견된 것은, 순장용으로 바쳐진 '희생'이었을 가능성을 높여준다. 즉, 복암리 고분의 출토 소·말뼈 유물들은 장례 치를 때 제물로 사용된 것이 아니라 '순장용'으로 사용된 '희생'이 분명하다고 생각한다. 그렇다면 『삼국지』 위지동이전의 기록은, 마한 사회에서 소나 말을 순장 대용으로 쓰고 있다는 사실을 알려주는 것이라 하겠다. 곧, 마한 사회에서 소나 말을 장례를 치를 때 '순장' 대용으로 이용하고 있었다는 사실은 명백하다.

이러한 순장 풍습은 전형적인 '후장(厚葬)'에 해당하는데, 위에서 살핀 '복장' 즉 '빈장' 또한 '후장' 장례 풍속의 대표적인 예라 하겠다. 『삼국지』 위지 동이전에 "부여의 풍속에 장례를 5개월이나 멈추었는데 이를 영화롭게 여겼다"라는 기록이 있다. '장례를 멈추었다'는 의미는 사람이 죽어 염습을 마쳤지만, 아직 장례를 치르지 않은 상태를 말한다. 곧, 부여에서는 여름에 시체가 훼손되는 것을 막기 위해 얼음을 사용하였다는 기록을 볼 때, 사람이 죽으면 바로 매장하지 않았다는 것을 알 수 있다. '사람이 죽으면 시체는 모두 가매장 하되 겨우 형체가 덮일 만큼 묻었다가 다 썩은 다음에 뼈만 추려 곽 속에 안치하였다'는 동옥저의 사례와 같이 1차장인 가매장을 한 다음에 본장(本葬), 곧 '복장(複葬)'을 한 것이라고 생각된다. 이러한 복장은 고구려에서도 확인되고 있지만, 이를 '영화롭게 여겼다'는 부여의 기록에서 알 수 있는 것처럼, 고대인들의 '후장'을 상징하는 것이었다. 중국 최초의 율령인 태시율령(泰始律令)의 상장령에 상복(喪服)이 규정되어 있다. 사람이 죽으면 시체를 일단 실내에 매장하여 일정기간 지난 후 야외로 이장하는 구조, 즉 복장 구조를 하고 있는데 천자는 7일 만에 빈을 한 후 7개월 만에 장사를 치르고, 제후는 5일 만에 빈을 하고 5개월 만에 장사를 치렀으며, 선비는 3일 만에 빈하고 3개월 후에 본장을 치르게 되어 있다.

이러한 차이는 신분적 차이에서 비롯된 것이라 하겠으나, 이를 그대로 우리나라에 적용하여 보는 것도 무의미하지 않으리라 생각된다. 즉, 정촌 고분에서 빈장이 최소 7일 이상 행해졌다고 추정되는데, 이는 당시 고분 주인공이 적어도 이 지역을 대표하는 연맹왕국의 국왕이라는 사실을 반영해주는 것은 아닐까 하는 생각이 든다.

옹관묘

유명한 문화 인류학자인 말리노브스키(Malinovsky)는 유족들이 死者에 대해서 품는 정서 반응에는 사자에 대한 애정과 시체에 대한 공포의 모순된 정서가 병존하고 있다고 말한 바 있다. 말하자면 이러한 모순된 양면적 감정의 균형관계가 다양한 장법(葬法)을 개발하게 하였다는 것이다. 보편적으로 수렵민족들은 사자에 대한 애석함보다 두려움을 느끼는 반면, 농경민족들은 사후 세계를 믿고 조상을 숭배하는 경향이 강하다고 한다. 중국 화남 지방이나 동남아시아 농경 사회에서 사자에 대한 처리 과정을 통해 시간이 경과함에 따라 공포심이 사라지고 친숙함이 회복되어 갔다는 것이다. 이를테면 뼈(骨)에 영혼이 깃들어 있어 망자와 후손이 공생한다는 믿음이 생겨 뼈를 깨끗이 하여 자기 근처에 안치하는 전통이 형성되었던 것이다. 곧 유체(遺體)를 '파괴'와 '보존'의 관념으로 처리하는 과정에서 '복장'이라는 장제 의식이 나타났다고 하겠다.

우리 고대사회에서 '복장'을 행한 것은, 사람의 영혼이 사후에 재생하여 그의 신분과 지위를 다시 누린다는 계세사상도 중요한 이유였던 것 같다. 남녀가 결혼하자마자 수의를 미리 만들어두는 풍습이 있었던 고구려의 사례가 이를 말해준다. 하지만 사자와 함께 공존하려는 농경 사회의 조상 숭배 사상이 바탕에 깔려 있음은 분명하다. 이와 관련하여 우리나라의 복장제가 동남아시아의 도작문화와 관련이 있으며, 그 중심 지역이 우리나라 남해안 지역이라고 하는 주장은 주목되어도 좋다. 이는 한반도에서 벼농사가 가장 일찍 시작된 나주 다시들 가흥리의 도작문화가 남방 계통이라는 점과 관련지어 볼 때 수긍이 간다.

매장된 시체를 발굴하고 뼈를 씻어 다시 장례를 치러 뼈를 매장하는 것이 전형적인 복장의 형태이지만, 한국이나 일본에서는 세골장이나 초분, 심지어 지석묘나 옹관묘가 이에 해당한다는 인류학자 이광규의 지적은 매우 시사적이다. 아시아의 거석기념물 분포가 황하 유역의 중원 지방이나 시베리아 지역이 아닌 강, 바다, 내 등 물과 가깝고 따뜻한 지방에 분포되어 있는 것으로 보아 해류를 통한 농경 사회 간의 전파로 보았던 이광규는 이러한 문화가 전라도 지역에 집중되어 있다고 살폈다. 말하자면 이 지역에 밀집된 지석묘군과 옹관묘군의 분포를 복장제의 흔적으로 주목하였던 것이다. 과거 화산 활동으로 화산석 일종인 응회암이 많이 분포한 보성강 유역에서 지석묘가 주된 묘제로 사용된 것과 달리, 그러한 석재를 구하기 어려운 영산강 유역에서는 옹관을 제작하여 사용하였던 것이다.

영산강 유역의 첫 옹관 출토는 1963년 신창동 유적에서였다. BC1세기에서 AD1세기 무렵으로 편년된 이 옹관은 납작한 바닥에 동체의 중하부가 볼록하고 외반구연인 재지 계통의 송국리형 토기와 삼각형점토대 토기의 양쪽에 쇠뿔 모양 손잡이가 달린 고조선 계통의 명사리식 토기가 결합된 독특한 모양을 하고 있어 '신창동식 옹관'이라고 명명될 정도로 이 지역의 독자적 특성을 지닌 토기였다. 이 옹관이 전용 옹관이 아닌 실생활에서 사용된 점토대토기를 이용하고 있어 본격적인 옹관의 이행기 이전으로 추정되고 있다.

3세기 초반 제작된 영암 선황리 출토 옹관은 일상 용기로 사용된 옹의 형태를 지니면서도 널(棺)로 사용된 형식을 띠고 있어 영산강 유역에 전용 옹관이 등장하였음을 설명해주고 있다. 곧 이어 3세기 중엽에 만들어진 대형 전용 옹관을 통해 옹관이 매장 문화의 주체가 되었음을 알 수 있다. 목관이 옹관으로 대체되고 있는 것이다. 이러한 전용 옹관의 출현 배경에 대해 백제의 영향을 받은 것이라거나, 영산강 유역에서 추가장이 이루어지는 과정에서 시신의 훼손을 방지하기 위해 대형 일상 용기를 옹관으로 쓰기 시작했다는 주장이 있다.

그러나 같은 옹관을 사용하였다고 하더라도 부장품 등 후장 풍습이 있는 영산강 유역과 달리, 백제 지역에서는 그러한 모습이 보이지 않고 있어 백제의 영향보다 영산강 상류 지역에 위치한 신창동식 옹관이 발전되면서 나타난 것이라고 이해하는 것이 타당하다고 본다. 아울러 시신의 훼손을 막기 위해 옹관을 사용했다는 주장 역시 영산강 유역에서 후장으로 나타난 복장제에 대한 이해가 충분치 않은 데서 나온 것이라 본다. 지석묘나 옹관묘는 사람의 시신을 바로 매장하는 것이 아니라 1차장을 한 후 유골만을 추려 장사를 치른 복장임을 알려주는 것이다. 옹관이 복장의 형태로 사용된 것은 대만 등 동남아 여러 지역에서도 확인되고 있을 뿐 아니라, 시신이 들어가기에는 크기가 작은 독이 관으로 사용되는 경우를 통해 옹관이 복장 즉 세골장으로 사용되었다고 보는 것이 타당하다.

게다가 영산강 유역의 옹관이 남방 계통의 난생 설화와도 깊은 관련이 있는데다 그곳에서 많은 부장품들이 출토되고 있어 후장 형태로 발전한 고분 양식이라고 살피는 것이 온당하다고 본다. 영산강 유역의 옹관묘에서 보이는 후장성(厚葬性)은 백제 고분에서는 보이지 않은 이 지역만의 독특한 특질이라는 동신대 이정호 교수의 견해도 있지만, 곧 유력 연맹장이 다른 사회 구성원들과 차별화를 시도하는 과정에서 이러한 고분을 적극 조영하려 하지 않았을까 하는 생각이 든다.

여하튼 영산강 유역의 옹관은 남방 사회에서 유행하였던 복장이 후장의 형태로 자리 잡은 대표적인 사례라 하겠다. 이러한 복장이 이 지역에서 소, 말의 순장과 함께 이루어졌다는 것은 그만큼 후장이 강조되었다는 것을 알 수 있다. 이것은 이 지역이 농경사회의 전통인 조상 숭배 사상이 뿌리 깊이 형성되어 있는 것을 말해줌과 동시에 이 지역에 세력가들이 적지 않게 존재하였음을 짐작케 한다. 곧 옹관을 통한 복장은 어디까지나 연맹장과 버금가는 세력가들에게나 해당되는 것이었다. 이를테면 나주 오량동 도요지에서 제작된 옹관을 이용하기 위해 소용되는 막대한 비용을 일반 백성들은 쉽게 부담할 수 없었을 것이다. 나주 정촌리 고분에서 복장을 행하는 주체가 그 지역의 연맹장일 가능성이 높다는 것도 이러한 추측을 하게 한다.『수서(隋書)』고구려전의 "귀인은 3년간 밖에서 빈을 하고 서민들은 날짜를 점 쳐서 매장한다."는 기록을 통해서도 복장이 신분이 높은 세력가에게 해당되는 장제였다는 것을 알 수 있다.

초분(草墳)

복장이 농경 사회의 주요한 장제 의식으로 기능하고 있었기 때문에 점차 일반 서민들에까지 확산되어 갔다. 최근까지도 전남 지역 도서에 남아 있었던 초분의 존재가 주목된다. 1944년 작고하신 저자의 조부 또한 복장을 한 것으로 보이는데 초분은 한반도 남부인 경남, 전남지방에서 60여 년 전까지도 흔하게 볼 수 있었던 장제였다. 영암 내동리 고분이 있는 곳을 '초분골'이라고 부르는 것처럼, 남해안 여러 지역에 '초분골'이라는 지명들이 보인다. 말하자면 과거에 이곳에서 초분이 많이 행해졌다고 하는 사실을 알려주는 것이라 생각된다.

초분은 흔히 시체를 땅 위에 그냥 놓아둔 후 그 위에 풀을 덮어 무덤의 모양을 만든 것으로 위쪽에는 풀을 종횡으로 펼쳐놓고 노끈이나 풀

초분(일제강점기 나주 지역)7)

로 엮어 봉분을 만들어 노끈머리는 땅위에 정을 박아 두르고 큰 돌로
눌러 무덤을 완성하는 것이다. 이처럼 풀로 덮는다 하여 '草墳' 또는 처
음 무덤을 쓰기 때문에 '初墳'이라고 부르는데 1년 내지 3년이 지나 새
로운 관에 유골을 담아 다른 곳에 매장하기 때문에 '복장'의 형태로 살
필 수 있다. 초분은 풀로만 만드는 것이 아니라 어청도에서처럼 시체를
가마니에 싸서 지면에 놓거나 나로도에서처럼 밑에 돌담을 쌓고 그 위
에 관을 놓고 다시 짚으로 덮는 경우도 있다.

특히 나주 지역에서는 시체를 나무에 세워 매어 놓거나 나무 위에 얹
어 놓았다고 얘기가 전하고 있는 것으로 보아 영산강 유역에서도 이러
한 전통이 있었던 것은 분명하다. 다만, 나주 지역처럼 나무 위에 올려
놓은 것을 가지고 '풍장(風葬)'이라고 착각할 수도 있으나 전혀 다르다.

7) 하림패웅(河林貝雄), 『南方文化の檢討』, 1940: 이광규, 「초도(草島)의 草墳」(『민족
   문화연구』3, 1969.)에서 재인용

초분은 임시로 장사를 치른 다음 본장을 하지만, 풍장은 그대로 영영 방치하여 놓는다는 점에서 차이가 있는 것이다. 나무 위에 유체를 걸쳐 놓은 다음 복장을 하는 나주 지역의 초분 사례는 옹관을 이용하는 복장과 비교하여 비용이 거의 들지 않았기 때문에 일반 서민들이 선호하였던 장제 풍습으로 기능하였던 것은 아닐까 추측되고 있다.

우리나라의 복장은 옥저의 경우처럼 지하에 1차적으로 매장한 다음 꺼내 본장을 하는 경우는 극히 일부이고 나주처럼 대부분 지상에 안치하여 세골장을 겸하고 있는 것이 특징인데, 이는 남방계의 영향을 받은 것이다. 이러한 복장제가 영산강 유역을 포함한 전라도 지역에 뿌리내린 것은 영산강을 통해 남방의 농경문화 유입과 함께 이 지역에 형성된 조상 숭배 사상이 결합된 것과 관련이 깊다고 하겠다. 진도 씻김굿처럼 망자의 모형을 만들고 물로 씻기는 행위 또한 이 지역의 복장제의 또 다른 모습이라 하겠다.

5. 고대문화의 원형, 마한 문화

영산강식 석실 원형, 옥야리 방대형 고분

영산 지중해와 외래문화 수용

영암군에는 내동리 고분군 (전라남도 기념물 83호), 옥야리 고분군 (전라남도 문화재자료 140호), 신연리 고분군(전라남도 문화재자료

139호), 자라봉 고분 등 49개 군(群), 187기에 달하는 옹관묘가 집중적으로 분포되어 있어 가히 '옹관묘의 고장'이라 일컬을 만하다. 특히 삼포천 수계에 속한 내동리·신연리·옥야리를 중심으로 무려 25개 群, 100여 기의 옹관묘가 모여 있는 시종 지역은 고분의 크기나 숫자를 통해 적어도 4~5세기에 걸쳐 마한의 대국 수준에 해당하는 정치체가 있었을 것이라는 생각을 갖게 한다. 말하자면 이 가운데 상촌 19기, 신산 5기, 서촌 1기, 장동 3기 등 여러 마을에 총 28기가 분포되어 있는 옥야리 지역 고분군을 항공사진으로 보면 마치 경주 대릉원에 온 느낌이다. 이와 같이 밀집된 무수히 많은 대형 고분들은 이곳이 과거 마한세력의 중심지였음을 말해준다. 특히 내동리 1호분(속칭 쌍고분)에서 2019년 7월 출토된 영락(瓔珞)과 2020년 4월 출토된 금동관 가지를 통해 이 금동관이 1917년 신촌리 9호분에서 출토된 금동관과 동일한 것임이 확인되면서 이 대형 고분들이 시종과 반남 지역에 형성되어 있는 '내비리국'이라고 불리는 마한의 대국과 관련이 있음을 웅변해주고 있다.

이 가운데 옥야리 고분군에서 동남쪽으로 800여 m 떨어진 남북 방향의 구릉 능선에 마을 사람들이 '동산'이라고 불렀던 방대형 고분이 있다. 분구 규모가 길이 30m, 너비 26.3m, 높이 3.3m의 대형 방대형 고분인 이른바 장동 1호분인데, 규모뿐만 아니라 단독으로 존재하여 일찍부터 관심을 끌었다. 국립 나주문화재연구소가 2009년부터 2011년까지 두 차례나 발굴조사를 하여 분구 중심부에서 석실묘 1기, 분구의 사면을 따라 석곽묘 1기, 옹관묘 4기, 목관묘 1기, 매납 유구 1기를 확

원통형 토기(옥야리 방대형 고분)

인하였다. 매장 시설 및 주구 내부에서는 철갑편, 철부, 철도자 등의 금속류와 고배, 장경호, 유공광구소호 등의 토기류 등 186점의 중요 유물이 출토되었고, 주구 내부에서는 분구 정상부에 둘려져 있을 것으로 추정되는 독특한 형태의 원통형 토기도 다량 출토되어 고대 장송 의례를 복원할 수 있는 계기도 만들어졌다. 그리고 2013년에 다시 세 번째 발굴조사를 통해 고분의 축조 양식 기법까지 확인되었다.

이 결과, 고분의 구조가 이른바 '영산강식 석실'의 원형을 형성하고 있다는 점에서 관심을 끌었다. 옹관 일색의 영산강 유역의 고분 형태에 석실이 새롭게 등장하고 있는데 장동 고분이 그 시작을 알리고 있는 셈이었다. 말하자면 4세기 중엽에 조성된 장동 고분의 석실분이 5세기 중엽에 조성된 나주 다시면 가흥리 고분, 복암리 정촌고분을 거쳐 '아파트형 고분'으로 유명한 복암리 3호분 석실분으로 이어지고 있는 것이다. 그런데 이 석실분의 원래 모습이 백제보다는 왜 및 가야 계통과 관련된 것이라는데 의견이 모아지고 있다. 말하자면 외래문화를 주체적으로 수용하는 모습을 보여주고 있다.

더구나 장동 고분에서 토괴(흙덩이)를 활용하여 정연하게 구획하여 고분을 축조한 지망상의 분할 성토 방식과 함께 독특한 특징을 가진 원통형 토기 등 주변과의 교류 양상을 파악할 수 있는 자료들이 다수 나왔다. 이러한 특징들을 영산지중해의 중심지로써의 옥야리 지역의 역사적 위치와 결합시키면 새로운 해석도 가능하지 않을까 한다.

옥야리 고분군과 불과 1km도 채 떨어져 있지 않은 삼포천 하류에 '남해포'라 불리는 유명한 포구가 있다. 이 포구는 1970년대까지도 목포에서 이곳을 종점으로 하여 여객선이 다녔고, 둑 건설 후에도 내수면 어업의 중요한 기능을 담당할 정도로 해상교통의 요지였다. 거란의 침공을 피해 이곳으로 피난을 온 고려 현종 임금이 남해포의 해신을 위해 사당을 설치하였다는 전설이 남아 있고, 조선시대에 선박들의 안전을 기원하기 위해 '남해신사'의 제사 비용을 국가에서 부담하였다는 사실 등을 살필 때, 이곳이 고려·조선 훨씬 이전부터 해상 무역의 중심지를 형성하였을 가능성이 높다.

영산강 입구에 위치한 '남해포'는 지리적 여건상 외래문화 유입의 중요한 통로 역할을 하며, '다시들' 지역의 경제적 번성을 이끌었던 '회진포'와 더불어 마한 시기 시종, 반남 지역의 영광을 일구는데 중요한 역할을 하였음에 분명하다.

남해신사와 해신제

　20여 년 전 목포대 박물관이 이곳 '남해신사' 터를 발굴했을 때 확인된 구석기 시대의 유물들이 지금도 논밭 여기저기서 출토되고 있는 것을 보면, 선사시대부터 사람들이 집단을 이루었을 가능성이 높다. 특히 영산강과 삼포천을 사이에 두고 비옥한 충적 평야가 형성된 이곳은 가장 빨리 도작이 시작된 다시들 가흥리, 엄청난 벼 껍질 압착층이 확인되고 있는 광주 신창동 유적과 더불어 영산강 유역의 대표적인 곡창 지대였다. 따라서 옥야리 일대의 마한 대국이 거점 항구인 남해포를 중심으로 이루어진 중개무역에다 배후의 풍부한 농업생산력을 바탕으로 영산지중해의 중심지가 되었던 것은 당연한 것이었다. 이러한 당시의 모습을 옥야리 방대형 고분은 어렴풋이나마 보여주고 있는 셈이다.

옥야리 방대형 고분은 이제껏 출토 유물을 통해 당시를 이해하려 하였던 기존의 인식과는 달리 4~6세기의 한국과 일본의 고분 축조 기술을 비교함으로써 당시의 상황을 이해하는 중요한 근거를 제공해주고 있다. 이를테면 창녕 교동, 김해 대성동과 양동리 등 가야 지역 고분에서는 확인되지만 영산강 유역에서는 나타나지 않았던 분구를 축조할 때 나무 기둥을 세워 석실 벽을 축조한 양식과 역시 가야 지역에서 흔한 토괴(土塊 흙덩이)를 이용하여 방사선상 및 동심원상으로 구획한 후에 성토를 하는 지망(蜘網 거미줄) 형태의 분할성토 방식 등이 옥야리 방대형 고분에서는 확인되었다.

가야 고분 축조에서 주로 사용된 분할 성토 방식은 방대형 분구의 중심을 기준으로 회색 점토를 사용해 세로 방향으로 약 10등분하고, 가로 방향으로 2~3개 정도 연결한 후 그 사이를 적색 사질 점토와 회색 점토를 엇갈려 쌓은 방식을 말하는 데 옥야리 고분처럼 한 변의 길이가 30m, 높이 4m가 넘는 큰 방대형 고분을 축조하기 위해서는 거미줄 형태의 분할 성토(分割盛土)가 필요하였던 것이다. 이처럼 토괴를 고분에 활용하는 방식은 풍부한 강수량과 잦은 태풍과 홍수 등 자연 재해가 빈번하게 발생하는 남부지역에서는 자연스럽게 나타났을 것이다.

이와 같이 옥야리 방대형 고분 축조에서 나타난 분구 성토 방식은 기존의 영산강유역 분구 성토와는 다른 양상을 띠고 있다는 점에서 주목된다. 일반적으로 영산강 유역 고분의 분구 성토는 신촌리 9호분, 복암

옥야리 방대형고분 토괴

리 3호분처럼 분구 외연에 단면 삼각형의 둑을 둘러쌓고 이 내부를 메워 나가는 방식으로 서일본 공법과 유사한 제방형 성토방식으로 알려져 왔다. 하지만 옥야리 방대형 고분은 기본적으로 토괴라는 구획재를 사용해 분구 평면을 구획하고 공간을 구분한 후에 성토가 이루어지는 것으로 가야 지역에서 흔히 나타나는 분할 성토 방식을 취하고 있는 것이다. 특히 구획한 공간에, 고분 주변에 도랑(周溝 주구)을 만들면서 파낸 흙으로 단단하게 결구하면서 쌓아 올리는 방식은 당시로서는 획기적이고 선진화된 기술이었다. 옥야리 고분의 분구 축조 시 분할 성토 등은 가야 양식을 채용한 것 같으나 세부적 성토 방식에서는 가야 지역과 다른 독자적인 특성을 띠고 있는 것을 알 수 있다. 말하자면 외래문화를 능동적으로 받아들이며 독자적인 문화로 녹여내고 있는 이 지역 문화의 특성을 알 수 있겠다.

그런데 분할 성토할 때 방사상 모양으로 구획을 하는 축조 방식은 영산강 유역의 나주 가흥리 신흥 고분과 나주 장동리 고분, 가야 지역의 창녕 교동 고분, 신라 지역의 대구 달성 성하리 고분 등에서는 많이 보이나, 백제 지역에서는 잘 보이지 않는다. 반면, 일본의 고분들에서는 방사상 대신에 동심원 모양으로 구획을 하여 성토를 하고 있어 한반도와 차이가 있다. 이러한 토괴 축조시기를 보면, 영산강 유역에서는 4세기~5세기 중엽, 가야 지역에서는 5세기 후반~6세기 전반, 일본에서는 6세기 중엽~후엽이 중심을 이루고 있어 영산강 유역에서 이러한 토괴 축조 기술이 먼저 발달하였음을 살필 수 있다.

그런데 영암 옥야리 방대형고분에서는 방사상 구획선과 동심원상 구획선이 결합된 방식이 나타나고 있는 것이다. 말하자면 옥야리 고분은 한반도와 왜의 두 지역의 특성이 함께 보이고 있는 것이라 하겠다. 이를테면 두 요소를 접목시켜 새로운 고분 축조 문화로 만들어냈다. 옥야리 고분에서 나타난 새로운 토괴 축조 양식이 영산강 유역에서는 5세기 중엽, 가야 지역에서는 5세기 후반~6세기 전반, 일본에서는 6세기 중엽으로 점차 확산되고 있음을 확인할 수 있다. 말하자면 조사된 토괴 축조 방법을 통해 남해포라는 국제 무역항을 둔 시종 지역이 가야·왜와의 교류 중심지로 기능하며 고유의 새로운 문화적 특질을 창조해내고 있었다고 하는 사실을 확인할 수 있겠다.

토괴 구조를 통해 확인되는 마한 정체성

분구를 축조할 때 나무 기둥을 세워 석실 벽을 축조한 양식과 토괴를 이용하여 방사선상 및 동심원상으로 구획한 후에 성토를 하는 거미줄 형태의 분할 성토 방식이 영산강 유역에서는 유독 옥야리 방대형 고분에서 보인다. 이처럼 토괴를 고분에 활용하는 방식은 풍부한 강수량과 잦은 태풍과 홍수 등 자연 재해가 빈번하게 발생하는 남부 지역에서 불가피하였을 것이다. 여하튼 토괴를 방사상, 또는 동심원상으로 구획하여 성토를 하는 데서 한 걸음 더 나아가 방사선상과 동심원상을 결합시켜 고분을 축조하는 방식은 보다 발전된 토괴 활용 방식이라 하겠다.

옥야리 고분에서는 기존 영산강 유역의 다른 고분들에서 사용한 일반 성토재 대신 점성이 강한 재료를 분구 축조 과정에서 많이 사용하였다. 또한, 봉분의 구축 묘광 형태와 경사진 묘도부(墓道部) 등 봉분 구조를 보면, 영산강 유역보다는 오히려 창녕 교동 3호분과 대구 성하리 고분 등 가야나 신라 양식과 비슷하다. 또한 대부분 영산강 유역 고분들에서 3세기부터 7세기에 걸쳐 목관묘, 옹관묘, 석축묘 등 다양한 묘제들이 지속적으로 조영되고 있는데 반해, 옥야리 방대형 고분과 복암리 인근 가흥리 신흥 고분만은 분구 중앙에 수혈계 횡구식 석실묘가 단독으로 축조되고 주변부에 옹관묘가 매장되는 양식을 보여주는 등 특이함이 나타나고 있다. 옥야리 방대형 고분은 신흥 고분과 다른 면도 있다. 가령, 옥야리 고분에서는 목곽이 없는 구조였지만, 신흥리 고분은 목곽이 시설되어 있는 등 차이가 있다.

이처럼 봉분 내부 구조만 놓고 보면 옥야리 방대형 고분은 전통적인 영산강식 양식에서 벗어나 있는 느낌을 준다. 이러한 까닭은 영산지중해 입구에 위치한 영암 시종 지역이 남해포라는 국제 무역항을 중심으로 백제-서남해안-가야-왜를 연결하는 중요한 중간 거점 역할을 하는 곳에 있었던 것과 관련이 있다고 생각된다. 말하자면 교역의 중심지에 위치한 탓으로 주변의 다양한 문화들이 남해포 일대를 중심으로 자연스럽게 교류를 하였을 가능성이 높다. 실제 옥야리 방대형고분 출토유물 가운데, 영산강 토기의 전형을 형성한 유공광구소호도 왜의 수에키 계통과 연관이 있는 것처럼 보이고, 통형 고배는 아라가야가 위치한 함안 지역 고배와 관련이 깊고, 장경호와 세승문 단경호 또한 가야 계통이라고 한다. 이렇게 보면 고분 축조 양식이 왜, 가야 양식과 비슷한 측면이 보이는 것은 당연해 보인다.

그러나 출토 유물 가운데 구연을 막은 단경호를 관외 부장하는 전통은 영산강 유역 옹관묘의 대표적인 특징에 속하고, 영산강식 토기의 전형인 조족문이 시문된 단경호와 횡치소성된 단경호도 부장품으로 함께 나온 것을 보면 전통적인 토착성이 강고하게 형성되어 있다고 생각된다. 역시 출토 원통형 토기 또한 왜의 하니와와 형태상 유사한 것으로 보이지만 저부가 있다는 점에서 기존 영산강 유역을 대표하는 호형 원통형 토기의 범주에 포함시킬 수 있고, 제작 기법도 토착 세력의 기술로 만들어졌다는 의견을 고려할 때 재지적 특징이 높다고 할 수 있겠다. 나아가 옥야리 방대형 고분이 왜, 가야와 밀접한 관련을 맺으며 영산강 유역에서 처음으로 석실분으로 조영된 형식을 받아들였지만 석실을 받아들인 후에도 옹관묘와 목관묘 등 전통 묘제가 같이 병행되고 있는 것도 토착적 전통을 견지하고 있다는 살필 수 있는 주요한 근거라고 할 수 있다.

결국 가야나 왜 등 외부 문화의 물적 증거들이 옥야리 고분 등 영산강 유역에서 많이 보이고 있다고 하지만 그것은 어디까지나 토착적인 문화 요소들이 외부 문화에 의하여 완전히 대체되는 양상으로 나타나지 않고 오히려 한층 새롭게 발전된 상태로 진행되고 있는 모습을 보여주고 있다는 점에서 주목된다. 이는 영암 시종을 중심으로 형성된 영산강 유역의 토착문화가 외부 문화와의 교류를 통해 독자적인 문화 특성을 유지하고 발전시킬 수 있는 능력을 가지고 있음을 말해준다. 이와 관련하여 영산강 유역에서는 매우 드물게 분구와 함께 조성된 횡구식 석실묘가 벽석을 쌓는 방식이 조잡하고 정형화되지 않은 양상을 보이고 있는 데, 이는 영산강 유역에서 거대 분구의 매장 주체부로 석실이 처음 도입되었을 때의 특징을 보여주는 것이라 하겠다. 말하자면 가야나 왜의 영향을 받으면서도 독자적 특성을 지닌 거대 분구를 자체적으로 조영했던 것이다.

이와 같이 옥야리 방대형 고분과 같이 거대 고분을 조영한 시종 지역의 정치 세력들은 고유문화를 토대로 외래문화를 새롭게 녹여 영산지중해의 독자적인 정체성이 드러난 문화요소를 확립하는 역량을 지녔다. 말하자면 영산 지중해의 국제 무역항인 남해포를 통해 유입된 새로운 문화요소가 일찍이 비옥한 농업생산력을 바탕으로 배후에 형성된 시종천 중심의 토착 문화와 결합하면서 이 지역만의 고유한 특성을 지닌 정체성이 확립되었던 것이 아닌가 한다. 이와 같이 시종 지역에 새로운 문화가 형성되는 것을 가지고 5세기에 들어 고대 영산강 유역의 주도권이 시종 지역에서 반남 지역으로 넘어가게 되자, 475년 고구려의 남진으로 백제가 웅진으로 천도하는 대외적인 상황을 이용하여 주도권을 빼앗긴 시종 지역 세력이 새로운 돌파구를 찾으려는 과정에서 나온 것이라고 해석하는 사람들도 있는데, 이 논리는 기본적으로 영산강 유역이 4세기 후반 백제의 영향 아래 있었다는 논리를 전제로 하기 때문에 받아들일 수 없다. 더욱이 이 주장은, 영산지중해를 중심으로 이 지역에 독창적인 문화가 형성되는 과정을 이해하지 못한 데서 나왔다고 할 수밖에 없다.

시종천을 경계로 작은 연맹을 각기 형성하였던 시종과 반남 지역의 정치체들은 3세기 후반 시종 세력이 반남 지역으로 통합되면서 '내비리국'이라는 마한 남부연맹의 대국이 성립되었다. 그런데 두 세력의 힘이 비슷하기 때문에 통합이 중앙집권 단계에까지 나아가지 못하고, 정치 세력들의 독자적 힘을 인정하는 느슨한 단계의 통합에 머무를 수밖에 없었다. 다만, 같은 연맹체 구성원임에도 불구하고, 옥야리 고분이 석실분을 일찍이 받아들인 반면 신촌리 고분은 늦게까지 옹관고분을 고집하였던 까닭은 영산지중해의 입구에 위치한 시종의 옥야리 방대형고분 피장자가 새로운 문화 수용에 보다 개방적이었다면, 내륙에 위치한 반남 지역 신촌리 9호분 피장자는 토착적인 대형 옹관묘의 전통을 끝까지 고집하는 등 소극적이었던 것과 밀접한 관련이 있었던 것은 아닐까 한다.

영산지중해 마한 상징 '玉'

마한을 상징하는 옥

많은 연구자들이 출토 토기의 특징을 분석하여 마한 사회의 모습을 찾으려 하였다. 대표적인 생활용품인 토기는 가장 많이 출토되는 부장품의 하나이기 때문이다. 하지만 출토 유물은 토기뿐만 아니라 구슬(玉)·마구·무기류·생활도구 등 종류가 셀 수 없을 정도로 많고, 심지어 구슬(玉)은 고분에 따라 토기보다 훨씬 많이 출토되기도 한다. 그럼에도 불구하고 토기에 관심이 집중되었을 뿐 玉과 같은 다른 유물들은 소홀히 취급하였다.

마한 관련 발굴 보고서를 검토하다 보면 '玉(구슬)'이 대부분 고분 또는 일반 주거지 유적에서 적지 않게 출토되고 있음을 알게 된다. 영암 시종 옥야리·신연리·내동리 등 영산강 유역의 모든 고분에서 玉이 대량 확인되고 있다. 최근 금동신발이 출토되어 많은 사람들을 깜짝 놀라게 한 복암리 정촌 고분의 한 석실에서는 무려 1,117점이나 되는 엄청난 양의 구슬이 출토되었다. 마한의 핵심지인 영산지중해를 중심으로 구슬이 대거 발굴되고 있음을 짐작할 수 있다. 보성강 중류 지역에 위치한 보성 석평 유적에서도 구슬과 다량의 수정이 출토되었는데, 수정을

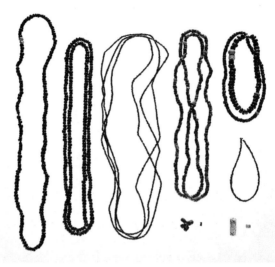

각종 구슬(신촌리 9호분)

가공한 공장유구까지 발견되고 있다. 따라서 마한 지역에 '옥'이 광범
위하게 분포되어 있음을 살필 수 있다. 곧 '玉'이 마한 지역 문화 형성에
어떤 형태로든지 관련이 있음을 생각하게 한다. 다음의 기록은 이러한
궁금함에 명쾌한 해답을 던져 주고 있다.

『삼국지』위지 동이전 한전에 "(그 나라 사람들은) 구슬을 재보(財
寶)로 삼아 옷에 매달아 장식을 하거나 목이나 귀에 매달지만, 금·은과
비단·자수는 보배로 여기지 않는다(以纓珠爲財寶 或以綴衣爲飾 或以懸
頸垂耳 不以金銀繡爲珍)"라는 기사가 그것이다. 이 기사는 '韓' 지역 사
람들은 구슬을 보물로 여겨 옷에 매달아 장식을 하거나 목걸이, 귀걸이
로 이용하고, 金銀 비단·자수는 귀하게 여기지 않는다는 유명한 사료이
다. 여기서 말한 '韓'을 대체로 '삼한'으로 해석하여 삼한 사회를 설명하

는 것으로 해석하기도 한다. 그런데 같은 내용이 『진서(晉書)』 열전의 '마한'조에 나와 있는 것으로 보아 삼한 중에서도 '마한' 지역의 사실을 반영한 것이라 생각된다. 말하자면 영산강 유역은 물론 보성강 유역에서 많은 '옥'의 출토는 이러한 마한인들이 玉을 유독 귀하게 여겼다는 역사적 사실을 반영하는 것이라 하겠다.

마한인들이 玉을 옷에 부착하거나 목걸이·귀걸이 하는 데 즐겨 했다는 것은 당시 복식의 특징을 살필 수 있게 한다. 다른 한편으로는 장식의 의미를 넘어 계급이나 지위를 나타내는 상징물로 이용되어 당시 사회의 정치·경제적 문화 양상을 반영해주고 있다고도 생각된다.

玉은 우리나라에서는 신석기시대부터 확인된다. 옥은 구슬, 관옥(管玉 대롱옥), 곡옥(曲玉), 다면옥 등 여러 형태로 분류되고 있다. 구슬은 유리제로 된 환옥형과 관옥형이 있고, 색상은 크게 초록색과 파랑색 계열로 구분된다. 관옥과 곡옥은 대부분 조합 관계를 보이며 확인되고 있다.

마한 사회에서 금·은보다 더욱 진귀한 보물로 여겨졌던 구슬이 영산 지중해를 중심으로 대량 발견되고 있다. 옥이 진귀한 보물이라면 그것을 구하는 것이 쉽지 않았을 것이다. 그것을 착용하거나 패용한 사람은 그곳 왕국의 국왕 내지는 그와 버금가는 존재임에 분명하다. 정촌 고분 1호 석실에서만 무려 1,117점이나 옥이 출토되었다는 것은 그 고분의 주인공이 적어도 그 지역 연맹체의 장이라고 하는 사실을 생각하게 한다. 금동신발과 함께 고분의 주인공의 지위를 살피는 데 많은 시사점을 던져 준다.

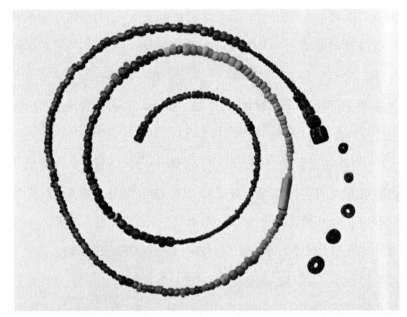

옥(정촌고분)

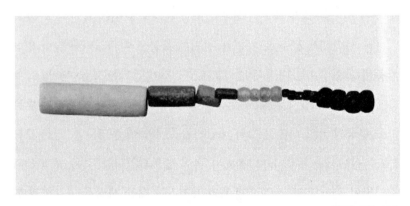

대롱옥(정촌고분)

마한 문화의 발상지, 영산 지중해

전남 지역에서 대량 출토되고 있는 玉들이 중국에서 수입된 것으로
이해하는 경우가 많았다. 심지어 대표적인 '옥'에 속하는 '곡옥'이 일본
에서 유입되었다는 주장도 있다. 이 논리를 발전시켜 한반도 남부 마한
지역에서 곡옥과 같은 옥이 많이 출토되는 것은 이 지역이 과거 임나일
본부 관할 지역임을 입증해주는 것이라는 일본 학자의 주장이 그것이
다. 그러나 국내 학자들은 '곡옥'을 마한과 왜의 문화 교류 측면에서 이
해하려 하고 있다. 한반도에서 만들어진 반월형, 魚形 곡옥이 일본 열
도에 영향을 주고, 그 영향을 받아 성립된 왜의 두첨형(頭尖形), 원두어
형(圓頭魚形) 곡옥이 다시 한반도에 영향을 주었다는 것이다. 대표적인
'옥'인 '관옥(管玉 대롱옥)'도 마한 지역에서 많이 출토되고 있는 것과
연결 지어 보면 마한이 玉 생산·전파의 중심지였을 가능성을 말해주는
것이다. 대표적인 '옥'인 '관옥(管玉 대롱옥)'도 마한 지역에서 출토되고
있다. 관옥 제작은 청동기 이래 철기시대까지 이어져 내려오는 전통이
었다. 부여 합송리 유적에서 출토된 관옥은 우리나라에서 많이 쓰였던
벽옥제 대롱구슬을 본 따 제작한 것이다.

玉이 출토된 분묘들이 백제 영역에서는 충남 미호천 일대, 차령 이남
의 마한의 대부분 지역 특히 영산강 유역에 집중적으로 분포되어 있다.
마한의 대표적 묘제인 분구묘에서 玉이 많이 출토되고 있다. 영암 옥야
리 고분의 6호 석실에서 관옥 구슬 331점, 14호 석실에서 관옥 및 조옥
구슬 327점, 나주 복암리 3호분의 3호 석실에서 관옥 구슬 95점·구슬

108점, 96호 석실에서 관옥 구슬 460점이 확인되었다. 또 다른 마한의 토광묘에서도 상당한 양의 玉이 출토되고 있다. 영암 만수리 4호분의 3호, 7호 석실에서 각각 구슬이 86점, 76점이 나오고 있다. 현재 확인되고 있는 玉 유물 3/4 분량이 마한 분묘에서 출토된 것이다.

백제 계통의 석실분이 많이 분포되어 있는 금강 중류 지역에는 玉 유물이 거의 확인되지 않고 있다. 유물이 도굴되지 않은 채 온전히 남아 있는 공주지역 고분에서 玉 유물이 한 점도 확인되지 않고 있다. 다만, 같은 금강 수계의 하류 지역에 위치한 석실분에서는 상대적으로 많은 玉이 출토되고 있다. 백제의 중심부와 가까운 곳은 마한의 玉 부장 전통이 거의 남아 있지 않은 반면, 백제의 변경이라고 할 수 있는 금강 하류 지역에는 그 전통이 남아 있음을 짐작할 수 있다. 결국 차령산맥 이남을 경계로 한 凡마한계는 玉을 중시하고 그것을 부장품으로 하는 전통이 있었다.

한편 신촌리 9호분의 한 석실분에서 무려 2,700여 점의 玉 유물이 확인되고, 정촌 고분의 한 석실에서 1,117점의 玉이 출토되는 등 특정 고분에서 엄청난 옥 관련 유물이 확인되었다. 정촌·복암리·신촌리·옥야리 고분 등 玉 유물이 많이 출토된 고분은 대체로 규모가 큰 왕릉급이거나 금동왕관 및 금동신발 등이 나왔다는 공통점이 있다. 피장자의 신분이 그 지역 연맹장일 가능성이 높다. 玉 유물의 여러 특징을 분석하면 당시 정치적 상황을 살필 수 있다.

청동기 시대의 벽옥제 대롱구슬을 본 딴 유리제 대롱구슬은 우리나라 이외의 다른 지역에서는 별로 찾아지지 않는다. 영암 망산에서 출토된 玉 제품이 청동기 시대로 편년되고 있다. 유리제 대롱구슬이 중국의 영향과 무관하게 이 지역에서 자체 제작되었음을 짐작하게 한다. 푸른색 대롱옥 유물은 마한 지역에서 생산된 고유의 구슬 제품이었다. 이 구슬이 마한지역에서 많이 출토되고 있는 것은 이 때문이라 하겠다. 대롱옥이 마한을 대표하는 장신구였던 셈이다.

금강 유역에서 출토되는 구슬들은 곡옥·조옥 등이 대부분을 차지한다. 영산강 유역에서 주로 출토되는 대롱옥·금박 구슬 등은 확인되지 않고 있다. 마한을 대표하는 대롱옥이 금강 유역에서는 발견되지 않고 있는 것이다. 영산강 유역의 분구묘에서는 적어도 1점 혹은 2점의 대롱옥이 대부분 유구에서 확인되고 있다. 대롱옥과 유리구슬의 조합은 이 지역의 일반적인 현상이었다. 같은 마한 영역이라 하더라도 영암과 나주, 무안 지역 등 영산 지중해 일대에서 유난히 많이 출토되고 있다. 영암 옥야리·신연리 고분군, 나주 복암리 3호분 등에서 출토된 대롱옥들이 이러한 사실을 잘 말해주고 있다.

마한을 대표하는 대롱옥이 영산 지중해 일대에서 집중적으로 확인되고 있는 것은 이곳이 마한문화의 발상지라는 사실을 분명히 해주는 것이라 하겠다. 마한 역사의 중심지가 영산 지중해 지역임을 말해준다. 마한 세력이 백제에 밀리어 영산강 유역에 터전을 잡았다는 주장을 저자가 받아들이지 않은 까닭이다.

일본 큐슈의 요시노가리(吉野ヶ里) 유적에서 나온 여러 개의 푸른색 유리 대롱구슬은 한반도로부터 전해진 문물로 간주되고 있다. 영산 지중해를 통해 마한의 대롱옥 문화가 일찍 왜로 건너갔다고 보는 것이 순

리이겠다. 이와 비슷한 대롱옥이 중국에서도 발견되었다고 한다. 이를 가지고 중국에서 제작된 대롱옥이 마한을 거쳐 일본으로 건너간 것으로 이해하기도 한다. 대롱옥이 영산 지중해의 마한을 대표하는 고유의 장신구임이 분명하다 할 때, 마한에서 중국으로 건너간 것으로 보는 것이 타당하다고 생각된다. 대롱옥을 통해, 당시 한·중·일 3국의 문화 교류 현상을 살필 수 있다.

그런데 출토된 옥들을 보면 그 색상이 적색계 또는 감청색계가 대부분을 차지하고 있다. 지역에 따라 유리구슬의 색상의 차이가 나타나는 것은 당연하다. 그것은 색상이 각 지역의 기호를 반영한 것이기 때문이다. 따라서 색상을 통해 정치적 특징을 찾아볼 수 있다. 영산강 유역 분구묘에서 확인된 유리구슬을 보면 영암 신연리 9호분처럼 적색계 유리구슬은 전혀 보이지 않고 감청색계와 녹색계 유리구슬 일색이다. 금동관이 출토된 신촌리 고분의 4,000점이 넘는 옥 대부분이 감청색과 녹색계를 이루고 있다. 영산지중해 일대는 주로 감청색 계통을 선호하였다는 것을 알 수 있다. 곧 시종과 반남 지역이 같은 문화권이라는 사실을 말해주는 것이라 생각된다. 시종천을 중심으로 시종·반남 지역 정치체가 하나로 결합하여 '내비리국'이라는 연맹왕국을 형성한 역사적 사실이 구슬의 색상을 통해서도 살필 수 있다고 믿어진다.

그런데 적색계 유리구슬이 출토된 유구에서는 감청색계 유리구슬이 어느 정도 확인되나 감청색계 유리구슬이 확인된 유구에서는 적색계 유리구슬이 한 점도 확인되지 않고 있어 적색계 유리구슬에 대한 배타적 성격이 강하다는 의견도 있다. 하지만 이를 배타적으로 해석하기보다는 그들 고유의 정체성을 간직하고 있는 것으로 이해하는 것이 보다 타당하다 하겠다. 백제의 묘제인 토광묘와 석실묘에서 일부 감청색계가 주류를 이루고 있다하여 영산지중해 일대에서 감청색계통의 구슬이 출토된 사실을 백제의 영향력이 확대되는 것으로 연결시켜 보기도 한다. 신촌리 고분은 석실분이 아닌 옹관묘라는 점에서 이러한 주장이 옳지 않음을 쉽게 알 수 있겠다.

불교 수용과 마한

불교를 일찍 수용한 영산지중해 마한

통일신라 말 교종 중심의 불교계에 새롭게 도전하고 있는 선종 계통의 종파들이 전남 지역에서 많이 일어났고, 고려 시대 수선결사 및 백련결사와 같은 불교 개혁 운동 또한 이 지역에서 일어났다. 전남 지역은 항상 기존 관념에 얽매이지 않고 변화를 새롭게 모색하고 있었다고 하겠다.

이는 아마도 고유성에 바탕을 둔 개방성을 지닌 영산지중해 지역 문화의 특질과 무관하지 않다고 생각한다. 특히 이 지역에 유난히 많이 남아 있는 마라난타 창건 설화는, 백제에 불교를 처음 전해주었다고 알려져 있는 인도 승려 마라난타가 영산 지중해 일대에서 포교 활동을 하였던 사실을 말하여주는 것은 아닌가 하는 생각이 든다. 곧 백제가 아닌 마한 지역에서 먼저 포교를 시작한 셈이다.

백제가 불교를 공인한 것은 침류왕 즉위하던 384년의 일이었다. 당시 사정은 『삼국사기』의 "(침류왕 원년) 9월에 胡僧 마라난타가 진나라로부터 이르니, 왕이 궁중으로 맞아들여 예우하고 공경하였으므로, 불교가 이때부터 시작되었다"라는 기록에서 알 수 있다. 특히 승려 각훈이 쓴 『해동고승전』에 이때의 사정이 상세히 기술되어 있다.

> "백제 14대 침류왕이 즉위한 원년 9월에 마라난타가 진나라에서 들어왔다. 왕은 교외에까지 나가 그를 맞이하였으며, 궁중에 모시고 공경히 받들어 공양하면서 설법을 들었다. 윗사람들이 좋아하니 아랫사람들도 교화되어 불사를 크게 일으켜 함께 칭찬하고 받들어 행하였다.
> 이에 불법의 전파는 마치 파발을 두어 명을 전하는 것 같이 빨랐다. 왕 2년 봄에 한산에 절을 창건하고 승려 10명을 출가시키니 왕이 법사를 존경했기 때문이다. 이로 말미암아 백제는 고구려 다음으로 불교를 일으켰으니, 거슬러 계산하면 마등이 후한에 들어온 지 280여 년이 되는 셈이다."

그동안 이들 기록에 따라 불교를 공인한 384년을 중심으로 백제 초전 불교의 성격을 이해하려 하였다. 그렇지만 384년 이전에 백제를 비롯하여 마한 지역에 이미 불교가 전파되어 있었다고 생각된다. 중국 후한에 불교가 들어온 것이 AD 67년경으로 중국과 비교적 교류가 활발하였던 당시 불교가 전래되지 않았다는 것은 상상하기 어렵다.

실제 한강변 뚝섬에서 출토된 건무4년(338) 명문이 있는 금동불좌상이 출토된 사실은 그 무렵에 이미 불교가 전래되었다는 것을 알려준다. 역시 나주 불회사에서 1791년 3월 22일 쓰여진 '나한전 상량문'에 "동

불회사 대웅전 전경

진황제 혁황제가 즉위하던 해인 정묘년 태화 원년에 희연조사가 처음 창건하였다"라는 기록은 주목되어도 좋다.

정묘년은 367년으로 태화 2년의 착오로 보이는데, 384년 이전에 이미 영산 지중해 중심지에 사찰이 세워졌다는 것이다. 비록 희연조사의 개창 사실은 또 다른 기록인 '창녕조씨 오룡사적기'의 "백제의 초조 난타존자가 처음 개창한 것이 서로 전해진다. 신라 중엽 희연조사가 다시 중창하였다"는 기록과 달라 혼란스러우나 중요한 것은 367년에 이미 사찰이 세워졌다는 사실이다.

또 다른 불회사 대법당 중건 상량문에는 "최초 창건주 마라난타 존자는 백제의 초조이고 삼한의 고승이다. 교학이 뛰어난 인물이니 그를 버

리고 어디 가서 찾을 수 있겠는가? 연대는 동진 태화 원년이다. 제2창
건주는 희연조사이다"라고 하여 마라난타를 창건주라 하여 '나한전 상
량문'과 달리하고 있다. 이를테면 창건주에 대해서는 마라난타와 희연
조사가 혼돈되어 있으나 시기는 태화연간으로 백제 불교 공인 이전임
은 분명하다.

이와 같이 불회사의 기록은 384년 이전에 사찰이 창건되고 있음을
말해준다. 이를 뚝섬 출토 불상과 연결 지어 보면 384년 이전에 이미 불
교가 마한 땅에 들어와 있음은 확실하다. 이와 관련하여 "호승 마라난
타가 진에서 마한으로 왔다"(강남 담양 법운산 옥천사 사적)는 기록은
이러한 사정을 충분히 설명해 준다. 마라난타가 진에서 백제로 들어오
지 않고 마한으로 왔다는 것은, 마라난타가 백제가 아닌 마한으로 왔음
을 말해준다. 말하자면 마라난타가 384년 백제 한성에 올라가기 전에
먼저 마한 땅에 들어와 포교 활동을 하였다는 사실을 말해주는 것이라
생각된다.

1741년 진사 이만석이 쓴 영광 '불갑사 고적'에 불갑사 초창에 관해
"불법이 동쪽으로 온 이래 비로소 가람의 건축이 있었은 즉, 최초의 경
영은 신라·백제의 초기인 한·위의 사이에 있었을 것으로 생각된다. 나
는 새가 허공을 지나듯이 과거의 일이 다 없어 과연 어느 해에 누가 전
했는지 알지 못한다"라고 하여 기술하고 있다. 또한 불갑사에 전해 오
는 고기록인 '불갑사중수권시문(佛甲寺重修權施文)'에도 불갑사 노승
이 법당의 서까래를 고칠 때 상량을 보니 '정원 원년 개조'라는 글이 있
다는 것을 전하고 있다. 정원 원년 785년에 불갑사를 중수했다는 기록

으로 보아 적어도 그 이전에 불갑사가 있는 곳에 사찰이 있었음은 분명해 보인다.

이렇게 볼 때 이만석이 말한 '한(漢)·위(魏)' 사이에 사찰이 세워졌다는 것은 어느 정도 신빙할 수 있지 않을까 한다. 이를 나주 불회사를 희연조사가 367년 창건했다는 것과 연결 지어 보면 어쩌면 4세기 중엽 이미 불교가 영산지중해 일대에 전파되어 있음은 분명하다.

이처럼 마라난타가 마한에 먼저 들어왔다고 할 때 마한 어느 지역으로 들어왔을까? 당시 백제 또는 마한은 이미 3세기 후반부터 중국과 치열한 외교전을 전개하고 있었다고 하는 것은 침미다례를 포함한 마한 남부연맹 국가들이 중국을 찾아갔다고 하는 사실과 "무제 태강 원년(280)과 2년(281)에 그 主가 자주 사신을 보내 방물을 바쳤다. 7년과 8년, 10년에도 자주 이르렀다. 태희 원년(290)에 동이교위인 하감에게 와서 헌상하였다"라는 진서(晉書) 동이 열전 마한전의 기록에서 충분히 알 수 있다.

게다가 경제적 교류도 비교적 활발하였다는 것은 군곡리 패총, 수문포 패총 등 침미다례와 내비리국 연맹왕국 영역 안의 유적에서 발굴된 복골 등의 존재를 통해 알 수 있다. 이들이 중국과 왕래하였을 때는 서해를 횡단하는 항로를 이용하였을 가능성이 높다. 그리고 그 중심은 당연히 영산지중해 연안의 항구였을 것이다.

영산지중해에는 왕인박사가 일본으로 떠났다고 하는 상대포를 비롯하여 패총유적이 남아 있는 수문포, 그리고 회진포 등 역사적으로 유명한 항구들이 많다. 특히 나주 회진포는 지금도 토성의 흔적이 남아 있는 것으로 보면 그곳은 일찍이 큰 항구가 형성되어 있었다고 생각된다. 창건 연대 시기가 가장 앞선 불회사가 영산지중해 지역과 근접한 곳에 있다는 점도 불교가 영산지중해를 통해 유입되었을 가능성을 한층 높여준다.

한편 마라난타가 불교를 초전 했다고 하는 사실을 어떻게 이해해야 할까? 살핀 대로 마라난타가 들어오기 전에 이미 불교가 영산지중해 일대에 전래되어 알려져 있었을 가능성이 높다. 그러한 기반위에 마라난타가 와서 불회사, 불갑사 등을 세우며 적극적인 포교 활동에 나섰고, 백제 서울 한성에까지 올라가 백제 불교 공인에 결정적 영향을 끼쳤다고 보아야 하지 않을까 한다. 결국 마한, 즉 백제의 불교는 한강 유역이 아니라 남쪽의 영산강 유역을 통해 들어왔을 가능성이 크다. 이것은 영산지중해 지역 연맹체가 새로운 사상의 수용에 포용적이었다는 것을 말해준다.

조선 후기 정부나 유학자들의 불교계에 대한 태도가 변한다. 임진왜란 때 불교계 공헌을 인정한 것으로, 불교 정책이 배제에서 포용으로 변화되었다. 18세기 이후 승려들이 호적에 등재되고 사유재산이 인정되면서 후학들을 양성하고 불사를 이어가려는 분위기가 눈에 띠게 나타났다. 이 무렵 전란으로 불탄 건물 등 유적을 복원하려는 노력과 각 사찰의 역사를 기록한 사적기가 간행된다. 불회사나 불갑사의 사적기도 이때 작성됐다. 사적기를 간행할 때 그동안 관리된 문적 또는 새롭게 채록한 내용들을 토대로 하였기 때문에 그 내용 자체가 전혀 허구라고 말할 수 없다.

불회사 주지인 철인스님에 따르면, 마라난타가 창건한 사찰로 불회사를 비롯해 영광 불갑사, 담양 용흥사, 군산 불주사, 서울 대성사 등이 있다고 전해지고 있다 한다. 이 다섯 사찰은 전남에서 마라난타가 한성으로 올라간 길목에 분포돼 있는 것을 알 수 있다.

침류왕 원년(384)에 인도 승려 마라난타가 동진을 거쳐 백제에 들어와 불교가 공인됐다는 것은 『삼국사기』, 『해동고승전』 등 사서에 있어 사실로 받아들여지고 있다. 그러나 불교사 권위자인 김두진 국민대 명예교수가 지적한 바 있지만, 마라난타 입국 이전에 이미 영산강 유역 및 영광 일대를 비롯해 마한 여러 곳에 초전 불교가 유입됐을 가능성이 크다. 따라서 마라난타가 불교를 처음 전래하였다는 일부의 이해는 바로 잡아야 한다.

불갑사 사적기 등에는 384년 마라난타가 동진에서 칠산 바다를 거쳐 법성포항에 상륙해 불갑사를 최초 창건했고 '법성(法聖)'이라는 말도 이때 생겼다고 한다. 마라난타가 사적기처럼 법성포를 통해 입국한 후 서해안을 따라 한성으로 올라갔을 경우와, 백제 수도와 가까운 당항포 쪽 항구에 도착한 다음 한강을 거슬러 올라와 한산주에 이른 경우 등을 상정해 볼 수 있다는 의견을 제시한 불교사학자 김복순 교수는, 384년 7월에 동진에 들어간 사신들과 함께 9월에 귀국한 마라난타가 법성포를 거쳐 한성으로 들어갔기 때문에 불갑사와 불회사를 창건한 후 한성으로 갔다는 내용은 잘못된 것이라고 했다. 이는 이병도의 주장을 따른 것이지만 백제 사신들이 7월에 들어갔다가 9월에 들어왔다는 것은 시간상으로 도저히 불가능하다.

마라난타가가 진에서 마한으로 들어왔다는 기록을 참고할 때, 오히려 미리 입국해 포교활동을 하다 한성으로 올라갔다고 보는 것이 순리이겠다. 말하자면 백제 침류왕 초청이 아니라 마한 연맹왕국의 초청으로 들어왔다고 여겨진다. 마라난타가 영광으로 입국했는지는 의문이라는 김두진 교수 의견도 있지만, 저자는 법성포보다는 영산지중해 포구를 통해 들어왔을 가능성이 훨씬 높다고 본다. 물론 법성포 이전에 '아무포(阿無浦)', '부용포(芙蓉浦)'라는 불교 관련 명칭이 사용된 것을 보면 이 지역이 불교 유입과 깊은 인연이 있음은 분명해 보인다. 중국, 왜, 가야 등 외국 상인들이 많이 왕래하였던 국제 무역항들이 즐비한 영산지중해를 통해 불교사상이 자연스럽게 유입됐을 것이라 생각하는 것이 보다 합리적이라 생각한다.

특히 호승 마라난타가 마한으로 들어왔다고 하는 기록 또한 내비리국과 같은 영산지중해의 연맹왕국들이 세력을 떨치고 있던 곳으로 입국했음을 의미하는 것이라 하겠다. 이때 불교의 특징이 해상을 통해 유입된 남방불교적 성격이라는 점도 가능성을 높여준다. 법성포는 불갑사를 세운 마라난타가 한성으로 왕래할 때 이용한 항구였을 가능성이 높아 보인다.

연맹왕국의 왕권 강화와 불교 수용

곡성군 동리산 길상암 나한전 중수기에 "이 절은 서진 혜황제(263-307) 때 당승 원명법사가 와서 창건했다"라고 적혀 있다. 영조 5년(1729)

에 작성된 같은 곡성 지역 관음사의 '관음사사적'에 백제 분서왕 3년 (300) 성덕보살이 낙안포에서 금동관세음보살상을 모셔다가 절을 지었다는 창건 설화도 있다. 이처럼 4세기 전후한 시기, 즉 서진에서 동진으로 넘어가는 때에 곡성 지역에 불교 초전과 관련된 이야기들이 전승되고 있는 까닭이 궁금하다.

3세기 말 침미다례 등 마한 남부연맹 왕국들이 대규모 사절단을 서진에 파견한 사실이 있었다. 목지국이 백제에 멸망한 후 마한 연맹체의 주도권을 둘러싸고 남부연맹과 북부 연맹 세력들이 치열한 외교전을 벌인 결과였다. 이를 계기로 영산지중해 지역을 중심으로 마한 남부연맹체와 중국의 교류가 확대되었다고 여겨진다. 이 무렵 서진이 선비족의 공격을 받자 많은 중국인들이 개방성이 높은 마한 땅으로 이주를 서둘렀을 것이라 생각된다.

이 과정에서 불교가 영산지중해 일대에 자연스럽게 유입되었다고 본다. 이때 불교의 성격에서 4세기 중국 남조 불교의 특성들이 보이고 있는 것은 이 때문이다.

강조했지만, 영산지중해의 연맹 왕국들이 독자적인 고유성을 견지하면서 외래문화를 포용하려는 특질을 지녔다는 것은 이 지역에서 출토된 여러 부장품 등에서 확인할 수 있다. 이러한 분위기가 새로운 사상인 불교가 유입되는 환경을 만들었을 법하다. 실제 마한 지역에 처음 들어온 불교는, 원래 노장사상과 결합하며 불경을 이해하려는 중국 남조의 격의불교의 성격이 강했기 때문에 토착 문화와 마찰이 적었을 법하다.

『삼국지』 위지 동이전 한전(韓傳)에 "여러 나라에 각기 별읍이 있는데 이를 소도라 하고, 큰 나무를 세워 방울을 달고 귀신을 섬기듯 한다. 소도의 풍속이 마치 '부도(浮屠부처)'와 같다"고 한 것은 무불융합(巫佛融合)적인 초기 불교의 모습을 연상하게 한다. 다른 고을과 달리『신증동국여지승람』영광군조에만 '풍속으로 귀신을 믿는다(俗信鬼)'라는 기록이 유독 보이는데 이는 토착적 전통이 그만큼 강했다고 여겨진다. 이들이 무·불융합적인 불교 사상을 통해 차츰 불교를 믿게 됐다고 할 수 있다. 이를테면 포용적인 지역성과 무불융합적인 불교 사상이 결합돼는 모습을 확인할 수 있다.

그렇지만 이것만으로는 초전 불교가 영산지중해를 중심으로 전남에서 나타난 까닭을 설명하기는 부족하다. 각훈의 해동고승전 마라난타전에 "유민(流民)들은 거스르는 성질이 많아 왕명에 복종하지 않기도 하며 나라의 법령에 따르지도 않는다. 그러나 들어보지 못했던 일을 듣고, 보지 못했던 일을 보았을 때는 지금까지 잘못된 것을 고쳐 善으로 옮기고 眞을 닦아 내면으로 향하니 이것은 때를 잘 따른 때문이다"라는 기록이 관심을 끈다.

이 기록이 마라난타가 국내에 있을 때의 일이라면 4세기 후반 마한에서 활동할 무렵으로 마한의 모습을 유추해 볼 수 있다. 마라난타 불교 특징이 계행 강조에 있음을 알 수 있는데, 당시 동진은 계율을 엄히 지킨 사람들을 존중하는 분위기였다. 그가 마한사람들이 왕명을 잘 따르지 않는다 한 것은 국왕 중심의 결속력이 미흡했던 모습을 설명한 것이라 여겨진다. 실제 마한 남부연맹 사회는 백제 중심의 북부 연맹에 비해 연맹 간 세력 차이가 크지 않아 분립성이 강해 상대적으로 결속력이 미약했다.

따라서 신촌리 9호분 금동관처럼, 왕권을 강화하려는 연맹왕국 국왕들에게 통합 사상을 강조하는 마라난타 불교 사상이 관심을 끌었을 법하다. 통합과 질서를 강조하는 남조 불교 사상의 특징은 마라난타가 입국하기 전 초전 불교 사상에 나타나 있다. 따라서 연맹왕국들은 불교 유입에 긍정적이고 사찰 건립 등을 후원했을 가능성이 높다. 침류왕이 불교를 수용하려 하자 "윗사람들이 좋아하니 아랫사람들도 교화돼 불사를 크게 일으켜 함께 칭찬하고 받들어 행하였다.

불법의 전파는 마치 파발을 두어 명을 전하는 것 같이 빨랐다. 왕 2년 봄에 한산에 절을 창건하고 승려 10명을 출가시키니 왕이 법사를 존경했기 때문이다"라는 『삼국사기』 기록은 영산지중해를 중심으로 한 마한 사회의 모습을 상상하게 한다. 이러한 까닭으로 전남에 초전 불교의 흔적들이 많이 남아있게 됐다고 여겨진다.

한편, 불교의 사상적 특질을 이해한 침류왕은 영산 지중해에서 포교 활동을 하던 마라난타를 초빙해 적극적인 불교 정책을 추진했다고 생각된다. 말하자면 당시 백제 사회는 비록 근초고왕 때 영토 확장 등 국력을 신장시키는 노력이 있었지만 계속되는 초고왕계와 고이왕계 간의 갈등 등을 수습하는 작업이 무엇보다 시급하였다. 침류왕이 불교를 수용하려는 현실적인 이유라 하겠다.

4장

마한 남부연맹과 백제

4장

마한 남부연맹과 백제

1. 영산강 유역 정치세력과 전반후원형고분

영산 지중해 마한과 왜의 교류

2013년 (사)왕인박사현창협회의 도움으로 오사카 부립 치카츠아스카(近つ飛鳥) 박물관을 찾은 적이 있다. 일본 고대문화 발달에 영향을 준 마한인의 발자취를 찾기 위함이었다. 우리에게 일본의 세계적 건축가 안도타다오가 설계한 것으로 더 알려져 있는 이 박물관은, 인근에 있는 '大王墓'라고 불리는 거대한 전방후원분(前方後圓墳)들이 밀집되어 있는 百舌鳥·古市고분군에 자리 잡고 있다. 길이가 486m에 달하는 거대한 대선릉(大仙陵)을 보며 과연 고분이 맞을까? 라는 의구심이 들 정도로 그 규모에 놀라지 않을 수 없었다.

이를 보며 규모는 광주 월계동, 해남 반도 등 영산강 유역에 이와 유사한 고분이 있는 이유는 무엇일까? 저자의 뇌리를 맴돌던 화두였다.

혹 두 지역의 문물 교류는 물론 정치세력의 실체를 파악하는 실마리가 될 수 있지 않을까 하는 생각이 들었다.

백제가 고대 일본의 문화 발달에 도움을 주었다는 사실은 한국 역사 교과서에 실려 있을 정도로 통설이다. 현재 일본의 한 신궁에 보관된 '칠지도'가 4세기 후반 백제와 일본의 관계를 보여주는 중요한 근거의 하나인 것처럼, 고대 일본과 백제는 문물 교류가 활발히 이루어졌다고 당연하게 여겨졌다.

그러나 일본에서 출토된 많은 한반도계 유물들을 분석한 박천수는, 3세기부터 5세기까지 일본열도와 한반도의 교류의 중심은 가야이고, 백제와의 교류는 6세기 초를 전후하여 본격적으로 이루어졌다는 새로운 주장을 하였다. 저자 역시 백제와 왜의 관계가 기존 이해처럼 매우 긴밀하였다고는 생각되지 않는다. 마한 남부연맹을 이끌었던 '침미다례'와 '내비리국' 등이 반도 서남부를 장악하고 있는 상황에서 백제가 서남해 연안항로를 통해 왜와 자유롭게 교류를 하는 것은 불가능하였을 것이다. 이를테면 그동안 인식되고 있었던 백제와 왜의 관계를 다른 관점에서 살펴야 하지 않을까 한다. 4세기 후반에 전남 남해안 일대가 백제의 지배에 들어갔다는 기존 인식과 달리 5세기까지도 이 지역 연맹왕국들이 마한 남부연맹을 형성하며 독립 세력을 형성하고 있었다는 점을 고려하면, 당시 한반도와 일본의 관계를 '백제와 왜'가 아닌 '마한 남부연맹체와 왜'로 바꾸어 생각해야 한다.

최근 일본에서 발굴·조사된 유적과 유물에서 영산강 유역과 관련된 것들이 많다는 것은 한, 일 양국 연구자들의 공통된 견해이다. 이를테면 니시신마치(西新町) 유적에서 출토된 토기들, 이른바 평행 타날문 토기를 비롯하여 이중구연호, 양이부호 등이 영산강식 토기였다. 물론 장란형 토기나 주구 토기처럼 또 다른 영산강 유역의 주요한 기종들은 출토되지 않고 있어, 당시 왜가 토기 기종을 선택적으로 받아들였을 가능성이 없지 않지만, 이 지역의 주요 토기들이 일본에서 출토되고 있는 것은 확실하다. 영산강 유역 토기 편년에 대해 학자들 간에 견해 차이가 있기는 하나 대체로 3세기 중엽~4세기 중엽이라는 데 의견의 일치를 보인다. 니시신마치 유적에서 출토된 부뚜막 역시 영산강 유역과 비슷한 장방형의 평면 형태를 띠고 있는 점도 주목할 만하다. 말(馬)뼈가 원형 그대로 출토된 시토미야키타 유적에서 발굴된 U자형 부뚜막 또한 전라도 영향을 받은 것이라 한다. 이처럼 近畿 지역에서 출토되는 한반도계 유물 가운데 영산강 유역과 관련이 깊은 유물들이 대부분을 차지하고 있어 영산강 유역 문화가 이 지역에 많은 영향을 주었음을 알게 한다.

반면 근기지역에서 백제 중심지 유물은 거의 출토되지 않은 점이 특이하다. 이는 당시 백제와 왜의 교류가 영산강 유역 연맹 왕국에 가로막혀 제대로 이루어지지 않았던 상황을 반영해주고 있는 것은 아닐까 한다.

한편, 영산강 유역에서 출토되는 유물들 가운데 왜계 요소가 적지 않게 보이고 있다. 국보 295호로 지정되어 더 유명해진 반남 신촌리 9호분에서 출토된 금동관은, 보주가 달린 3단의 가지 장식에서 가야계 요소와 더불어 왜계 요소도 있음을 알 수 있다. 같은 신촌리 9호분에서 출토된 원통형 토기인 '하니와' 또한 재지적인 특징을 보여주기는 하지만 왜의 영향을 받은 것은 분명하다.

이렇듯 영산강 유역에서 왜계 요소가 보이고, 일본에도 영산강 지역 문화 요소가 보이는 것은 두 지역의 교류가 활발하였음을 말해준다. 영산 지중해 연안의 남해만 일대에 아직도 남아 있는 수문포·당두포·배나루 등의 고대 지명을 통해 그곳 포구들이 과거 마한 연맹 왕국 시절 대외교역 중심지가 아니었을까 하는 생각이 든다.

고대 중국에서 사용되었던 점술인 '복골' 유물이 남해만의 수문 패총과 함께 해남 군곡리 패총, 광주 신창동 유적 등 영산강 유역 곳곳에서 출토되고 있다. 해남 군곡리가 낙랑과 가야를 연결하는 중개 무역 중심지였다면, 영산강 내해인 내동천 유역과 수문포 등 삼포강 유역의 여러 포구들이 영산강 뱃길로 영산강 중·상류 즉 광주 신창동 일대까지 연결해주는 관문 역할을 한 셈이다.

여하튼 4세기 후반 오사카 분지를 중심으로 야마토 왕권을 성립시켰던 왜 왕조와 영산강 유역의 내비리국 등이 인적, 물적 교류를 활발히 하고 있었음은 분명하다. 영암 상대포에서 출발했다는 왕인 박사 일행의 도왜(渡倭)도 이와 관련이 있을 것이다. 이처럼 영산강 유역의 연맹 왕국들은 주변국과 활발한 문물 교류를 통해 새로운 문화를 형성하고 있었다.

영산강 유역 전방후원형 고분의 성격

시종·반남 일대의 거대한 옹관고분은 교류를 통해 가야나 왜의 거대 고분의 실상을 알게 된 내비리국 등 영산강 유역의 재지 세력들이 그들의 세력을 과시하기 위해 조영한 것이었다. 실제 '大王墓'라 불리는 거대 전방후원분들이 밀집되어 있는 百舌鳥·古市 고분군이 있는 곳이 중국 대륙과 조선반도로부터 들어오는 입구인 오사카만과 정치 중심지인 나라 분지 사이에 있는 것으로 보아 외국 사신들에게 왜 왕조의 권위를 과시하기 위해 거대 고분을 축조했을 것이라는 의견이 있다.

영산강 유역의 연맹체들도 그들의 힘을 과시하기 위해 신촌리 9호분 같은 고총(高塚)의 옹관고분을 조영하였고, 일본의 거대 고총인 '전방후원분'에도 주목을 하였던 것은 아닌가 한다. 전방후원분, 즉 영산강 유역 장고분들이 倭와 유사한 측면도 엿보이지만 재지적인 성격이 강하게 드러나고 있어, 재지 세력들이 마냥 받아들이지 않고 그들의 입장에서 채용한 것이라는 생각이 든다.

한편, 광주 월계동 등 영산강 유역에서 장고분이 잇달아 발견되자 이 지역이 '임나일본부' 관할 아래 있었다는 과거 일본 학자들의 주장과 관련하여 일본에서 큰 관심을 가졌다. 반면, 한국 학자들은 '임나일본부'와 관련되는 것을 우려하여 전방후원분의 존재를 의도적으로 회피하거나 오히려 한반도에서 넘어간 것이라고 주장하기도 하였다. 이렇듯 전방후원분 문제는 한·일 양국 사이의 현재적 상황과 관련하여 뜨거운 감자가 되어 있는 셈이다.

그러나 전방후원분은 일본에서 3세기 후반에 나타나 6세기까지 유행하였던 고분이고, 영산강 유역의 전방후원형 고분도 그것과 유사한 측면도 적지 않다. 말하자면 영산강 유역의 전방후원형 고분의 출현은 어디까지나 두 지역의 문물 교류의 산물에서 비롯된 것이라고 생각하는 것이 타당하지 않을까 싶다. 그것을 조선 반도 정복설의 근거로 삼거나, 반대로 일본의 억측에 대한 피해 의식에서 역사적 실상과 동 떨어진 해석을 하는 것 모두 극복해야 할 과제이다.

전방후원분은 고분의 형태가 앞부분은 방형이고 뒷부분은 원형으로 조영되어 있어 붙여진 이름으로, 일본에서는 3세기 고분 시대에 출현한 이래 4세기 후반 오사카 지역을 중심으로 대형고분으로 발전하였다. 우리 지역에서 출토된 규모가 큰 해남 용두리 고분과 함평 장고산 고분은 길이가 각각 77m, 70m에 달해 마치 작은 동산을 연상할 정도이며, 현재 확인된 것만 14기로 영산강 유역 주변에 분포되어 있다.

5세기 후반을 전후한 시기에 조영되었을 것이라 추정되는 이 고분들의 조영 집단의 성격에 대해 일본이 파견한 왜인설, 백제가 파견한 왜인설, 일본으로 건너간 마한계 후예들 가운데 영산강 유역으로 망명한 귀향설, 재지 세력설 등 의견이 다양하다.

왜인 파견설은 영산강 유역과 왜 사이에 교역과 같은 역할을 수행하기 위해 왜인을 파견하였다는 것으로 영산지중해상의 남해만 일대 등 주요 항구가 밀집한 곳에 있지 않고 산발적으로 분산되어 있는 까닭이 설명되지 않는다.

백제가 파견한 왜인설은 웅진 천도 후에 영산강 유역에 대한 직접적인 장악력이 떨어지자 이 지역의 토착 세력을 견제하기 위해 파견되었던 왜계 백제 관료와 관련이 있다는 것이다. 왜계 백제 관료라면 당연히 영산지중해의 중심지에서 활동하였을 것임에도 불구하고 영산강 외곽지역에 단독분 위주로 산발적으로 조영된 점, 특히 영산강 유역 세력을 견제하기 위해서라면 핵심 지역을 방치한 채 외곽지역에 위치하였을까 라는 의문에 봉착한다.

마한계 귀향설은 원래 영산강 유역에 전방후원분과 대형 옹관묘를 축조한 세력이 있었는데 이 가운데 전자가 큐슈지역으로 이주했다가 귀향하며 조영한 것이라는 설명이다. 이 주장 또한 일본 현지에 이주한 마한인들이 전방후원분을 묘제로 채택한 흔적을 찾을 수 없고, 어떻게 이백 여 년 넘게 일본 사회에 동화되지 않은 채 귀향하였는가에 대한 의문이 남는다.

재지 수장설은 영산강 외곽 지역에 산재되어 있던 토착 세력들이 남하하는 백제의 압박을 이겨내기 위해 일본과 동맹을 맺는 과정에서 조영했다는 것이다. 이 설은 5세기 후반 특정 공간에 배치되었다는 점으로 볼 때 재지 토착세력과 관련성이 없고, 이 지역에서 대형 고분을 조영할 정치 세력의 역량도 없었다고 비판되고 있다.

결국 전방후원분의 피장자 성격을 밝히기 위해서는 이제와는 다른 관점에서 접근이 필요할 때가 아닌가 생각된다.

정치권력 강화와 전방 후원형 고분 조영

　방부가 높게 발달한 영산강 유역의 전방후원분은 원부에 비해 방부가 발달한 길이 400m이상의 거대 고분이 100여 기 이상이 조영되어 있는 오사카 남부의 古市古墳群과 百舌鳥古墳群에 있는 고분과 비슷한 특징을 갖고 있다. 영산강 유역 전방후원분이 近畿(긴끼) 지역 고분들과 유사한 형태를 보인다는 것은, 그곳에서 출토된 토기 등 유물들이 영산강 유역 계통이라는 점과 관련이 있다고 본다. 이를테면 두 지역의 활발한 교류의 산물이라 여겨진다. 신경철이 이미 4세기에 긴끼 지역에 진출한 영산강 유역 이주민들을 통해 전방후원분이 본국에 소개되었을 것이라는 의견을 피력한 바 있지만, 왜와 교류 과정에서 전방후원분이 연맹왕국의 수장의 무덤임을 알게 된 영산강 유역의 재지 세력들 가운데 일부가 이 묘제를 채택했을 가능성이 높다. 전방후원분은 대형 옹관 고분을 조영한 경험을 가진 영산강 유역의 재지 세력들이 채택한 것이라 하겠다.

　광주월계동의 전방후원분에서 출토되는 분주토기(하니와)들이 영산강 유역의 대형 옹관 고분인 신촌리 9호분에서도 출토되고 있고, 나주 복암리 대형 옹관 고분군에도 역시 월계동 전방후원분과 같은 형태의 석실이 조영되는 것으로 보아 전방후원분의 조영이 재지 토착세력과 관련이 있다고 생각된다. 영산강 유역의 전방후원분은 서현주의 언급처럼, 처음에는 1, 2기씩 분포하고 있었지만 점차 인근 지역에 대형 고분들이 조영되고 있어서 조영세력이 정주화, 재지화한 것으로 추정되는 점, 전방후원분의 분포 지역이 상당히 넓게 형성되어 있는 점에서 재지 세력들이 조영한 것으로 생각하는 것이 합리적이다. 더구나 대부분 전방후원형 고분이 영산강 유역을 크게 벗어나고 있지 않은 점도 영산강 유역의 연맹체의 수장들과 깊은 관련이 깊다고 여겨진다.

앞서 영산 지중해를 장악한 '내비리국'은 6세기에 백제에 편입될 때까지 강한 재지 토착성을 유지하며 커다란 왕국을 형성하였으며, 신촌리 9호분의 금동관은 그러한 힘을 반영한 것이라고 살핀 바 있다. 그리고 비슷한 규모의 대형 옹관고분들이 많이 분포하고 있는데서 여러 정치세력들이 내비리국을 중심으로 연맹체를 형성하고 있었을 가능성도 지적한 바 있다. 말하자면 이들은 왜와의 교류를 통해 알게 된 대형 고분인 전방후원분을 조영하면서 그들 힘을 과시하려 했지 않았을까 싶다.

이제껏 전방후원형 고분을 토착세력이 조영했다고 하는 것을 수긍하지 못한 연구자들의 주된 근거의 하나가 이러한 고분을 조영할 정치세력을 밝히지 못했기 때문이었다. 적어도 5세기까지 '침미다례', '내비리국' 중심의 강력한 마한 남부연맹체가 영산강 유역을 중심으로 형성되어 있었다는 점을 고려하면, 기존의 이해는 수정되어야 할 것이다.

결국 영산강유역의 전방후원형 고분은, 원분의 형태로는 거대 고분을 조영하는 데 한계가 있다는 것을 알고 있는 영산강 유역의 정치 세력들이 거대 고분 형태를 채택하면서 나타났다고 여겨진다. 그렇지만 외형적으로 왜와 비슷하다고 하나 독자적인 내부 석실 양식을 채택하고, 분주 토기 또한 재지적인 성격이 드러난 것을 사용하고 있는 것으로 볼 때 외래문화를 주체적으로 수용하고 있는 이 지역의 문화 역량을 이해할 수 있다.

일본의 전방후원분은 긴끼의 수에키 토기를 대부분 부장품으로 사용하지만, 영산강 유역의 부장 토기들은 영산강 유역산으로 일본 열도의 그것과 차이가 있다고 지적하였던 신경철이 영산강 유역의 전방후원분이 비록 일본의 것을 '모델'로 하였더라도 일본의 전방후원분의 '네트워크'에서 벗어나 독자 세계를 구축하였다라고 한 것은 지극히 당연하다. 따라서 전방후원분이 백제의 남진을 견제하기 위해 영산강 유역 정치세력들이 왜와 연합하는 과정에서 채택된 것이라는 일부의 주장은 임나일본부설을 주장하는 일본 학자들에게 이용되고 있기도 하거니와 전혀 설득력이 없다.

여하튼 거대한 전방후원분을 조영할 정도로 강력한 힘을 과시한 재지 세력들이 영산강 여러 곳에 있는 것이 확인된 셈이다. 이들이 비슷한 형태의 전방후원분을 조영한 것은 같은 마한 남부연맹체였다는 것을 반증해준다. 고분의 크기만 가지고 정치 세력의 규모를 언급하는 것이 부적절하다고 말하는 이도 있지만, 이와 같은 거대 고분을 조영했다는 것은 영산강 유역 정치체들의 강력한 힘의 반영임은 분명하다. 다만 그 전방후원분들의 규모가 비슷한 것은 이들 지역의 정치체들의 세력 차이가 크지 않음을 보여준다고 본다. 이처럼 비슷한 세력이 분산되어 있는 것은 강력한 중앙집권적인 정치체를 결성하는 데 한계로 작용했을 법하다.

요컨대 영산강 유역의 전방후원분은 이들 지역이 마한 남부연맹체를 오랫동안 유지하고 있었다는 중요한 증거임과 동시에 독자적 세력을 구축한 왕국이 영산강 유역을 중심으로 분산되어 중앙집권국가로 발전하는데 장애가 되고 있었다는 것을 알려준다.

◆ 장고분, 전방후원형 고분 어느 명칭이 타당할까?

영산강 유역에서 출토된 거대한 고분은 그 피장자의 성격은 물론 명칭을 둘러싸고도 논란이 많다. 가령 모양이 일본의 전방후원분과 흡사하기 때문에 '전방후원분'이라고 부르는 것이 옳다는 견해, 전방후원분은 일본의 야마토 정권의 정치체계를 상징하는 의미로도 사용하기 때문에 그 명칭을 쓰게 되면 영산강 유역과 왜 왕권이 관계가 있는 것으로 오해할 수 있기 때문에 '전방후원형 고분'이 옳다는 견해, 외형은 전방후원분과 비슷하지만 전혀 다른 것으로 '장고산'이라는 지명 및 장고와 닮았기 때문에 '장고분'으로 부르는 것이 타당하다는 견해가 그것이다.

월계동 고분 등에서 출토된 분주 토기 등이 왜에서 나온 '하니와'와 유사한 것으로 미루어 일본의 전방후원분하고 같은 성격으로 보는 것이 타당하다. 그렇지만 왜 왕권과 직접적으로 관련을 갖지 않은 채 독자성을 간직하고 있기 때문에 '전방후원형 고분'이라고 명명하는 것이 옳지 않을까 싶다. 최근 학계에서도 '전방후원형 고분'이라는 용어 사용이 보다 바람직스럽다는 의견이 많다.

2. 마한의 용맹한 표상(表象) 응준(鷹準)

복암리 1호 고분 피장자의 성격

다시들 복암리·정촌 고분들의 묘제 양식과 출토 유물들은 그곳의 토착 세력들이 오랫동안 강력한 연맹왕국을 형성하고 있었다는 사실을 알려주고 있다. 영산강식 석실과 함께 옹관이 함께 사용된 복암리 3호 고분은 영산강 유역의 옹관묘 조영 세력과 초기 횡혈식 석실 조영 집단이 같은 계통임을 보여준다. 이곳에서 출토된 '두힐' 등의 목간을 통해서, 그리고 이곳이 훗날 대방주 치소였다는 사실에서 다시들 일대가 영산강 중류 지역의 거점 지역임을 확인할 수 있다. 더구나 이곳 고분에서 금동신발이 출토되고 일본산 금송을 고분 조영에 이용한 것 역시 이러한 역사적 사실을 입증해주고 있다. 이 지역에서 행해진 빈장 및 소, 말의 순장과 같은 장제 의식 역시 이 지역 정치 세력의 강대한 힘을 느끼게 한다.

다시들 지역의 연맹 세력은 영산강 건너의 시종·반남 지역에 있었던 내비리국 등과 함께 마한 남부연맹의 핵심 정치체로서 상호 경쟁과 협조를 통해 발전을 거듭하여 갔다. 『진서(晉書)』 사이전 마한조의 "(마한인들은) 비록 싸우고 공격하는 일이 있더라도 서로 먼저 굴복하는 것을 소중히 여긴다."라는 구절은, 이러한 마한 남부연맹의 실상을 보여준다 하겠다. 이들이 영산강식 토기나 옹관묘, 영산강식 석실을 공유하며 문화적 동질감을 확립하여 갔던 것도 이와 관련이 있다. 말하자면 영산강 유역의 마한 남부연맹들은 왜, 가야, 백제, 심지어 신라 등과 교류를 통해 그들의 정체성을 새롭게 하였다. 흔히 이야기되고 있는 것처럼 백제의 정치적 지배는 물론이거니와 문화적으로도 예속되지 않았다.

복암리 3호분의 96호 석실이 최대 9구, 5호 석실은 4구, 6호 석실은 2구 이상, 7호 석실은 2구의 시신이 안치된 것으로 추정되고 있는데, 이처럼 한 석실 안에 2인 이상이 안치된 것은 영산강 유역의 다장 풍속과 관련이 있다. 6세기 후반 무렵으로 추정되는 7호 석실 경우도 착용품인 환두대도 등을 볼 때, 피장자 모두 남성이라 생각되어 같은 시기 부부 합장묘의 전통이 나타나는 백제 고분의 특성과 일치하지 않고 있다. 이러한 특성들은 이 지역이 백제의 전통을 받아들이지 않았음을 알려 준다.

이와 관련하여 발견되었을 때 이미 도굴되어 출토 유물도 적은 데다 아파트형 고분으로 유명한 인근 3호분에 밀려 소홀히 취급되었던 복암리 1호분이 주목된다. 다른 고분들이 방대형분 또는 방형분인 데 비해 1호분은 원형분이고 2호분과 56m나 떨어져 있는 등 복암리 2~4호분들과 별도로 조영되어 있다. 말하자면 다른 고분군의 외곽에 조영되어 있어 기존 묘역과 구분을 시도하고 있는 것처럼 보인다.

1호분은 단독장이라는 점에서 다장인 3호분과 차이가 있고, 봉분 규모 역시 직경 17m, 높이 4.4m로 복암리 고분 가운데 가장 소형급이긴 하나 단독분이라는 점을 고려하면 결코 작은 규모는 아니라 하겠다. 석실의 규모는 길이 8.6m로 3호분의 96호, 6호, 7호 석실을 제외하고는 가장 큰 편에 속한다. 이렇게 보면 규모 면에서 1호분은 이웃하는 여타

고분들보다 대형급이라 할 수 있다.

1호분은 석실의 조영 부분에서 복암리 3호분보다 현실로 들어가는 연도의 중간 부분에 판상석을 돌출시켜 문틀 시설에 배치하고 별도의 전실문을 두어 공간을 구분하는 등 3호분보다 늦은 시기로 이해되고 있다. 1호분보다 늦은 3호분 7호 석실에서 6세기 후반에서 7세기에 왜에서 유행한 규두대도가 출토되는 것으로 보아 1호분 조영 시점은 이 시기를 넘지 않으리라 생각된다. 왜와도 관계가 지속적으로 이루어지고 있었다는 사실을 짐작할 수 있다.

복암리 고분군에서 비교적 늦게 조영된 1호분의 조영 시기나 형식, 부장품 등에서 백제적 요소가 보이는 것을 가지고 백제의 지배를 받은 구체적 사례라고 주장하는 연구자들도 있다. 그렇지만 복암리 1호분 석실의 구조 중에서 문틀식 현실문, 장방형에 가까운 현실 평면, 양벽의 조임 흔적, 긴 연도부 등과 같은 특징들은 복암리 고분은 물론 대표적인 영산강식 고분 형태에 속한다.

하지만, 잘 정면된 판석을 사용한 석실 구조 및 단면 4각형의 석실 등은 사비 시대 초기 양식과 비슷하다. 특히 전실의 배치와 그 앞에서 이루어진 장례 행위는 같은 시기의 영산강권 뿐만 아니라 한반도 내에서 유례를 찾을 수 없는 복암리 1호분만의 독창적인 특징이다. 이렇게 보면 복암리 1호분은 영산강 유역에서 뿌리내린 복암리 전통 및 백제 그리고 왜 계통 묘제 등이 결합하여 조영된 것이라 하겠다. 복암리 1호분이 조영되던 6세기 후반 백제의 영역으로 편입되었다는 영산강 유역에서 백제의 중앙 묘제와는 다른 독특한 형태의 고분이 조영되고, 재지계 및 백제계, 왜계 등의 요소들이 복합적으로 나타난 부장품들이 출토되고 있는 것은 이 지역이 백제의 지배하에 들어갔다는 주장을 수긍할 수 없게 한다.

일부 연구자들은 근초고왕 때 영산강 유역이 백제의 영역이 되었다가 5세기에 이르러 백제의 힘이 미약해져 있는 틈을 이용하여 자치권을 부여받은, 이른바 간접 지배를 받게 되었다고 주장하기도 한다. 그러다가 성왕 대에 정비된 방-군-성의 지방 통치는 직접 지배를 받은 구체적인 모습이라는 것이다. 가령, 복암리 3호분의 여러 고분에서 발견되는 은제(은화) 관식이 백제의 6품 관원인 나솔에 장식하는 것이기 때문에 이 지역이 백제의 지방 통치 체제에 비로소 포함되었음을 의미한다는 것이다. 그러나 복암리 1호분과 비슷한 시기에 축조된 복암리 3호분 7호 석실에서는 은제관식이 아닌 금제 관식이 발견되었다. 금제관식이 백제의 중앙관료들이 사용했던 은제 관식과 다른 형태를 띠었기 때문에 은제 관식을 토대로 영산강 유역이 백제의 지방 체제에 편입되었다고 내렸던 결론은 재고해야 한다.

복암리 1호분 피장자의 신분은 복암리 3호분 5호, 16호 피장자들보다 위계가 높으나 7호 석실의 피장자와는 비슷한 위계가 아닌가 한다. 가령, 5호 석실에는 4명이 합장되었고, 16호 석실에는 소형화된 석실에도 불구하고 3명이 합장되었으나 7호 석실은 상대적으로 규모가 크지만 2명만이 석제두침을 하고 직장되어 있다. 이렇게 보면 단독장을 하고 있는 복암리 1호분 피장자의 신분이 다른 복암리 고분 피장자들보다 가장 우월한 위치에 있었다고 하겠다. 복암리 1호분의 피장자의 지위를 추정하는 데 있어 한반도에서 거의 유일하게 전실 앞에서 장례 의식이 행해진 제사 공간이 있었다는 사실도 주목해야 하지 않을까 한다. 이곳에서 백제의 다른 고분들에서 전혀 발굴되지 않은 녹유탁잔(綠釉托盞)이 출토되었는데, 이 탁잔이 일부러 깨져 있는 것으로 볼 때 분구 조영을 마무리하면서 의식을 행한 것으로 보인다. 이러한 것들은 복암리 1호분의 피장자의 지위가 다시들 지역의 연맹장 수준을 넘어 인근 마한 남부연맹 전체를 아우를 정도의 권력을 지닌 존재라는 생각을 갖게 한다. 말하자면 다시들 지역에 있는 연맹체의 구체적인 모습을 어느 정도 그려낼 수 있게 되었다고 생각한다.

응준 녹유탁잔 출토와 그 의미

복암리 1호 고분군에서 출토된 유물 가운데 녹유탁잔이 주목된다. 그것은 탁잔의 바닥에 묵서로 '鷹ㅇ'라는 글자가 적혀 있기 때문이다. 현재 전남대학교 박물관에 소장된 복암리 1호분 출토 녹유탁잔은 백제 영역에서 출토된 사례가 아홉에 불과할 정도로 희소한 토기이다. 녹유는 당시 아직 중국의 청자 단계에 이르지 못하고 그것을 모방하는 과정에서 생산된 것으로, 현재 녹유 제작과 관련된 단서가 발견된 곳은 부여 쌍북리 요지와 동남리 요지뿐이라 한다. 녹유 그릇이 왕실과 관련이 있는 최상위층 등의 제한적 수요를 위하여 소량으로만 생산되었기 때문이다. 이렇게 귀중한 녹유제품을 傳世하지 않고 부장품으로 사용한 사례는 복암리 1호분 피장자의 경우가 유일하다. 거기다 전실 앞의 제사 행위에 직접 사용된 토기를 깨뜨려 함께 부장해버리는 행위 또한, 거의 유일한 사례로 死者의 배타적 소유를 염원하는 행위라고 생각할 수 있다. 이는 1호분의 피장자 지위가 절대적인 존재였음을 짐작하게 한다.

복암리 1호분 출토 녹유탁잔은, 녹유를 시유한 유개잔과 잔 받침이 한 조를 이루고 있는데, 잔 뚜껑은 녹유가 많이 벗겨진 상태로 발견되었다. 잔 받침의 내면에는 1줄, 외면에는 2줄의 횡침선이 돌려져 있고, 바닥 외면에 2자(字)의 묵서 명문이 있다. 녹유의 박리가 심하여 분명하지는 않지만 위 글자는 '鷹'으로 추정되고, 아래 글자는 '人'변이 확인되고 있다. '鷹'자를 기준으로 살필 때, 기왕에 백제의 별칭이라고 이해된

녹유탁잔(복암리 1호분)

'응준'의 '鷹'자일 가능성이 높다고 최초 발굴 조사팀에서 살폈지만, 저자 또한 동감이다. 말하자면 복암리 1호분 피장자가 백제의 별칭이었다는 '응준'으로 불렸다는 것이다. 그렇다면 이것이 갖는 의미는 대단한 것이라 하지 않을 수 없다.

응준(鷹準)은 '매'와 '새매' 즉, 매의 총칭으로 사용된다. '용맹한 사람'이라는 뜻도 내포하고 있다. 이 단어를 보는 순간 『삼국지』 위지동이전 한전에 "마한의 사람됨은 몹시 씩씩하고 용맹스러웠다"라는 기록이 떠올랐다. 말하자면 당시 마한인들은 '응준(매)'처럼 용맹스러웠기 때문에, 그것이 동이전에 역사적 사실로 남아 후세에 알려주고 있는 것은 아닌가 하는 생각이 들었다. 또한 『진서』 사이전에도 "(마한 사람들은) 성질은 몹시 용맹스럽고 사납다"고 하여 마한인들의 용맹함을 거듭 강조하고 있다. 역시 같은 사이전 기록에 "나라 안에 役事가 있으면, 나이가 젊고 힘 있는 자들은 모두 등가죽을 큰 노끈으로 꿰어서 지팡이에 그 노끈을 매어 내두르게 하면서 종일토록 소리를 지르고 일을 하지만 조금도 아파하지 않는다. 그들은 활과 방패와 창을 잘 쓸 줄 안다"고 되어 있다. 이는 마한 사람들의 용맹함을 중국인들이 인식하였다는 대목이라 하겠다. 특히 '용맹스럽고 사납다'라는 부정적인 표현에서 중국과의 관계에서도 당당했던 강건한 전통을 마한인이 지녔음을 짐작할 수 있다.

이러한 모습은 『진서』 사이전 마한 조에 "풍속은 기강이 적고, 꿇어앉고 절하는 예법이 없다"거나, "어른과 어린이, 남자와 여자의 구별이 없다"라고 하여 마한에 대해 부정적으로 평가하고 있는데, 이 또한 마한이 중화질서에 편입되지 않고 독자적 연맹체를 유지하였기 때문이 아닌가 한다. 아울러 마한 남부연맹과 대립을 하였던 백제를 통해 마한에 대한 소식을 주로 들었기 때문에 부정적인 시각을 지녔을 가능성도 있다. 여하튼 일련의 이러한 중국 측 기록들은 마한의 강성함을 상징적으로 알려주는 것이다. 매의 의미를 지닌 '응준'이 명문으로 나타난 것은 이 때문이라 생각된다. '응준'이라는 칭호가 복암리 1호분 피장자에게 붙여진 것은, 그가 마한 연맹을 대표하는 존재라는 사실과 관련이 있지 않나 한다.

고려 후기에 서술된 이승휴의 『제왕운기』에 "후왕(백제 성왕을 지칭함) 혹은 남부여라고 부르거나 혹은 응준으로 부르며 신라와 싸웠다(後王或號南扶餘 或稱鷹準與羅鬪)"라고 한 기록이 있다. 이를, 조법종은 "백제의 별칭으로 '남부여', '응준', '라투'가 있었다"는 것으로 해석하였다. 그러나 '羅鬪'는 고유 명사가 아니라 '신라와 싸웠다'라는 동사로 살피는 것이 옳다. 따라서 "후왕 때 혹은 남부여, 혹은 응준이라고 불렀는데 신라와 싸웠다"라고 읽는 것이 설득력이 있다. 분명한 것은, 성왕 때 백제를 '남부여', 또는 '응준'으로 불렀다고 하는 사실을 『제왕운기』의 기록을 통해 알 수 있다. 백제 성왕이 동왕 16년에 사비로 천도하면서 '남부여'라고 국호를 바꾸었다는 사실은 『삼국사기』에 나와 있어 잘 알고 있다. 이처럼 백제가 '남부여'라고 국명을 바꾼 것은 백제 왕실이 부여족을 계승하였다고 하는 점을 분명히 하려는 의도에서 비롯된 것이다. 475년 한성을 고구려에게 빼앗긴 부여계 백제 왕실은, 494년 북부여가 고구려에 복속되자 그들의 정통성을 확립하는 과정에서 나온 것이라 하겠다.

마한 표상 '응준'과 백제

그렇다면 성왕 때 '남부여'와 함께 '응준'이라는 이름이 사용된 까닭은 무엇일까? 우선 응준이라는 명칭이 『제왕운기』에 '혹 남부여, 혹 응준'이라고 한 것을 보면, 남부여와 대등한 의미로 사용하였음을 알 수 있겠다. 이에 대해 조법종은 응준이라는 명칭이 '매'를 뜻하기 때문에, 신라를 닭을 뜻하는 '계림', 고구려를 늑대를 뜻하는 '맥·예맥'이라 칭하듯이 백제는 매를 뜻하는 '응준'을 별호라 사용하면서 나온 것이라고 살폈다. 이러한 해석은 그럴듯하나 그대로 받아들이기 어렵다. 백제는 국왕들이 사슴 사냥을 즐겨 하였다는 기록이 많이 나오고 있다. 이는 사슴을 주된 '희생(犧牲)'으로 여겼음을 알 수 있다. 부여에서 우연히 출토된 유명한 백제 금동대향로의 맨 윗 봉우리에 있는 사슴을 사냥하는 모습 또한 이러한 사실의 구체적인 증거라 할 수 있다. 말하자면 부여계를 대변하는 동물은 '매'가 아니라 '사슴'일 가능성이 크다. 이와 관련하여 시베리아 샤머니즘과 관련하여 매를 '신의 화신' 또는 최초 '샤만의 조상' 등으로 인식하는 관념이 마한 지역에 유포되었다는 견해는 시사적이다.

우리 민족의 원류에 해당하는 예맥족의 새, 사슴에 대한 신앙이 지역으로 분화되어 갔는데, 부여·고구려 등 한반도 북부와 만주 지역에는 사슴과 관련된 언급이 빈출되고 있다. 백제가 사슴을 희생으로 삼고 '부여' 명칭이 사슴을 나타내는 퉁구스어인 'buyu'와 같다는 점은 백제가 부여계통이 주류였다는 사실을 반영해주고 있는 것이라 하겠다. 반면 신라나 마한 남부연맹 등 한반도 남부 지역에는 진한·계림-닭, 마한-매 등 새와 관계있는 언급이 자주 나온다. '매'는 백제 계통이 아닌 마한 남부연맹을 상징하는 것이라고 보는 것이 설득력이 있다. 용맹함을 상징하는 '매'가 국호까지 '남부여'로 바꾸며 부여족 계승 의식을 강조하였던 백제의 상징이 될 수는 없을 것이다. 따라서 '매'가 백제의 별호라는 인식은 재검토해야 할 것이다. 말하자면 '매'는 백제 아닌 또 다른 집단을 대변하는 상징동물이라고 보는 것이 옳겠다.

응준의 실체를 밝혀줄 중요한 단서가 『삼국유사』의 황룡사 9층 목탑 건탑(建塔) 설화에 나와 있다. 이 탑은 백제의 유명한 건축가 아비지가 설계한 동양 최대의 목탑이었으나, 고려 무신 집권기 침입해온 몽고군의 방화로 소실되어 현재 주춧돌만 남아 있다. 이 탑은 불보사찰로 유명한 양산 통도사를 세우고 계율종을 열었던 자장대사가 선덕여왕에게 건의하여 세웠다고 한다. 자장의 꿈에 9층 탑을 세우면 이웃 아홉 나라를 진압할 수 있다고 신령이 게시하였다고 한다. 이에 따르면 1층 일본, 2층 중화, 3층 오월 4층 탁라 5층 응유(鷹遊) 6층 말갈 7층 丹國(란국-거란) 8층 女狄(여적) 9층 예맥 등 당시 동아시아 모든 나라가 포함되어 있으나, 선덕여왕 당시 신라에 계속 위협을 가하던 고구려, 백제의 이름이 없어 의아하게 여겨진다. 하지만 9층 예맥이 고구려라고 하면 나머지 5층의 응유가 백제에 해당하지 않을까 생각할 수 있다. 곧 응유가 응준과 같은 의미라고 할 수 있겠다. 응준이 백제의 별칭이라는 인식을 7세기 전반 선덕여왕 때까지 신라인들은 가지고 있었음을 알 수 있다.

그러면 왜 신라인들은 '백제'나 '남부여'라는 국명을 쓰지 않았을까 하는 의문이 든다. 이는 당시 백제 사회 내부에서 사슴을 상징으로 하며 '남부여'라고 국명을 바꾼 부여계통의 백제 왕실과 달리 '매'를 상징으로 하였던 또 다른 세력이 백제의 주류를 형성하였음을 말하는 것이 아닌가 생각한다. 곧 신라인이 언급한 응준은, 사슴을 상징으로 하며 '남부여'로 국호를 고치었던 부여계통의 백제 왕실을 가리키는 것이 아니라 '매'를 상징으로 생각하며 독자적인 세력을 키워갔던 세력, 곧 마한 남부연맹을 지칭하고 있는 것이 아닌가 생각하고 있다.

조법종은 '응유' 곧 '응준'은 부여계 유이민 세력을 대변하는 명칭과는 다른 계통이라고 살폈다. 그는 '응준'을 백제가 형성되기 이전의 정치체, 말하자면 삼한 사회의 문화적 특징으로 살펴 '伯濟'·'十濟'·'百濟'·'남부여'라는 국호를 사용한 부여계통성과 구분하는 의미로 살폈다. 말하자면 '응준'은 백제가 구체적 존재로 등장하기 이전 또는 다른 지역 세력 명칭을 뜻한다고 보았다. 이처럼 '응준'을 부여계통과는 다른 집단으로 파악한 것은 탁견이다. 다만 그가 응준을 백제 일부로 파악한 점은 마한 남부연맹의 상징이라 하여 백제를 상징하는 남부여와 대칭되는 것으로 살핀 저자와는 견해가 다르다.

위에서 지적한 바와 같이 선덕여왕 때 황룡사 9층탑에 남부여라는 백제를 뜻하는 국명 대신에 '웅준'이라는 명칭이 사용된 것을 볼 때 '웅준' 명칭이 7세기 전반까지도 사용되었음을 알 수 있다. 이는 '웅준'이 단순한 문화적 특징이 아닌 정치적 실체를 상징하는 의미로 사용되었다는 것으로 보는 것이 옳다고 본다. 이렇게 보면, 7세기 전반 선덕여왕 당시 신라를 압박한 '웅준'은 부여계통 세력이 아닌 마한 남부연맹 계통의 백제 세력이라고 살피는 것이 기록에 충실한 해석이 아닌가 한다. 6세기 중엽 무렵 것으로 여겨지는 복암리 1호분의 피장자의 녹유탁잔에 '웅준'이라는 명문이 있는 것을 보면, 피장자가 세력을 형성하였던 다시들 지역을 중심으로 한 정치 세력이 '웅준'이라 부르는 마한 남부연맹의 거점임을 말해주는 것이라 여겨진다.

신라의 별칭이 '닭'을 의미하는 '계림'인 것처럼, '웅준'의 중심지였던 영산강 유역에도 '매'와 관련된 사회, 문화적 요소들이 많이 남아 있다. 이는 이곳이 '웅준'의 핵심 지역이었음을 추측하게 한다. 후대의 기록이긴 하나, 마한 남부연맹 지역에 해당하는 차령 이남 여러 곳에 '매'와 관련된 기록이 집중되고 있다는 사실은, 이를 반증해주고 있다. 고려 충렬왕 원년 '응방(鷹坊)'이 처음 설치되었을 때, 그 중심이 나주 장흥부 관할이라고 한 『증보문헌비고』기록이 주목된다. 응방은 잘 알고 있듯이 원 간섭기에 '해동청(海東靑)'으로 유명한 고려의 '매'를 공물로 바치기 위해 설치된 관청이었다. 그 응방 중심 지역이 나주였다는 것이다. 『세종실록지리지』에도 "전라도 지리산에 '웅준'이 서식하여 매년 공물로 진상을 한다"라고 하여, '매'의 산지로 전라도 지역을 유일하게 언급하고 있는 것도 이 지역과 '매'의 관계가 깊음을 알려준다. 지금도 전북 진안 지역에서 '매'를 이용한 꿩 사냥 전통이 남아 있는 것도, 매와 전라 도 지역이 전통적으로 깊은 관련이 있음은 분명하다. 이렇게 보면 '매' 곧 '응준'이 마한 남부연맹을 상징하는 맹금류라고 하는 것은 분명하다 고 하겠다.

한편, 『일본서기』에도 백제의 '매'를 이용한 사냥 풍습에 대한 기록 이 남아 있다. 이 기록은 백제 때의 사실이라고 『일본서기』에는 기록되 어 있지만, 전라도 지역이 '매' 주생산지이고 마한 남부연맹의 상징이 었다고 하는 사실과 인덕천황 43년(455년) 시기의 기록이라는 점을 고 려하면, 백제 이야기라기보다는 마한과 관련된 사실을, 후대에 백제의 것으로 오인하였을 가능성이 크다. 말하자면 『일본서기』 기록은 마한 의 매사냥 이야기를 언급하고 있음이 분명하다고 본다. 그런데 『일본 서기』의 위 기록에 뒤이어 "백제의 풍속에 이 새를 구지(지금의 매를 말한다.)라 하였다(百濟俗號此鳥曰俱知(是今時鷹也)"라고 한 기록이 주 목된다. 말하자면 백제에서 매를 '구지'라 했다는 것인데, 이 기록이 마 한 시기의 사실을 반영한다고 하였으므로 마한에서는 '매'를 '구지'라 했음을 알 수 있다. '매'를 '구지'라고 부르는 전통이 16세기 중엽 최세 진이 쓴 '훈몽자회'에 '매'를 '구거내'라고 적고 있는 데서 조선 시대에도 이어졌음을 알 수 있다.

일본에서도 '매'를 그들의 고유어로 '구지' 또는 '구지내'라고 부르고 있었다. 일본에서 백제를 지칭하는 표현으로 '구다라(クダラ)'라고 하 는 것을 익히 아는 사실인데, '구지'에서 비롯되었던 것이라는 생각이

든다. 즉 '매'를 뜻하는 '굳'에 '나라'라는 의미를 보태면 '구다라'라고 하는 용어가 성립되는 것이다. 그래서 그런데 매와 관련 있는 곳은 백제가 아니라 마한 지역이었다. 일본 고대문화 성립에 기여한 도래인 대부분이 마한계, 특히 영산강식 토기로 상징되는 영산강 유역 출신이라는 점을 고려하면, '구다라'는 '백제'가 아닌 '마한'을 총칭하는 말이라고 해야 옳을 것이다. '구다라'가 백제를 지칭하는 말이 되었던 것은 마한과 백제와 통합된 이후 마한계가 정치적 주도권을 장악하고 있는 것과 관련이 있다고 본다.

이처럼 마한 지역이 매를 상징으로 하였다고 하는 사실은 백제가 5방으로 지방 편제를 할 때 남방에 구지하성(久知下城)을 두었다는 중국 北史의 기록을 통해서도 알 수 있다. 말하자면 전라도 지역에 해당하는 곳을 '구지하성'이라고 한 것은 이 지역이 '응준'과 깊은 관련이 있기 때문이다. 전북 김제에 해당하는 금구현도 '구지지산'이라고 하는 등 마한 남부연맹 여러 곳에 '구지'라는 지명이 많다는 것도 이러한 추론의 방증이 될 것이다.

결국 6세기 무렵까지도 '사슴'으로 상징되는 부여계인 백제 중심의 마한 북부 연맹과 '매'로 상징되는 마한 남부연맹이 치열하게 경쟁하는 모습을 상상해볼 수 있다. 그리고 다시들 지역에서 세력을 형성한 복암리 1호분 피장자가 그러한 연맹을 대변하고 있었으리라고 하는 것을 '응준' 녹유명문을 통해 알 수 있다. 『삼국지』 위지동이전에서 마한을 '용맹하다'라고 기술한 것은 마한 남부연맹체가 '응준'을 상징으로 하며 중국 중심의 질서에도 동참하지 않고 독자적 세력을 형성하고 있는 모습을 기술한 것이라 여겨진다. 이렇게 독자적 세력을 형성하며 영산강 유역을 중심으로 주변국과 활발한 교역을 하고 있던 막강한 마한 남부연맹이 4세기 후반 백제 근초고왕의 한 차례 공격으로 무너질 수가 없는 것이라 하겠다. 오히려 6세기 무렵까지도 백제와 치열하게 정립되는 구도를 형성하였다고 보는 것이 타당하다.

이러한 상황에서 신라를 끌어들여 고구려와 대회전을 앞둔 백제로서는 마한 남부연맹 세력과 공존을 도모하지 않으면 안 되었다. 복암리 1호분 세력에게 '웅준'이라는 명문이 새겨진 녹유명문은 이때 주어진 선물이라 생각한다. 이것을 백제 국왕이 복암리 세력에게 사여한 것으로 이해하는 것은 영산강 유역의 '웅준' 세력을 지나치게 낮게 평가하고, 대신 백제의 힘을 지나치게 과대평가한 데서 나온 것이라 여겨진다.

선덕여왕 때 황룡사 9층탑에 마한 남부연맹을 지칭하는 웅준이 나오는 것은, 당시 마한 남부연맹 계통의 정치 세력이 주도권을 지니고 있었음을 보여준다. 말하자면 마한 남부연맹이 백제에 통합될 때 부여계의 백제 왕실과 사실상 대등한 수준으로 통합이 이루어졌고, 내부적으로 치열한 세력 다툼이 전개되고 있었던 것은 아닌가 한다. 그러한 일련의 과정이 무왕의 익산천도 및 의자왕 대 처절한 정쟁으로 나타났다고 볼 수는 없을까? 이를 제대로 수습하지 못한 백제는 멸망의 길을 걷게 되었던 것이라고 조심스럽게 생각해본다.

3. 『양직공도』와 마한 남부연맹

『양직공도』의 방소국

그동안 우리 마한사의 가장 큰 쟁점은 마한사가 백제사의 종속 변수인가? 아니면 독립 변수인가?에 있다 해도 과언이 아니다. 이제껏 369년 백제 근초고왕이 침미다례를 멸망시켜 전라도 일대가 백제의 지배하에 들어갔다는 이병도의 주장이 통설로 굳어져 왔던 것이다. 최근의 고고학적 성과를 바탕으로 일부에서 이 지역에 마한의 독자적인 정치 세력이 6세기 중반까지 존립되어 있었다고 주장하는 이른바 '마한론'은 여전히 소수설이다. 이러한 논란이 있음에도 불구하고 2015 개정 교육과정이 적용되어 2020년에 출판된 고교 한국사 교과서에는 근초고왕 때 전라도 지역이 백제에 복속되었다고 변함없이 서술되어 있다. 심지어 대학수학능력시험을 비롯하여 각종 공무원 시험에도 이를 역사적 사실인양 계속 출제하고 있는 현실이다.

그러나 앞 절에서 살핀 것처럼 6세기 중엽, 7세기 중엽까지도 영산강의 다시들 지역을 중심으로 '웅준'으로 상징되는 강력한 정치 세력이 버티고 있었다. 뿐만 아니라 각종 고고학 자료는 영산강 유역을 비롯한 마한의 여러 지역에서 나타나는 문화 현상들이 결코 백제 계통이라기보다는 일찍이 낙랑 그리고 후대로 내려오며 가야·왜 등과 활발한 교류를 하며 외래문화를 주체적으로 수용하고 있음을 보여주고 있다. 그러면서 다시 외래문화를 새롭게 창안하여 전파하는 높은 문화 역량을 갖추고 있었던 것이다. 말하자면 영산지중해를 중심으로 활발한 대외교류를 하며 형성된 문화의 개방성과 포용성을 지녔던 것이라 하겠다. 이러한 특징들이 마한의 전통이었다고 하겠다. 따라서 백제가 이 지역을 지배하였다는 주장을 반박할 근거는 적지 않다.

이병도가 주장하였던 근거인『일본서기』신공기 기록은, "한반도와 왜의 관계를 살필 근거는 될지언정, 백제의 마한 지배 사실을 입증하는 근거로 볼 수는 없다"는 주장도 최근 나오는 등 이병도의 학설이 역사학계에서 조차 정면으로 공격을 받고 있는 느낌이다.

한편, 369년 백제가 전라도를 지배하였다는 이병도의 주장을 비판하는 일부 학자들은『삼국사기』백제 동성왕 20년(498) "탐라가 조공을 내지 않으므로 왕이 친히 정벌하기 위해 무진주에 이르니 탐라가 이를 듣고 사신을 보내어 죄를 빌어서 정벌을 중단하였다"라는 기록에 주목하였다. 즉 5세기 후반에 복속까지는 아니더라도 사실상 백제의 직접적 영향 아래 있었다는 것이다. 이 주장은 백제의 마한 지배 시점을 1세기 늦추어 보려는 입장에 있다.

그러나 이때 나오는 '탐라'가 우리가 알고 있는 제주도가 아니라는 해석이 있다. 말하자면 '도무'로 읽어지는 강진 지역과 음이 비슷한 것으로 보아 강진 지역에 있었던『양직공도』에 나오는 '하침라' 왕국을 말한 것이라는 것이다. 과연 동성왕 때 반남 지역에 있는 마한 왕국을 관통하여 강진 지역까지 내려갈 수 있었을까 의문이다. 분명한 것은『양직공도』에 '하침라' 등 마한 여러 연맹왕국 이름이 보인다는 사실이다.

6세기에 마한 연맹왕국이 백제에 복속되지 않는 채 독자적으로 세력을 형성하고 있었음을 알려준다.

『양직공도』는 고등학교 국사 교과서에 그 사진이 실려 있어 백제와 양, 즉 중국 남조와 외교관계를 설명하는 근거라고 공부하였던 기억을 가진 독자들이 많을 것이다. 그런데 그『양직공도』에는 당시 마한의 연맹왕국의 국명들이 나타나고 있어 6세기 중엽 한반도 남부 나아가 마한 남부연맹의 마한 왕국의 실체 및 계속 논란이 되고 있는 백제의 마한 지배시기를 밝히는 데 있어 중요한 자료라 하지 않을 수 없다. 그럼에도 불구하고 이제까지 이와 관련된 연구가 충분히 이루어지지 않았다. 최근 이와 관련된 관심이 높아지고 있는 것은 다행이다.

원래 '직공(職貢)'이란 중국 주나라에서 봉건 제후들이 천자에게 의례적이고 의무적인 조공을 말하는 것인데, 이를 기념하여 그린 그림을 '직공도(職貢圖)'라고 한다. 현재 남아 있는 직공도 가운데는 중국 남조 양나라에 조공 왔던 각국 사신들 용모를 그리고, 그 그림 옆에 그 나라의 여러 사정을 기록한 『양직공도』가 가장 오래된 것으로 알려져 있다. 그러나 그 그림 역시 원본은 아직 확인되지 않고 모본(摹本)만 4종이 전하고 있는데, 그 가운데 1077년 송나라 때 모사되었던 '『양직공도』 북송모본'이 원본에 충실한 것이라는 의견이 많다. 그 그림에는 양나라에 사신을 보냈던 12개국 사신의 용모와 13개국의 사정이 기록되어 있어 복식사를 연구하는 데도 중요한 자료로 이용되고 있다.

그런데 이 직공도에 백제 사신 그림과 그림을 해설하는 설명에 다른 어느 기록에서도 찾아볼 수 없는 '백제 방소국(傍小國)' 곧 '백제 옆에 있는 소국'이라는 뜻이라 하여 백제의 주변국들이 언급되고 있다. 거기에는 '백제는 예전에 마한에 속하였다'고 하며 모두 198자의 글자가 적혀 있는데 '旁小國有叛波卓多羅前羅斯羅止迷麻連上巳文下枕羅等附之'라는 『양사』 백제전 등 다른 어느 기록에도 없는 내용이 담겨 있다. 말하자면 '백제 옆에 있는 소국' 즉 '방소국'에 해당하는 국가들이 소개되고 있는 것이다. 현재 그 방소국의 위치에 대해서 학계에서는 논란이 계속되고 있지만, 이 가운데 '지미', '마련', '하침라'는 전남 지역으로 비정하는 데 대체로 의견이 모아지고 있다. 이처럼 전남 지역에 백제 사신이 양나라를 갔던 521년 무렵에 백제에 복속되지 않은 왕국들이 여럿 있음을 알겠다. 특히 '~等'이라는 표현을 쓴 것으로 보아 다른 국가들도 더 있었음을 알 수 있다.

섬진강 동쪽 왕국

중국에서 가장 일찍 제작된 직공도이자 현재 중국 국가 박물관에 소장되어 있는 『양직공도』는 높이 25cm, 길이 198cm로 여러 차례 표구된 비단 채색화로 전체가 아닌 일부만 남아 있다. 역사적 사실을 주제로 옆으로 접은 두루마기 그림으로 그 내용은 외국 사신이 양 황제에게 공물을 드리는 장면을 묘사하고, 제기(題記)를 부가한 것이다. 제기에 양 보통(普通) 2년에 조공하러 왔다는 내용이 있는 것으로 보아 무령왕 21년(521) 무렵의 사실을 담은 것으로 여겨진다. 곧, 521년부터 524년 사이에 있었던 역사적 사실을 양나라 화가 소역이 526년부터 541년까지 15년에 걸쳐 그렸던 것이라고 이해된다. 이 그림을 통해 백제와 양나라가 서로 깊은 우호 관계를 형성하고 있음을 알 수 있다. 북위를 견제하기 위해 고구려 및 백제와의 교섭에 적극적이었던 양나라와 역시 고구려를 견제하려 했던 백제의 이해관계가 일치했기 때문이다.

이 직공도에서 우리가 주목하는 것은 위에서 언급하였듯이, 여타 문헌에 전혀 나와 있지 않은 역사적 기록이 직공도의 '백제국사(百濟國使)' 제기의 "旁小國有①叛波②卓③多羅④前羅⑤斯羅⑥止迷⑦麻連⑧上巳文⑨下枕羅 等 附之"라는 구절 때문이다. 우리가 여태 알고 있었던 6세기 무렵에 한반도에 고구려, 백제, 신라 그리고 가야 이외에 여러 국가들이 상당수 존재하고 있었다는 사실을 말해주고 있는 것이다. 이들 국가들을 살핌으로써 한국 고대사에 대한 새로운 시야가 형성되리라 믿는다. 이제껏 우리가 인식하였던 역사적 사실들에 대한 근본적인 수정을 요구하게 될지도 모른다. 다만, 위 기록을 읽으려 할 때는 기본적으로 521년 양나라에 입조하였던 백제 사신으로부터 얻은 정보를 바탕으로 백제의 시각이 많이 반영되어 있을 것이라는 점을 염두에 두어야 한다.

위 기록은 '백제 곁에는 小國이 있고(방소국), 이들은 백제에 부용하고 있으며(附之), 소국들에는 반파·탁·다라·전라·사라·지미·마련·상기문·하침라 등이 있다'고 해석할 수 있다. 말하자면 백제가 이들 주변 아홉 나라를 '방소국' 또는 '附之' 곧 '부용국'이라고 표현하였는데, 과거 4세기 후반 근초고왕 때 평양성 전투에서 고구려 고국원왕 군대를 대파하고 남으로는 마한 남부연맹의 맹주 침미다례를 공격하는 등 군사적인 힘을 과시하였을 때의 인식을 반영한 것이라고 볼 수도 있다. 그렇지만 불과 몇 년 후인 373년 백제의 독산성주가 신라에게 항복하고, 곧 이어 고구려 광개토왕과 장수왕에게 밀리는 상황이 계속되어 주변국들에게 우월의식을 가졌다고 하는 것은 현실성이 떨어진다. 이러한 불안정한 백제의 처지는 경쟁국인 신라나 가야, 심지어 섬진강 以西 지역의 여러 세력과의 관계에서도 그대로 나타났을 가능성이 있다. 특히 치열한 주도권 경쟁을 하였던 마한 남부연맹 諸國들과도 백제가 정치적 우위를 점하였다고 생각되지 않는다.

설혹 5세기 말에서 6세기로 넘어가면서 동성왕, 무령왕의 왕권 강화가 일정 부분 성공을 하여 국력이 정비되었다고 하더라도, 주변국을 '방소국'이라 부를 정도로 강력한 국가를 이루었다고 볼 수 없는 것이다. 6세기 중엽 무렵 백제의 지배력이 겨우 차령 이남을 넘어서고 있었다고 하는 사실이 이러한 사정을 말해준다 하겠다. 그렇다면 백제가 주변국을 '방소국'이라고 지칭하였던 것은 그들이 한반도에서 강국이라는 사실을 과시함으로써 당시 고구려, 백제 양국과 외교관계를 맺고 있던 양나라에게 백제에 대한 보다 우호적인 시각을 갖게 하려는 외교적 수사가 아니었을까 한다.

이러한 추측은 방소국에 속한 '사라(斯羅⑤)'라고 하는 신라의 옛 국호를 백제가 사용하고 있는 데서도 살필 수 있다. 신라는 지증마립간 4

년(503년) '斯羅'에서 '新羅'로 국호를 바꾸었다. '斯羅'가 토착적 명칭이고, '新羅'는 새롭게 漢化된 이름인 셈이다. 백제 사신이 양나라에 간 521년 무렵이면 이미 신라 국호가 '사라'에서 '신라'로 바뀌어져 있었다. 그럼에도 불구하고 '斯羅'라는 국호를 굳이 사용한 것은 비약적으로 발전한 지증왕 때의 신라를 인정하지 않겠다는 의도가 있어 보인다. 특히 양서 신라전에 "그 나라(신라)는 작아서 스스로 사신을 보낼 수가 없으며, 대화할 때도 백제를 통해서 하였다"고 기술되어 있는 바와 같이 당시 신라는 스스로 양나라에 사신도 파견하지 못하였고, 백제인 통역 없이는 중국 언어를 이해하고 말할 능력이 없었다. 말하자면 백제는 이러한 특수한 상황을 이용하여 신라를 '방소국'이라고 낮게 평가하였던 것이다.

한편 이들 아홉 국가에 관한 기록이 우리 측 『삼국사기』나 『삼국유사』에는 보이지 않지만, 일본 측 『일본서기』에는 자세히 다룬 기록들이 적지 않아 실체 파악에 도움이 되고 있다. 맨 앞에 있는 반파(叛波①)에 대해서는 기문(己汶 섬진강 유역)의 땅을 둘러싸고 백제와 다투었던 '반파(伴跛)'가 분명하다는 데 의견이 일치하고 있다. 반파는 대가야의 중심지였던 지금의 고령 지역에 비정되어 '가라(加羅)'라고도 불린다. 백제가 '伴跛'를 '반란의 물결'이라는 뜻을 지닌 '叛波'라고 지칭한 것은 백제와 이렇듯 맞서는 등 적대적이었기 때문이라 하겠다. 다음으로 '탁(卓②)'은 『일본서기』에 나와 있는 '탁순국(卓淳國)'이 분명하다. 위치에 대해 대구 또는 창원 지역 설이 충돌하고 있지만 어느 지역을 따르든, 가야 지역에 해당 됨은 분명하다. 다음 '다라(多羅③)' 또한 『일본서기』에 보이는데, 현재 합천 지역으로 비정되고 있다. 역시 가야 영역이다. 그리고 '전라(前羅④)'는 『일본서기』에 있는 '안라(安羅)'로 추정되는데 현재의 함안 곧 안라가야를 말하고 있다. 이렇게 보면 방소국으로 지칭된 ①~④의 네 나라는 모두 섬진강 이동 내지는 가야 지역에 있었다는 것을 알 수 있다.

결국 가야 지역에는 6세기 중엽 무렵까지 여러 정치체들이 있었다고 하는 사실을 확인할 수 있겠다. 그런데 ⑥止迷⑦麻連⑧上巳文⑨下枕羅 등은 섬진강 이서에 있는 마한 연맹체들로 추정되고 있다. 곧 신라를 사이에 두고 섬진강 이동(以東)과 이서(以西)의 국가들을 백제는 방소국으로 나누어 배치한 셈이다.

마한 지역 왕국

『양직공도』에 보이는 백제의 '방소국(傍小國)'들이 『삼국사기』나 『삼국유사』 등 국내사서에는 보이지 않고, 일본 역사서인 『일본서기』에는 비교적 상세히 다루어지고 있다. 가야와 마한의 諸國들이 이미 오래 전부터 활발한 교류를 하고 있었을 뿐 아니라 왜와도 빈번한 교섭이 이루어지고 있었다. 『삼국사기』에는 가야 지역의 6가야, 포상8국(浦上八國) 등의 얘기가 약간 남아 있을 따름이지만, 『일본서기』 등에는 이밖에도 여러 나라 이름들이 남아 있는 것은 이러한 사정을 말해주는 것이라 하겠다.

백제 사신이 양에 갔던 520년 무렵은, 475년에 고구려에 수도인 한성을 빼앗겨 그 중심이 충청도로 옮겨진 백제가, 남쪽의 전라도와 동남쪽의 경상도 지방으로 진출하려고 부심하던 때였다. 따라서 이들 지역에 대한 관심이 높았을 법하다. '방소국'에 언급된 나라 가운데 '사라(斯羅)' 다음에 배열된 '지미(止迷)', '마련(麻連)', '상기문(上巳文)', '下枕羅(하침라)' 등은 섬진강 서쪽에 위치한 국가들이라고 하는데 대체로 의견이 일치되고 있다. 백제가 신라를 기준으로, 앞부분에 섬진강 이동 지역의 가야 영역에 해당하고 있는 나라들을 배열한 것과 관련지어 볼 때, 뒷부분에 배열된 나라들은 아마도 마한의 영역에 해당하는 나라들이 아닐까라는 추정이 가능하다. 그렇지만 안타깝게도 이들 나라에 대한 일본 측 자료 또한, 비교적 상세히 설명되고 있는 가야 지역에 있는 나라들과 비교가 되지 않을 정도로 없다시피 하여 실체 파악에 어려움이 따른다.

『양직공도』 백제국사 자료를 처음으로 분석하였던 이홍직은 『일본서기』에 그 기사가 보이지 않는다 하여 가장 앞부분에 있는 '지미'와 '마련'에 대해서는 설명을 생략하였다. 그러나 최근에 이르러 '지미'는 『진서(晉書)』 장화전에 보이는 마한의 20여 나라 대표단과 조공을 왔던 '신미국'과 음이 비슷한 것으로 보아 '신미국'일 가능성이 높다는 의견이 조심스럽게 제기되고 있다. 나아가 『일본서기』 신공기에 나와 있는 '침미다례'의 '침미'와도 음이 비슷하다는 주장도 나왔다. '침미다례'와 '신미국'이 동일 왕국으로 보는 데 대체로 의견이 모아지고 있다는 점을 고려할 때, '지미'는 마한 남부연맹의 강국으로, 백제 근초고왕과 맞섰던 '침미다례'를 가리키는 것으로 보는 것이 타당하다.

한편, 고대 언어에서는 음과 훈의 사용례가 다르기 때문에 단순히 현대 한자의 음상이 비슷하다는 이유만으로 바로 연결 지으려 하는 것은 경계해야 한다는 일부 의견도 있으나, '지미'라는 나라 이름이 6세기 중엽까지 분명히 존속하고 있는 것으로 미루어 현재의 한자 '음(音)'이나 '훈(訓)'과 어떤 형태로든지 관련이 있었을 것이라고 보는 것이 순리에 가깝다. 게다가 815년에 편찬된 일본의 성씨계보를 기록한 『신찬성씨록』에 등재되어 있는 백제에서 건너와 귀화하였던 가문의 후예로 알려져 있는 '지미연(止美連)'이 있다. 곧, '지미' 지역 출신이 아니었을까 하는 것이다. 이를 방소국의 '지미'와 연결 지을 수 있다면, '지미'국이 실체가 있음은 분명하다 하겠다.

저자는 앞서 고대 지명이 언어와 깊은 상관성이 있다는 점에서 '침미다례'가 음운상으로 침명현(해남), 훈독상으로 도무군(강진)과 비슷하고, 지리적으로도 고해진과 가까운 강진·해남 일대에 위치하였을 것이라는 의견을 피력한 바 있다. 인근 송지면 군곡리의 거대 패총, 삼산면 신금리 주거 유적과 옥녀봉 토성 유적, 장고산과 용두리에 있는 거대한 장고분 등은 이 지역에 일찍이 강한 정치 세력이 형성되어 있었음을 알려준다. 장고산 고분이 있는 해남 북일면, 용두리 고분이 있는 삼산면은 일찍이 행정구역이 강진이었고, 그곳과 해남 송지면 군곡리 패총이 있는 백포만 해안까지 불과 30여㎞ 정도 떨어져 있는 점을 고려할 때,

강진만과 해남반도 일대가 침미다례의 영역이 아니었을까 짐작한다.

한편, 백제가 '止美' 대신에 '止迷'라 하여 아름다울 '美' 대신 미혹할 '迷'를 사용한 것 또한 침미다례를 '남만(南蠻)' 즉, '남쪽 오랑캐'라 하여 멸시한 것과 상통한다 하겠다. 이를테면 백제가 가야 지역에서 그들과 가장 치열하게 경쟁하였던 '가라'의 '반파(伴跛)'라는 이칭 대신에 '叛波 (반파)'라는 부정적인 표현을 사용하고, 제일 앞부분에 배치하여 놓은 것과 마찬가지로 '지미'의 한자 표현을 부정적으로 바꾸고, 앞부분에 배열한 것은, 백제에 맞섰던 침미다례에 대한 정치적 의도가 반영되어 있다고 하겠다.

'마련'에 대해 최근 위치 비정을 시도한 이용현은 구체적인 설명 없이 영산강 유역에 있는 것으로 파악하였다. 그러나 이와 달리 '마련' 음과 백제 때 무주의 행정구역 관할이었던 '마로현(馬老縣)'이 비슷하고, 현재도 마로현과 음이 비슷한 마룡리라는 지명이 남아 있는 광양시 일대가 아닐까라는 의견이 있다. 실제 마한 54국의 하나인 '만로국'이 이곳에 위치하였다는 의견도 있고 보면, 마련은 광양지역에 있었던 마한 왕국의 하나였을 가능성이 높다. 고고학적으로 광양만권에 독자적인 정치체가 있었다는 것도 이와 무관하지 않다.

'상기문'에 대해서는 비교적 자료가 많다. 『일본서기』에 '기문 대사 (己文 帶沙)'라는 이름이 나오는데, '대사'가 섬진강 하류의 하동 지역이 분명하므로 기문은 그 근처일 가능성이 높다는 것이다. 그러므로 '상기문'이라 하면, 기문의 상류에 있어야 하므로 지금의 남원 일대에 자리 잡고 있었던 정치체일 가능성이 높다는 의견을 따르고 싶다.

5세기 후반 들어 차령산맥을 넘어 전북 지역으로 남하하던 백제는 노령산맥 이남 진출이 강력한 마한 남부연맹체의 반발로 사실상 불가능하게 되자, 지리산 방면으로 방향을 틀어 남원을 경유하여 섬진강을 통해 광양만으로 나아가려 했다고 본다. 그러나 상기문, 마련 등의 국가들이 6세기 중엽 무렵까지도 독자적 정치체를 유지하고 있는 것으로 볼 때 백제의 이러한 의도는 여의치 않았다고 본다. 말하자면 6세기 중엽까지도 마한 연맹체는 굳건히 연맹체의 모습을 잃지 않고 있었다. 따라서 이곳에 가야계 고분이 보인다 하여 '전북가야사'를 주장하는 것은 어떤 교류 현상 내지는 일시적인 현상을 전체의 상황으로 해석하는 우를 범하고 있는 것은 아닌지 염려스럽다.

'하침라'에 대해서는, '침(沈)'과 '탐(耽)'이 통하기 때문에 '탐라'로 읽을 수 있다. 그런데 '탐라'는 '탐모라'라는 『삼국사기』 기사가 있다. 곧, 하침라는 제주를 가리키는 탐라가 아닌 이홍직이 주장한 강진 일대로 보는 것이 옳다. 침미다례의 '침미'와 하침라의 '침라'가 음이 서로 통하는 것으로 볼 때, '하침라'는 침미다례 옆에 있는 소국을 가리킴이 분명해 보인다. 498년 백제 동성왕이 광주 지역에 내려왔을 때, 조공을 하였다는 '탐라'가 바로 '하침라'를 말하는 것이라 여겨진다. 침미다례를 견제하려는 백제의 입장에서 하침라를 이용하려 했을 법하다. 백제의 입장에서 침미다례보다 정치적 비중이 떨어지기에 방소국의 맨 뒤쪽에 배열하였던 것이라 여겨진다.

이렇듯『양직공도』백제국사 제기는 6세기 중엽까지도 영산강 유역뿐만 아니라 해남, 강진 일대, 섬진강 상·하류일대까지 마한 정치체들이 세력을 형성하고 있음을 알려주고 있다. 상론한 바 있듯이 영산강 중류 지역에도 복암리와 정촌 고분의 발굴, 조사를 통해 6세기에 들어서도 백제, 왜, 가야 등 여러 요소들이 융합된 독자적인 문화가 형성되고 있음이 확인되었다. 그곳에 '응준(鷹準)'으로 상징된 정치체도 마한의 용맹함을 자랑하고 있었다. 결론적으로, 마한의 남부연맹 강국들은 6세기 중엽에도 섬진강 동쪽의 가야연맹체와 마찬가지로 독자적 세력을 형성하고 있었다고 보는 것이 당연하겠다.

4. 마한 남부연맹과 백제의 통합

성왕, 마한 남부연맹과 통합

저자는 4세기 후반 근초고왕 때 마한이 백제에 복속되었다는 이병도 선생의 주장이 옳지 않았음을 여러 각도에서 논증하였다. 498년 동성왕 때 백제가 마한을 복속시켰다는 또 다른 주장 역시 설득력이 없음을 지적하였다. 그렇다면 마한 남부연맹체가 백제와 언제 통합 되었을까?『양직공도』에 마한 남부연맹의 여러 나라들을 '방소국'이라고 한 표현이 있는 것으로 보아 직공도가 작성된 521년 무렵까지는 마한 남부연맹의 여러 정치 세력들이 존재해 있었음은 분명하다. 무령왕 재위 말엽까지는 마한의 여러 나라들이 역사에 그 이름을 남기고 있었다는 이야기가 되겠다. 따라서 마한의 통합은 그 이후 어느 시기라고 보는 것이 타당할 것이다.

저자는 이 시기를 성왕대로 추측하고 있다. 곧 설명하겠지만 성왕 때 추진된 '남부여'로의 국호 변경이 단순히 부여계의 정체성을 표방하는 관념적인 의미를 넘어 마한 남부연맹과의 통합을 이룬 이후에 나타나는 여러 현실적인 어려움을 극복하기 위한 수단이라는 생각이 들었기 때문이다. 곧 국호 변경이 새롭게 백제 영역으로 편입된 마한 세력의 정치적 부상을 견제하려는 의도에서 비롯된 것은 아닐까 하는 것이다. 마침 '남부여'로의 국호 개칭이 영산강 유역의 마한 세력을 병합한 이후 왕실의 출자인식인 '부여'를 강조하여 왕실의 정체성을 확립하고자 한 정치적 지향점이었다고 살핀 견해가 있다. 물론 백제에 의한 마한 '병합'이라 하여 대등한 수준의 1:1 통합이라고 주장한 저자와는 의견이 다르지만 국호 변경 문제가 마한 통합과 관련이 있다고 설명한 점에서 저자의 논지를 보강해준다.

이와 같이 '대등한 수준의 통합'이든 '강제 병합'이든 간에 성왕 무렵에 통합이 이루어졌을 것이라고 보는 또 다른 근거로 백제 지방 행정 제도의 변동을 들고 싶다. 백제의 지방 행정 제도에 대해서『양직공도』에 간단한 설명이 나와 있다. 즉 "중국 군현과 같은 '담로'라고 부르는 것이 22곳이나 된다"는 것이다. 무령왕 대에 '담로'라 불리는 지방 행정 구역이 22곳에 있었다는 이야기이다. 독자들이 국사시간에 무령왕 때 '담로'제가 시행되었다고 공부한 내용은, 이를 두고 한 말이다.

그런데 백제의 지방 행정 구역에 대해 『삼국사기』 백제 본기에 나와 있는 "백제는 본래 5부, 37군, 200성, 76만 호로 되어 있는데, 이때 와서 웅진·마한·동명(東明)·금련(金漣)·덕안(德安)의 도독부를 다시 나누어 두고 각각 주와 현을 통할하게 했으며 우두머리를 발탁해 도독·자사·현령을 삼아 다스리게 하였다"라는 기사가 주목된다. 이 기사는 백제를 멸망시킨 당이 옛 백제 영역을 직접 다스리기 위하여 5도독부를 비롯하여 행정 구역을 새롭게 편성할 때 나온 내용이다. 이때 '본래' 5부 37군 200성이라는 표현에서 '5부 37군 200성'이 멸망 이전의 백제의 지방 행정 제도의 근간이었음을 짐작할 수 있겠다.

백제의 행정구역에 대해서는 중국의 『주서(周書)』 백제전에 자세히 언급되어 있다. 백제 건국 시기부터 성왕 다음 왕인 위덕왕 25년까지의 사실을 자세히 전하고 있는 『주서』 백제전은 단순히 前史를 그대로 전재(轉載)한 것이 아니라 새로운 자료를 많이 첨가하고 있어 특히 웅진 천도 이후의 백제 사회상을 이해하는 데 많은 도움을 주고 있다. 이 책에 소개된 백제의 지방 행정 제도를 보면 "동서 450리, 남북 900여 리이고, 수도가 고마성이고, 그밖에 5방(方)이 있다. 중방을 고사성, 동방을 득안성, 남방을 구지하성, 서방을 도선성, 북방을 웅진성이라 부른다"라고 하여 '5방'이 있음을 알 수 있다.

557년부터 581년 사이의 사실을 전하고 있는 『주서』의 위 기록은 백제와 주가 활발히 통교를 하던 위덕왕 때 작성되었다. 곧 그 무렵 '5방 37군, 그리고 200'여 개의 성이 백제의 지방 행정 구역으로 편재되어 있었다는 것이다. 곧 당이 언급한 '5부'는, 원래 있는 '5방'을 지칭함을 짐작하게 한다. 『주서』의 이 기사내용은 선학들도 지적하였지만 무령왕 말기까지 존속하였던 22곳 '담로'와 약간 차이가 있다. 따라서 새로이 편성된 지방 행정 제도는 성왕 이후부터 위덕왕 재위기에 마련되었다는 추정이 가능하다.

먼저 '郡'의 상위 행정기구로 새롭게 '方'이 설치되고 있다는 점이 주목된다. 만약 '담로'와 '군'이 서로 대응된다면 '군'을 통할하는 광역의 새로운 행정제도가 마련되었음을 알려준다. 방의 위치들을 통해 새롭게 편성된 지방 행정 제도의 특징을 엿볼 수 있다. 방의 치소 가운데 '중방'은 현재의 고부 지역에 해당하는 '고사성', '북방'은 공주에 해당하는 웅진성으로 보는 데 이견이 없다. 고부가 백제의 중앙에 위치하고 있는 점이 관심을 갖게 한다.

'5방' 위치 가운데 다른 곳의 치소 비정은 대체로 의견이 일치하고 있으나 '남방'의 치소에 해당하는 '구지하성'의 위치에 대해서는 논란이 계속되고 있다. 고사성보다 아래에 있어야 되는 '남방'의 위치가 어딜까 궁금해진다. 저자 역시 '구지하성'의 정확한 위치에 대한 결론을 유보한 바 있지만 오늘은 이 문제를 상론하려 한다. 일부에서는 '구지하성'의 위치에 대해 '구지지산'이라는 지명이 있는 전북 김제 지역이라고 생각하기도 하나 김제 서남쪽에 있는 고부가 중방에 해당하기 때문에 그러할 확률은 낮아 보인다. 또 장성 지역으로 비정하는 경우도 있으나 그렇게 볼 근거 또한 충분치 않다. 최근 고려대 박현숙 교수는 구체적인 증거는 제시하지 않은 채 '남방' 치소를 '광주 또는 나주'로 비정하기도 하였다.

저자는 복암리 고분군이 있는 다시들 지역 일대, 곧 현재의 나주 지역이 아닐까 추정하고 있다. '구지하성'이라는 명칭이 '매'를 상징하는 '구지'와 관련이 있음은 분명하다. 그러한 점에서 역시 '매'를 상징하는 '응준'이라는 명문이 출토된 복암리 고분 일대와 남방 치소가 어떤 관련이 있지 않을까 여겨진다. 그곳에서 '두힐'이라는 명문이 출토됨으로써 이곳이 훗날 당이 설치한 대방주의 치소였다는 점이 확인되었던 것도 이곳이 남방의 치소라고 볼 수 있는 또 다른 증거라 하겠다. 이렇게 '남방'의 위치를 나주 일대로 비정한다면 비로소 영산강 유역 일대가 백제의 행정 구역으로 편입되었다는 것을 의미한다. 비로소 마한과 백제의 통합이 이루어졌던 것이다.

성왕 때 마한이 백제와 통합하였다는 또 다른 증거로 저자는 '방' 밑에 있는 37개 '郡'을 주목하려 한다. 『양직공도』에서 '담로'는 중국의 군현과 같다고 하였다. '담로'가 후에 '군현'으로 명칭 변경이 이루어지고 있음을 헤아릴 수 있다. 무령왕 시기와 비교하여 군현이 15곳 정도 추가되어 설치되었음을 알 수 있겠다. 선학의 연구에 의하면 『삼국사기』 지리지에 나와 있는 지명들이 당시 백제의 상황을 반영하는 경우가 많다고 한다. 대체로 노령산맥 이남 지역에 추가된 15개 郡이 위치하고 있는 것이 확인되고 있다. 곧 무령왕 이후에 신설된 군현들이 대부분 전남 지역에 있다는 것을 짐작할 수 있겠다. 곧 무령왕 재위 시기까지 노령산맥 이북 지역 일대가 백제의 영역으로 통합이 이루어졌고, 나머지 전남 지역은 그 이후에 백제의 영역이 되었다는 얘기가 되겠다. 『양직공도』에 나타난 백제의 '방소국'에 전북 지역에 속한 왕국들이 전혀 보이지 않고 있는 것도 이와 깊은 관련이 있다 하겠다.

이렇게 보면 노령산맥이남 일대는 성왕, 위덕왕 재위기에 들어서서 비로소 백제의 영역으로 편입되었다고 보는 것이 타당해 보인다. 그리고 그 시기는 아무래도 성왕 16년 538년 사비 천도 이전이지 않을까 추측한다. 왜냐하면 앞서 추론한 바와 같이 마한 통합과 '남부여'로의 국호 변경이 밀접하게 연관되어 있기 때문이다.

무령왕 대에는 '담로'라는 행정구역이 충남과 전북 즉 노령산맥 이북 지역을 중심으로 22곳 설치되어 있었다. 『주서(周書)』에 '5방'의 언급이 있는 것으로 미루어 백제 말에 확인되고 있는 '5부 37군 200성'이라는 행정구역이 『주서』 작성 당시에 있었음이 분명하다고도 하였다. 『주서』는 백제 위덕왕 시기의 사실을 반영하는 것이기 때문에 적어도 무령왕 이후인 성왕 무렵부터 위덕왕 시기 사이에 새로운 행정구역이 편성된 것은 아닐까 하는 추정을 해보았던 것이다. 영산강 유역의 다시들 지역에 '5방'의 하나인 '남방=구지하성'이 설치되고, 22곳의 담로가 37개 郡으로 확장되는 과정에서 노령산맥 이남의 마한 남부연맹이 백제와 통합된 것으로 이해하였다. 추가로 편입된 15곳 대부분이 주로 노령산맥 이남에 위치하고 있기 때문이다. 더구나 신설된 15군 지역들이 골고루 산재된 것이 아니라 마한 연맹의 대국들이 있었던 곳에 설치되고 있는 곳도 마한 세력 통합과 밀접한 관련이 있음을 보여준다.

이러한 연장선상에서 마한 남부연맹과 백제의 통합이 성왕 16년 (538) 웅진에서 '사비'로 수도를 옮기고 국호를 '남부여'라고 개칭할 무렵에 이루어진 것이라는 구체적인 시기 설정까지 하였다. 저자가 이러한 생각을 하게 된 것은 다음과 같은 이유에서이다. 『주서』에서 언급된 5방의 위치 가운데 북방을 '웅진성'(공주)이라 한 것을 보면, 웅진성이 수도가 아닐 때임이 분명하다. 5방은 지방 행정 단위를 설명하는 것이고 수도를 북방이라 할 이유가 없기 때문이다. 따라서 웅진성이 5방에 편성된 것은 사비 천도 이후의 사실임이 분명하다. 또한 남방의 구지하성이 영산강 유역을 가리키고 담로가 설치되었던 22곳에 추가된 15곳 지역이 대부분 노령이남 지역이라는 점을 고려하면, 새로운 행정구역은 마한 남부연맹을 통합한 후에 이루어진 것이라 하겠다.

'남부여'로의 국호 변경도 마한 통합 시기를 짐작하는 데 도움을 준다. 『삼국사기』 백제 본기 성왕 16년 조에 "봄에 도읍을 사비(일명 소부리라고 한다)로 옮기고 국호를 남부여라고 하였다"는 기사가 있다. 이 기사를 성왕이 '사비'로 도읍을 옮기고 '남부여'로 국호를 바꾸었다는 것으로 이해하였다. 하지만 웅진에서 사비로 천도할 때의 지명이 '사비'였는지는 확실하지 않다. 위의 백제 본기에 '봄에 도읍을 사비(일명 소부리)로 옮겼다'라고 되어 있어 이를 부정하기는 어렵지만 '사비'를 일명 '소부리'라 하였다는 세주(細注)가 있고 『삼국사기』 지리지에도 '백제 때 소부리군'이었다고 한 것에서 아마도 천도 이전의 지역명이 '소부리'가 아니었을까 생각된다. 말하자면 천도하면서 '소부리'에서 '사비'로 지명 변경이 있었다고 믿어진다.

그런데 조선 성종 때 편찬된 『동국여지승람』 공주목조에 "성왕이 '남부여'로 천도하였다"라는 기사가 있다. 말하자면 '남부여'가 국호가 아닌 지명으로 사용되고 있음을 알 수 있다. 이는 후대에 '백제' 대신에 새로이 나온 국호인 '남부여'를 지명으로 혼동하였다고 생각할 수 있다. 그렇지만 『동국여지승람』 편찬 책임자인 서거정의 직필 태도로 볼 때 그러하였을 가능성은 낮아 보인다. 오히려 웅천주에서 수도를 옮겼을 때 '소부리'였던 지명을 '남부여'라고 실제 불렀을 수도 있다고 본다. '남부여'를 지명으로 살핀 사례는 저자가 처음이지만 성왕이 수도를 '소부리'로 옮기며 국호와 새 수도 이름을 모두 '남부여'로 했다고 믿어진다.

이와 같이 '남부여'로의 국호 변경은 흔히 생각하는 바처럼 부여족 계승을 강조함으로써 백제 왕실의 정체성을 확립하려는 성왕의 의도에서 비롯된 것이라고 여길 수 있다. 475년 수도인 한성을 고구려에게 빼앗긴 백제는 왕실 사당인 동명묘(東明廟)에 제사를 지내지 못하여 부여계로서의 왕실 체통이 떨어지고 정체성의 혼란까지 겪고 있었다. 이에 494년 부여가 고구려에게 병합되자, 부여를 계승한다 하여 '남부여'라는 명칭이 나온 것이라는 의견에 대부분 공감하고 있다. 하지만 굳이 국호를 변경하려는 것은 또 다른 정치적 이유가 있다고 본다. 곧 마한과 통합을 하며 부여족 계승의식을 강화해야 할 절박한 이유가 있었던 것은 아닌가 한다.

성왕의 마한 견제와 국호 변경

성왕이 국호와 수도 이름까지 모두 '남부여'로 바꾸려 하였을 때는 그 만한 이유가 있었을 것이다. 부여족 계승을 강조함으로써 백제 왕실의 정체성을 확립하려는 성왕의 의도에서 비롯된 것이라고 여길 수 있다. 475년 수도인 한성을 고구려에게 빼앗긴 백제는 왕실 사당인 동명묘(東明廟)에 제사를 지내지 못하여 부여계로서의 왕실 체통이 떨어지고 정체성의 혼란까지 겪고 있었다. 494년 (북)부여가 고구려에게 병합되자 부여를 계승한다 하여 '남부여'라는 명칭이 나왔을 가능성은 충분하다.

수백 년 사용된 국호를 변경하려는 정책은 결코 쉽지 않은 정치적 결정으로 그것을 시행할 수밖에 없는 성왕의 절박한 이유가 있었을 법하다. 부여계 계승의지를 강화하기 위해서 나온 정책이라는 설명은 표면적인 이유라 하겠다. 저자는 백제와 마한 남부연맹의 통합에서 그 이유를 찾고 싶다.

즉위 초만 하더라도 고구려와 전투에서 승리하면서 기세를 올렸던 성왕은 재위 7년 백제군 3만여 명이 동원된 오곡성 전투에서 2천여 명의 병사를 잃는 참패를 당하며 위기에 처하게 되었다. 성왕 10년 '별이 비오듯 떨어졌다', 12년 '형혹성이 남두성 자리를 침범하였다'는 『삼국사기』 기사는 당시의 불안정한 왕권을 상징해주고 있다. 이에 성왕은 고구려와 전쟁에서 승리함으로써 난국을 돌파하려고 하였다. 18년 고구려 우산성을 공격하였으나 실패하였다는 것이나, 26년 신라의 도움으로 고구려의 공격을 막아냈다는 기록들이 저간의 사정을 짐작하게 한다.

한강 유역을 회복하여 백제의 옛 영광을 차지하려는 성왕에게 고구려와의 전쟁에서 승리는 매우 중요한 정치적 함의를 갖는 것이었다. 무령왕 때에도 건재하였던 마한 남부연맹은 성왕 즉위 초에도 여전히 그들의 존재를 과시하고 있었다. 고구려와 치열한 전투를 치르고 있는 성왕에게 마한 남부연맹과의 통합은 시급한 과제였다. 즉 배후의 적을 없애고 국력을 극대화하는데 중요하였기 때문이다. 그렇기 때문에 마한 남부연맹의 독립적인 지위를 인정할 수밖에 없었을 것이다. 1:1의 대등한 통합이 이루어졌던 것이다. 성왕 때 행정 구역 개편에서 추가된 15개 군이 노령산맥이남 지역에 위치하고 있는 것이 이러한 사정을 잘 말해준다. 곧 마한 남부연맹의 정치적 지분을 완전히 인정한 것이라 하겠다.

그러나 마한과 통합을 추진하면서 성왕은 한편으로는 마한 남부연맹 세력을 견제하려 하였던 것으로 보인다. 사실 웅진 천도 후 정치적 기반이 미약한 백제 왕실의 입장에서 강력한 마한 세력의 편입은 엄청난 부담으로 작용하였을 것이다. 이에 성왕은 마한남부연맹 세력에게 정치적 주도권을 빼앗기지 않으려 가능한 수단을 찾았을 법하다. 백제 왕실이 부여계라는 점을 강조함으로써 왕실의 정통성을 대내외에 표방하려 하였던 것이다. 그것이 국호는 물론이고 수도 이름까지 '남부여'라는 명칭을 사용한 배경이 아닌가 한다. 최근 국호 개칭이 성왕이 영산강유역 마한세력을 복속한 것과 관련이 있다는 연구가 나왔다. 즉, 영산강 유역의 마한 세력을 병합한 성왕이 마한 세력들에게 백제 왕실이 부여계라는 것을 각인시키기 위한 것이라는 의견이다. 물론 '백제의 마한 병합'이라는 관점에서 접근하였기 때문에 저자와는 견해가 다르나, 마한 세력의 통합을 국호 변경과 관련지어 설명했다는 점에서는 나름대로 의미가 있다고 여겨진다.

여하튼 마한 남부연맹과 대등한 통합을 추진한 성왕이 부여계 계승을 지나치게 강조한 것은 기존 백제의 토착 세력은 물론 새롭게 백제 지배 세력으로 편입된 마한 남부연맹 세력의 강한 반발을 불러 일으켰을 가능성이 충분하다. 성왕이 사비 천도 후에도 추진한 무리한 대외원정은 통합 후의 갈등을 밖으로 돌리기 위한 수단이었는지도 모르겠다. 신라가 차지한 관산성(지금의 충북 옥천)을 성왕이 공격하려 할 때 적극 반대한 '기로(耆老)'라 불리는 집단이 있다. 이들은 아마도 귀족회의를 구성한 집단으로 해석할 수도 있으나 어쩌면 마한계통의 정치세력이 아니었을까 짐작된다.

이와 같이 내부의 강력한 반발이 있었다는 것은 성왕의 무리한 대외원정 자체가 부여계 중심의 왕권을 강화하려는 정치행위에 있었음을 말해주는 것이라 하겠다. 말하자면 고구려와의 전쟁을 수행하기 위해 마한 남부연맹과 통합을 서둘렀던 성왕이 마한 남부연맹 세력과 포용·융합하려는 노력보다는 왕권을 강화하려 하다 오히려 갈등을 부추기는 결과를 가져온 셈이다. 그리고 이러한 내부의 혼란을 전쟁을 통해 극복하려 하였지만 뜻을 이루지 못한 채 오히려 신라와의 싸움에서 전사하고 말았다. 백제는 정치적으로 급격히 혼돈상황에 빠지게 되었다.

5. 무왕의 마한 남부연맹 포용책과 서동설화

무왕 탄생 설화로 변용된 무강왕 설화

저자는 일본에서 백제를 지칭하는 '구다라'라는 용어는 실은 '마한'을 의미한다는 사실을 새롭게 밝혔다. 일본 고대문화의 원형은 '백제'가 아닌 '마한' 그것도 '한반도 남부에 있는 마한'이었다. 이를 '매'를 뜻하는 '응준(鷹準)'을 마한 남부연맹에 해당하는 영산강 유역 정치 세력을 연결을 지어 논증하였다. 백제 건국 세력이 '사슴'을 상징한 것과 달리 영산강 유역의 마한 세력은 '새', 곧 '매'가 상징이었다.

앞서 신라 선덕여왕 때 '응유'라는 표현이 나왔음을 살폈다. 당 태종은 선덕여왕을 '女主不能' 곧 여왕이 통치하여 정치가 혼란스럽다고 비아냥거리며 조롱하고 있었다. 이러한 틈을 이용하여 백제는 신라 서부 요충지인 대야성(지금의 경남 합천)을 공격하여 성주인 김춘추의 딸과 사위 김품석을 살해하였다. 신라는 그야말로 국가 존망을 예측하기 어려운 시기였다.

이 난국을 불력(佛力)을 통해 극복하기 위해 선덕여왕은 자장의 건의를 받아 황룡사에 9층탑을 세웠다. 『삼국유사』 황룡사 찰주본기에 9층탑과 관련이 있는 인근 아홉 나라 이름이 있는 것이 이를 말한다. 이때 저자가 주목한 것은 신라가 백제를 '응유(鷹遊)'라고 표현했다는 점이었다. 응유는 '매'를 뜻하는 '응준'과 같은 의미로 백제를 '응준'으로 인식하고 있었다는 것이다.

당시는 백제 무왕 때로, 신라는 성왕 때 새로 제정된 '남부여'나 원래 국호인 '백제'를 사용하여야 함에도 마한 남부연맹을 상징하는 '웅준'을 사용하였다는 점이 얼른 수긍되지 않는다. 다시 말하면 신라가 백제를 '웅유'라 불렀던 데는 필시 까닭이 있으리라 생각되었다. 성왕 때 국호를 바꾸었다 하더라도 그다음 위덕왕이 중국 북제로부터 받은 책봉에서 '남부여왕'이 아닌 '백제왕'이라고 되어 있는 것을 보면 성왕이 신라와의 전투에서 전사한 후 '남부여'라는 국호가 사실상 폐기상태에 있었기 때문이라고 생각할 수 있다.

그렇지만 『삼국유사』에 '남부여(南扶餘)·전백제(前百濟)·북부여(北扶餘)'라고 하여 백제의 역사를 일별하고 있는 것을 볼 때, 후대까지도 '남부여'가 '백제'를 대신한 새로운 국호로 인식되고 있었을 가능성도 커 이 주장을 그냥 받아들이기 어렵다. 어쩌면 7세기 전반 무렵 신라가 백제를 '웅준'으로 인식한 것은 백제와 마한의 통합이 이루어진 무왕 때에 백제의 지배세력이 마한 남부연맹 출신으로 바뀌어 있음을 말해주는 것은 아닐까 하는 생각이 들었다.

잘 알다시피 무왕은 의자왕의 父로, 무려 42년 동안 왕위에 있었다. 백제는 성왕이 신라 진흥왕 군대와 관산성(지금의 충북 옥천)에서 싸우다 전사한 이후, 왕위 계승을 둘러싸고 갈등이 격화되고 있었다. 성왕을 이은 위덕왕은 45년이라는 긴 기간 동안 왕위에 있었지만, 그 뒤의 혜왕과 법왕은 불과 2년 만에 사망하는 등 무언가 석연치 않은 부분이 있다. 혜왕을 『삼국사기』에는 성왕의 둘째 아들이라고 하였으나, 『삼국유사』에는 위덕왕의 아들이라고 하였고, 법왕은『삼국사기』에는 혜왕의 장자라고 하였지만,『수서』동이전 백제 조에는 위덕왕의 아들이라고 하는 등 기록에 혼선이 보인다. 이러한 특이 사항을 우연으로 보기에는 아무래도 석연치 않다. 말하자면 혜왕과 법왕의 출계가 이처럼 혼선을 빚은 것은 왕위 계승을 둘러싼 정치 세력 간의 치열한 알력 다툼을 보여주는 것은 아닌지 하는 생각이 든다.

이러한 상황에서 무왕이 즉위하였다. 무왕은『삼국사기』에는 법왕의 아들로 나와 있으나, 그의 출계에 대해서는 이설(異說)들이 많다. 대표적인 것이『삼국유사』에 수록된, 우리가 너무나 잘 알고 있는 서동 설화에 나오는 마를 파는 마동이 무왕이라고 하는 설명이다. 원문 일부를 인용해보면 다음과 같다.

> "무왕 <고본(古本)에는 '무강(武康)'이라 했으니 잘못이다. 백제에는 무강이 없다.> 제30대 무왕의 이름은 장(璋)이다. 어머니가 과부가 되어 서울 남쪽 연못가에 집을 짓고 살았는데 연못의 용과 관계하여 태어났으며, 어릴 때 서동이라 하였다. 항상 마를 캐어 팔아서 생업을 영위하였기에 나라 사람들이 이로 인하여 이름 하였다."

우선 무왕의 출계가 이처럼 한미한 것으로 나타나 있는 것은 비록『삼국사기』에 법왕의 아들로 나와 있지만, 실제는 한미한 몰락 왕족의 후예일 가능성을 보여준다. 말하자면 성왕이 전사한 이후 크게 동요한 백제 왕권은 혜왕, 법왕을 거치며 주도권이 이미 귀족들에게 넘어갔던 것을 보여주는 것은 아닐까 하는 것이다. 그렇다면 귀족들은 그들이 제어하기 쉬운 인물을 왕으로 옹립할 가능성이 크다고 믿어진다. 무왕=마동 설화는 이러한 당시 상황을 보여주는 것이라 하겠다.

그런데 흥미로운 것은 『삼국유사』의 '기이'편 무왕 대를 다룬 내용이 신라 마지막 왕 경순왕인 '김부대왕' 조에 이어 나오는 ⓐ'남부여, 前百濟, 북부여', ⓑ'무왕', ⓒ'후백제, 견훤', 그리고 '가락국기' 순서의 가운데 배치되어 있다는 점이다. 이 가운데 가락국기는, 일연 스님이 후대의 기록을 추가한 것이기 때문에 별도의 것이기는 하지만 백제와 후백제, 가야의 건국 설화를 다루고 있다는 공통점이 있다. 이와 같은 건국 신화와 관련된 항목 사이에 '무왕'의 출생과 관련된 내용을 일연 스님이 배치한 것은 어떤 의도가 있어 보인다. 말하자면 무왕 조에 실려 있는 서동설화가 단순한 설화가 아닌 백제나 후백제의 건국 신화처럼 신화적인 의미도 내포하고 있는 것은 아닐까 하는 생각이 든다. 곧 서동설화에 나오는 무왕 탄생 설화는 또 다른 건국 신화를 의미하고 있는 것이라 믿어진다.

서동 설화에 나오는 무왕의 실체에 대해 『삼국유사』 찬자인 일연 스님은 무왕을 '古本에는 무강(武康)'이라 하였지만, 백제에는 '무강왕'이 없으므로 잘못이라는 세주(細注)를 달고 있다. '무강왕'을 '무왕'으로 연결 지어 생각하는 전승이 일찍부터 있었음을 내비치고 있다. 서동 설화에 나오는 '무왕 출생 설화'의 원형이 '무강왕 출생 설화'였을 가능성을 짐작하게 한다. 무강왕 탄생 설화가 무왕 탄생 설화로 변용되었다는 의미이다. 이러한 설화 변용이 일어난 까닭을 알아보려 한다.

이병도는 이 설화에 나오는 '무강왕'은 음이 비슷한 '무령왕'임이 분명하므로 동성왕 대의 신라와 백제의 귀족 간에 이루어진 혼인이 설화의 모티브였다고 살핀 바 있다. 한때 이병도의 주장을 많이 받아들이기도 하였지만, 최근에는 일연 스님의 해석을 좇아 무왕 관련 설화로 보려는 분위기가 강하다. 심지어 무왕과 신라 진평왕의 딸이 혼인한 것으로 나와 있는 설화 내용이 당시 역사적인 사실의 반영이라고 주장하는 연구자도 상당하다.

반면 서동 설화에서, 선화공주가 궁궐에서 쫓겨난 후 황금을 얻어 잘살고 있다는 내용이 우리나라 곳곳에 전승된 '내 복에 먹고 산다'라는 민담의 한 형태 또는 쫓겨난 공주가 어리석은 남편을 출세시키는 바보 온달 이야기와 비슷한 것으로 볼 때 서동 설화는 史實의 기록이 아니라 무왕이라는 역사적 인물을 신성시하는 과정에서 기존의 구전설화가 시대 상황에 맞게 차용된 것에 불과하다는 견해도 있다.

『고려사』 지리지 금마군조에 "금마군은 본래 마한국이다. 후조선왕 기준이 위만의 난을 피해 바다를 건너 남쪽으로 韓의 땅에 이르러 나라를 열고, 마한이라 하였다. (중략) 후조선 무강왕과 비의 릉이 있다. 세간에는 말통 대왕이라고 한다. 백제 무왕의 어릴 때 이름이 서동이라고 한다"고 하여 무강왕의 무덤이 금마군 곧 현 전북 익산에 있음을 알려주고 있다. 『신증동국여지승람』 익산군조에도 "미륵사는 용화산에 있다. 세상에 전하기를, 무강왕이 인심을 얻어 마한을 세웠다. 하루는 선화부인과 함께 사자사에 가기 위해 산 아래 큰 연못가에 이르렀는데 세 미륵이 연못에서 나왔다. 지명법사를 찾아가 연못을 메울 방술을 물었더니, 법사가 신력으로 하룻밤 사이에 산으로 연못을 메워 이곳에 불전을 창건하고 세 미륵전을 만들었다. 신라 진평왕이 백공을 보내 도움을 주었는데, 석탑의 높이가 여러 장(丈)이나 되어 동방의 석탑 중에 가장 큰 것이다"라는 미륵사 탑 창건 설화가 실려 있다.

『고려사』와 『신증동국여지승람』 두 사서 모두 '무왕'을 '무강왕'이라 부르고 있고, 무강왕이 '마한'을 건국하였다고 한 기록이 관심을 끈다. 미륵사 탑 창건 설화가 『삼국유사』와 비슷한 구조를 보여, 『삼국유사』를 참고하여 『동국여지승람』이 정리되었을 가능성도 얼마든지 있다. 그렇다고 하더라도 『삼국유사』 찬자처럼 '무왕'이라 하지 않고 '무강왕'이라는 표현을 사용한 것을 볼 때, '무강왕'이 '무왕'보다 훨씬 고본(古本)에 충실한 것이 아닌가 생각된다. 서동 설화는 무왕이 아닌 무강왕과 관계가 있는 설화인 셈이다.

최근 미륵사지 석탑 해체 복원 과정에서 발견된 사리 봉안기에 "우리 백제 왕후께서는 좌평 사택지적의 딸로 깨끗한 재물을 희사하여 가람을 세우시고, 기해년(639) 정월 29일에 사리를 받들어 맞이하셨다"라는 구절이 있다. 무왕 대에 미륵 서동 설화가 들어 있는 '무왕' 항목이 『삼국유사』 기이편의 '@남부여(南扶餘)·전백제(前百濟)·북부여(北扶餘)'와 'ⓑ후백제·견훤' 항목 사이에 배치된 점을 위에서 잠시 주목한 바 있다. 말하자면 백제의 건국 설화가 대부분을 차지하고 있는 @와 견훤이 지렁이 아들이었다고 하는 내용이 대부분을 차지하는 후백제 건국 설화(ⓑ) 사이에 무왕의 출생 설화가 대부분을 차지하는 '무왕(ⓒ)' 항목이 위치해 있다. 말하자면 무왕 항목도 건국 설화일 가능성을 높여준다. 무왕이 연못의 용의 아들이라고 나와 있는 설화 내용을, 무강왕이 마한을 세웠다는 것과 연결을 지어 보면, ⓒ의 '무왕' 항목은 마한 건국 설화를 말함이 분명해 보인다.

왕비 등이 발원하여 창건이 이루어졌다는 것을 알려준다. 곧 미륵사 탑이 무왕 부부가 발원하여 창건되었다는 서동 설화는 역사적 사실을 반영하고 있다. 동시에 마한의 건국 신화인 무강왕 탄생 설화인 서동설화가 무왕 탄생 설화로 변용되었음도 짐작하게 한다. 곧 무왕이 무강왕 건국 설화를 차용하고 있는 것이라 하겠다.

실제 무왕은 왕궁리라는 지명이 남아 있을 정도로 익산 지역으로 천도하려는 강한 의지를 보였고, 그곳에 거대한 미륵사탑을 세웠다. 특히 최근 발굴 조사 과정에서 무왕의 무덤으로 확인되고 있는 쌍릉 존재에서 알 수 있듯이, 사후에도 익산에 머무르려 하였다. 무왕이 마한 건국 설화인 무강왕 설화까지 차용하며 익산 지역과 관련성을 강조하려 한 이유가 궁금해진다. 무왕 때 신라인들이 백제를 가리켜, '백제'나 '남부여'라 하지 않고 마한 남부연맹을 상징하는 '웅준'이라고 불렀던 것과 연결 지어 볼 때 예사롭게 생각되지 않는다.

마한계의 통합과 무강왕 설화의 변용

무강왕 설화가 무왕 설화로 부회된 까닭에 대해 무강왕을 무령왕으로 살피며 마한 사회가 백제에 통합된 이후 그 세력이 성장하여 마침내 왕위까지 차지했기 때문에 나온 것이라는 견해가 있다. 마한계통의 정치 세력이 왕위를 차지할 정도로 강력한 세력을 형성하고 있었다고 살핀 점은 의미가 있어 보인다. 그러나 이 견해는 5세기 말 이전에 마한이 백제에 통합되었다는 것을 전제로 나온 것이기 때문에 받아들이기 어렵다. 게다가 무령왕은, 중국 사서에 '부여융'이라는 뜻을 지닌 '여융(餘隆)'으로 나와 있어 부여씨 계통임을 분명히 하고 있고, 왕릉조차 중국 남조 문화를 계승한 벽돌무덤이라는 점을 고려하면, 무령왕을 마한계통으로 연결할 하등의 근거는 없다.

이 설화는 무왕이 마한계를 적극적으로 끌어안고 있는 이중성을 보여주고 있다. 만약 무왕이 마한계라고 한다면 굳이 무강왕과 무왕의 이중성이 나타나지 않았을 것이다. 따라서 서동 설화는 마한계가 직접 왕위를 차지했을 가능성보다는 백제인들이 마한인과 통합을 시도하면서 그 지역의 원형 신화라고 할 수 있는 마한 건국 신화가 백제의 국왕 탄생 설화로 수용되어 전승된 것으로 보는 것이 순리이겠다. 더구나 수용 주체가 무왕이라는 점에서 백제의 필요 때문에 형성된 것이라 여겨진다. 백제의 마한 통합이 백제에 의한 '복속'이 아니라 상호 '대등한' 수준의 통합이었음을 보여주는 결정적인 증거의 하나라 하겠다.

이러한 모습은 후백제를 세운 견훤이 "(견훤이) 인심을 얻은 것을 기뻐하며 좌우에 알렸다. 내가 삼국의 시원을 상고해보건대 마한이 먼저 일어나고 후에 혁거세가 발흥하였으므로, 진한과 변한이 그에 따라 일어났다. 이에 백제는 금마산에서 개국하여 육백여 년이 되었다"라고 하는 데서 어느 정도 이해할 수 있겠다. 삼한 가운데 마한이 가장 먼저 일어났고 백제가 금마산에서 開國을 하였다는 내용인데 견훤이 백제와 마한의 정통성 계승에 많은 관심을 가졌음을 알려준다. 만약 마한이 일찍 백제에 흡수되고 역사상 그 존재가 미미했다면 견훤이 일부러 마한의 정통성을 강조할 이유가 없다. 마한과 백제의 통합이 거의 동등하게 이루어졌음을 짐작하게 한다.

견훤왕 31년(922) 이루어진 미륵사 개탑 의식은 마한의 정통성을 계승했다는 견훤의 의지가 반영된 것이라 하겠다. 견훤이 익산에서 백제가 건국되었다고 주장하고 있는 것도 이곳 금마저가 왕도(王都) 사비와 비교되는 역사성에다 무왕의 마한신화 수용과도 관련이 있지 않나 한다. 전남의 서남단 즉, 영산강 하구 쪽에서 세력을 키워 무진주를 거쳐 완산주에 이르러 후백제를 건국한 견훤왕은 이들 지역이 과거 마한 남부연맹의 강고한 지역임을 누구보다 잘 알고 있었다. 견훤이 마한 역사 계승의식을 분명히 한 까닭이다.

서동 설화는 부여계인 무왕이 마한계를 끌어안고 있는 이중성을 보여주고 있다. 백제는 건국 원년(BC18) 동명왕묘(東明王廟)를 세워 동명왕 계승의식을 강조하였다. 동명 신앙이 백제 왕실의 이데올로기이자 정체성의 핵심 요소였던 셈이다. 유이민인 부여계가 갖는 한계를 천손

의식을 강조함으로써 극복하려 했다. 그러자 고구려 또한 대무신왕 3년(AD20) 동명왕묘를 세워 부여족 계승의식을 강조하였다. 백제와 고구려가 서로 천신의 아들, 동명의 계승자를 자처하며 경쟁하는 구도가 성립되었다. 475년 한성 함락으로 동명묘(東明廟)를 상실한 백제는 심각한 정통성 딜레마에 빠졌다. 494년 부여계 원조 격인 북부여가 고구려에 흡수 통합되자, 백제는 부여계 정통 계승자를 자처하며 정통성 약점을 보완하려 하였다. 성왕의 '남부여' 국호 개칭은 약화된 부여계의 정체성을 보완하려 한 것이라 하겠다.

그렇다고 하더라도 국호 변경은 동서고금을 막론하고 매우 위험한 결정이라 할 수 있다. 말하자면 단순히 부여계라는 정체성을 강조하기 위한 수단으로 국호를 바꾸었다고 보기에는 설득력이 약하다. 성왕이 국호를 변경하면서까지 부여계가 백제의 정통이었다고 하는 것을 드러내려 했던 절박한 이유가 있었을 법하다. 이에 대해 백제의 남천 이후 마한계의 정치적 위상이 높아지자 부여계가 위기의식을 드러낸 것이라는 일부 의견이 있다. 이러한 지적을 저자도 역시 동감한다. 그렇지만 기존 견해의 마한 세력은 백제를 구성하였던 마한 북부연맹 토착 세력을 염두에 두고 있다. 저자가 강조하고 있는 마한 남부연맹과는 구분된다.

성왕 대에 이르러 비로소 백제와 마한 남부연맹이 통합하였다는 것은 그때 이루어진 지방 행정 기구 정비를 통해 알 수 있다. 고구려와 대회전을 준비하며 신라를 끌어들이고 있는 성왕은 마한 남부연맹 세력과의 통합은 매우 중요할 수밖에 없었다. 따라서 양국의 통합은 백제가 많이 양보할 수밖에 없는 대등한 통합이 이루어졌다. 그러나 막상 통합을 성사시켰지만, 성왕은 독자적 세력 기반을 지닌 마한 남부연맹을 의식하지 않을 수 없었다. 성왕이 부여계의 정통임을 새삼스럽게 강조하며 국호 변경을 추진한 현실적인 배경이라 하겠다. 성왕의 '남부여' 국호 사용은 표면상으로는 북부여 계승을 표방한 것 같지만 실제는 마한계를 의식한 정치적 행위였던 셈이다.

그러나 국호 변경이라는 강력한 수단을 동원하여 부여계 중심의 왕실 권력을 구축하려 한 성왕의 의도는 성공하지 못하였다. 한성 수복 작전이 실패하고 성왕이 전사하면서 부여계의 정체성 회복 운동은 물거품이 되었다. 성왕의 아들 위덕왕이 북제로부터 책봉을 받을 때, '남부여'왕이 아닌 '백제'왕으로 받은 사실이 이러한 사정을 말해준다. '남부여' 국호 사용이 기존 토착 마한 세력은 물론 새롭게 편입된 마한 남부연맹 세력의 강한 반발을 불러일으켰을 법하다. 부여계 계승자라는 이데올로기를 표방함으로써 정치적 주도권을 장악하려 하였던 성왕의 의도는 성공하지 못한 채 마한계와 갈등만 드러냈다. 오히려 정국의 주도권이 부여계 왕실에서 마한 남부연맹으로 넘어가는 상황이 전개되었다.

부여계 백제 왕실은 그들의 존립을 위해 마한 남부연맹 세력을 국정의 동반자로 인정할 수밖에 없었다. 이러한 모습이 부여계 정체성 회복 운동이 사실상 힘을 잃게 된 위덕왕 때부터 나타났다는 의견도 있지만,

혜왕·법왕 대를 거치면서 정국의 주도권이 마한 남부연맹으로 넘어간 것은 분명해 보인다. 610년 무렵 무왕 11년 무렵에 작성된 것으로 보이는 나주 복암리 출토 목간에서 덕솔, 나솔, 간솔 등 백제의 중앙관직명이 보인다. 이를 중앙에서 이 지역을 직접 지배한 증거라고 하여 백제의 마한 지배의 중요한 근거의 하나로 보고 있다. 그렇지만 이 무렵은 무왕 스스로 마한 출계(出系)임을 강조하며 마한계와 결합을 시도하고 있었던 시기이다. 곧 마한계의 정치적 비중이 커지고 있던 때였다. 따라서 복암리 출토 목간은 백제가 마한 남부연맹을 지배하였다는 증거가 아니라 마한 남부연맹이 백제와 통합왕국을 구성하였다는 근거로 이해하는 것이 훨씬 논리적이다.

저자의 이러한 추론을 뒷받침해주는 증거가 바로 황룡사 9층탑 찰주본기에 나와 있는 '응유'라고 하는 국가 이름이다. '응유'는 '응준'과 같이 사용되는데 이미 이승휴의 제왕운기에도 백제의 별칭이라고 언급되고 있는 바와 같이 백제를 가리키고 있음은 분명하다. 이를 토대로 조법종은 '응유'는 '백제의 별칭'이라고 살폈고, 그의 주장이 2018년 7월 출간된 광주광역시교육청 인정도서에도 반영되어 있다.

그러나 이미 저자가 자세히 언급한 바 있지만 '매'를 상징하는 '응유'는 차령 이북에 있는 백제를 지칭하는 정치체가 아닌 차령 이남 지역의 마한 남부연맹의 별칭이었다. 그 중심에 영산강 유역의 정치체가 있었다. 매는 사슴을 상징한 부여계통의 백제와 달리 마한 남부연맹의 상징이었다. 백제가 5방으로 지방 편제를 할 때 남방을 '매'와 관련 있는 '구지하성(久知下城)'이라고 하였던 것도 이와 무관하지 않다. 구지하성의 위치에 대해서는 논란이 있지만, 전북 김제에 해당하는 금구현의 옛 명칭을 '구지지산'이라 하는 것을 볼 때 이 지역을 말하고 있을 가능성도 높다. 더욱 '구지하성'이 익산의 옛 지명의 하나라는 사실과 관련지어 볼 때 매는 차령 이남에 있는 마한 남부연맹의 상징임은 분명하다. 그런데 '응준'이라는 명문이 있는 유물이 복암리에서 출토된 것으로 볼 때 그 중심지가 영산강 유역임을 알려준다.

그런데 이와 같은 '매'를 뜻하는 '응유'라는 별칭을 신라가 '백제' 또는 '남부여' 대신 사용하였다는 것은 7세기 전반에 이미 백제의 정치 중심이 사실상 마한 남부연맹 출신으로 넘어갔음을 보여준다. 이 과정에서 무왕은 마한계와 철저하게 상생을 꾀함으로써 갈등을 차단하며 정국의 안정을 이루려 하였다. 반면 의자왕은 즉위하자마자 귀족 세력, 어쩌면 마한계를 숙청하며 부여계 중심의 정국 주도권을 회복하려 하였던 것으로 보인다. 이러한 의자왕의 의도는 결국 내부 갈등만 촉발한 채 백제 멸망 요인이 되었다.

서동 설화를 보면 백제 무왕의 이야기를 모티브로 삼았지만, 진평왕이 백공을 보내 미륵사 건립을 도와주고 있는 것으로 나와 있다.『삼국유사』황룡사 9층목탑 찰주본기에도 645년 무렵 백제 건축가 아비지가 신라에 초청되어 황룡사 9층탑을 만들었다고 설명되고 있다. 백제와 신라 양국이 상호 우호적인 관계임을 보여주고 있다. 이러한 관점에서 서동 설화는 신라가 백제를 통합한 이후 백제인을 회유하기 위한 사상 통합 정책의 일환으로 삼국 통일 후에 만들어졌다는 의견도 있다. 하지만 원래 마한·백제의 설화였던 서동 설화가 신라의 필요에 따라 후대에 변용의 과정을 거치며 나타난 형태라고 이해하는 것이 설득력이 있다.

5장

후대에 계승된 마한의 정체성

5장

후대에 계승된 마한의 정체성

1. 백제 멸망기 마한의 정체성

마한의 정체성 표출과 당의 5도독부 설치

영산 지중해를 중심으로 전개된 포용성과 개방성을 바탕으로 형성된 마한 지역의 고유한 문화특질은, 영산강식 토기라는 이 지역의 독자적 정체성으로 발전하였다. 용맹한 마한 사람은 서로 경쟁하면서도 먼저 양보하였고, 금은보다 옥을 사랑하였다. 이러한 마한의 독특한 정체성은 분립 상태에 있으면서도 상호 공존한 정치적 상황과 관련이 깊다. 따라서 비록 강력한 중앙집권적인 정치체제가 충분히 발달하지 않았다 하더라도 백제와 대등한 단계에서 통합할 수 있었고, 그 이후에도 그 정체성은 계속 유지되고 있었다. 신라에 복속된 뒤에도 그 정체성은 더욱 강고하게 작동되고 있었다. 통일신라 말 견훤은 이러한 마한의 정체성을 후백제를 건국할 때 이용하고 있었다. 이를 통해 마한 정체성이 이 무렵에도 이 지역에 뿌리내려 있음을 확인할 수 있다.

『삼국사기』 견훤전에

> "견훤이 나라를 세울 때 서쪽으로 순행하여 완산주에 이르니 州
> 의 백성들이 환영하고 고마움을 드러냈다. 견훤이 인심을 얻은 것을
> 기뻐하여 좌우에 다음과 같이 말하였다. 내가 삼국의 시초를 찾아보
> 니, 마한이 먼저 일어나고 후에 혁거세가 일어났다. 그러므로 진한
> 과 변한은 그를 뒤따라 일어난 것이다. 이에 백제는 金馬山에서 개
> 국하여 6백여 년이 되었다. … 지금 내가 감히 완산에 도읍하여 의자
> 왕의 오래된 울분을 씻어야 하지 않겠는가?"

라 하여, 견훤이 완산(전주)에서 나라를 세우게 된 배경이 나와 있다. 다
분히 완산 주민들을 의식하는 발언이라 생각할 수 있다. 이를 통해 견
훤이 백제 계승의식을 분명히 하였음을 알 수 있다. 하지만 삼국의 시
초를 마한에서 찾고, 마한의 중심지인 금마산에서 백제가 개국하였다
고 한데서 마한 역사 인식을 분명히 하였음을 알 수 있다. 견훤이 마한
에서 백제로 이어지는 역사 인식을 지녔음을 알 수 있다. 이러한 역사
인식은 견훤 자신의 인식이라고 할 수도 있지만, 다른 한편으로 옛 마
한 지역인 무진주·완산주 지역민들의 역사 인식이라고도 할 수 있을 것
이다. 이처럼 마한 중심의 역사의식이 견훤 시기까지 내려왔다는 것은,
이 지역에 마한 정체성이 뿌리내려져 알 수 있다.

영산강 유역을 중심으로 형성된 마한 정체성은 백제와 마한이 통합
된 후에도 계속되고 있었다. 마한 정체성을 무너뜨리기 위해 국호를 남
부여로 바꾸면서까지 왕권을 확립하려 하였으나 오히려 마한계의 강

한 반발로 국호 변경을 포기할 수밖에 없었다. 결국, 무왕은 익산으로 천도를 시도하며 마한의 무강왕 건국 설화를 무왕의 탄생 설화로 변용하면서까지 마한계를 포용하려 하였다. 이러한 인식이 선덕여왕 때 신라에서는 백제를 마한의 별칭인 '응유'로 표현하게 하였다.

그러나 무왕을 이어 왕위에 오른 의자왕은 마한계로 대표되는 지배 세력을 억누르려는 정책을 썼다. 의자왕이 백여 명 이상의 귀족을 죽였다는 『일본서기』 기록은 이를 두고 하는 말이라 여겨진다. 이에 대한 귀족 곧 마한계의 반발은 정치적 혼란을 불러일으켜, 마침내 백제는 멸망의 길로 들어서게 되었다.

그런데 백제 멸망 당시에도 옛 마한 지역민들이 가지고 있는 마한 정체성은 강고하게 유지되고 있었다. 이러한 사실을 의자왕의 아들인 부여 융의 묘지석을 통해 어느 정도 살필 수 있다. 사비성이 함락되자 웅진으로 피신하였던 의자왕은 바로 붙잡혀서, 왕 본인과 태자 융, 대신 88명, 백성 1만 2000명이 당에 끌려갔다. 의자왕은 바로 병으로 죽어 북망산에 묻혔지만, 태자 융은 663년 백강 전투 때 당군과 함께 참여하기도 하였다. 이것이 인연이 되어 융은 웅진도독에 임명되어 옛 백제 지역을 관할하는 책임을 맡았다. 당의 이이제이(以夷制夷)정책에 이용된 셈이다. 융의 묘지석은 역시 부흥 운동을 하다 당에 건너가 당을 위해 많은 공을 세웠던 흑치상지의 것과 함께 발견되어 당시의 사정을 이해하는 데 많은 도움을 주고 있다.

부여융의 묘지석 일부를 인용하여 본다.

"公은 이름이 융(隆)이고 字도 隆으로, 백제 진조인(辰朝人)이다. … 공은 어려서부터 남다른 모습을 보였고, 일찍부터 뛰어난 용모를 지녔으니, 그 기세가 삼한을 압도하였고, 그 이름이 양맥(兩貊)에 드날렸다. (중략) 공의 정성이 천자에 계속 다다르자 포상이 거듭 내려졌으니, 마침내 그 지위는 卿의 반열에 들게 되었고, 영광은 번국을 꿰뚫게 되었다. 그러나 마한에 남아 있던 무리들이 이리와 같은 마음을 고치지 않고, 요해 바닷가에서 올빼미처럼 폭력을 펼쳤으며, 환산 지역에서 개미 떼처럼 세력을 규합하였다. 이에 황제가 크게 노하여 천자의 병사가 위엄을 발하였으니, 상장군은 지휘의 깃발을 옹위하였고, 정예의 중군은 군율을 받들었다. 이들을 병탄하는 꾀는 비록 조정의 계책에 따르는 것이지만 백성을 위무하는 방책은 사람의 덕에 의지하는 것이니, 이에 공을 웅진 도독으로 삼고 백제군공에 봉하였으며, 이어서 웅진도총관 겸 마한도안무대사로 삼았다. 공은 신의와 용감성을 일찍부터 길러왔고, 위엄과 포용력이 본디부터 충만하였으니, 읍락들을 불러 회유하매 흩린 것을 소중하게 줍듯이 하였고, 간악한 무리를 섬멸하매 뜨거운 물에 눈 녹듯이 하였다."

부여융이 자신을 가리켜 백제 진조(辰朝)인이라 하였다. 여기서 진조는 삼한 이전에 있었던 진국을 말한다. 백제가 한반도에서 가장 오랜 역사를 가졌음을 부각한 것으로 보인다. 이는 신라를 견제하려는 당의 인식이 어느 정도 반영되어 있었다. 그런데 '마한에 남아 있던 무리가 이리와 같은 마음을 고치지 않고 요해 바닷가에서 올빼미처럼 폭력을 펼쳤으며 환산 지역에서 개미 떼처럼 세력을 규합하였다. 이에 황제가 크게 노하여 천자의 병사가 위엄을 발하였으니'라는 구절이 주목된다.

여기서 '마한에 남아 있던 무리가 폭력을 펼쳤으며'라는 구절은 백제 부흥 운동을 말하는 것이고, '환산에서 개미 떼처럼 세력을 규합했다'라는 구절은 고구려 부흥 운동을 말한다.

그런데 백제 부흥 운동을 가리켜 '마한에 남아 있던 무리'라는 표현이 관심을 끈다. 부여융이 '백제'라 하지 않고 '마한'이라고 하는 까닭이 궁금하다. 혹자는 '마한'이 '백제'를 의미한 것이라고 한다. 하지만 '백제' 대신에 '마한'이라는 표현을 굳이 사용하였을 때는 그만한 이유가 있었을 법하다. 실제 옛 마한 지역 주민들의 거부감이 컸을 가능성도 있다. 백제 패망의 책임이 있는 백제 왕실이 웅진 도독이 되어 마한 지역을 통치하려 하는 것에 대한 옛 마한 출신의 거부감이 컸음을 말해준다. 웅진도독부를 요동으로 옮기지 않으면 안 될 정도로 저항이 심하였음을 알 수 있다.

『삼국사기』 지리지 백제조에 "백제를 멸망시킨 당은 옛 백제 지역에 웅진·馬韓·東明 등 다섯 도독부를 설치하고, 이어 그 지방 수령으로 도독부 자사(刺史)를 삼았다. 그리고 얼마 되지 않아서 신라에서 그 지역을 다 차지하여 웅주·전주·무주의 3주와 여러 군현을 설치하였다."라 하여 당이 백제를 멸망시킨 직후 백제 땅에 다섯 도독부를 설치하였음을 알려준다. 같은 책 백제 본기 의자왕 20년 조에는 웅진·마한·동명·금연(金漣)·덕안의 다섯 도독부를 두었다 하여 지리지에 언급되지 않은 나머지 도독부 이름이 금연과 덕안임을 확인해준다.

이들 도독부가 원래 백제의 5방이 있는 곳에 설치된 것은 아닐까? 라고 추정할 수 있다. 『周書』와 『北史』백제전에는 중방 고사성, 동방 득 안성, 남방 구지하성, 서방 도선성, 북방 웅진성이라 하였는데, 이 가운 데 북방의 웅진성과 동방의 득안성이 그대로 당의 도독부 명칭으로 사 용되었음을 알 수 있다. 나머지 3방은 도독부와 방의 명칭이 달라 5방 이 있었던 곳과 다섯 도독부가 일치하는가에 대해서도 단정할 수 없다.

『삼국사기』 지리지에는 다섯 도독부 대신 도독부 하나와 7개의 주 이름이 나온다. 처음 계획한 다섯 도독부 대신 웅진도독부를 중심으로, 하나의 도독부 체제로 전환한 것이 아닌가 하는 생각이 든다. 웅진도독 부 산하의 13현 가운데 득안현이 있는데, 덕안도독부가 도독부의 일개 현으로 강등되었음을 보여준다. 아울러 4개의 속현을 거느린 동명주가 있는데, 이 또한 동명 도독부가 격하된 것으로 보인다.

이처럼 5도독부 체제를 1도독부 체제로 전환한 것은, 백제를 멸한 후 행정 조직 정비를 통해 이 지역을 영속 지배하려는 당의 노력이 뜻대로 이루어지지 않았음을 알 수 있다. 그것은 백제 지역의 저항과 신라의 견제 때문이었을 것이다.

그런데 당이 5도독부를 설치하고 다시 1도독부로 전환하는 과정에 서 백제 멸망 후의 옛 마한 중심지인 영산 지중해의 상황을 이해할 수 있는 단서를 찾을 수 있다. 현재 다섯 도독부가 어디에 설치되었는지를 안다는 것은 쉽지 않다. 여기서 관심을 끄는 것은 다섯 도독부의 명칭 이다. 웅진도독부는 백제의 옛 서울이라는 점에서 쉽게 이해된다. 그렇 지만 '동명'과 '마한'을 명칭으로 사용한 데서 정치적 의도를 엿볼 수 있다. 동명은 고구려와 백제 등 부여계에서 시조로 추앙하는 대상이다. 고구려와 경쟁하던 백제는 동명묘를 온조왕 때 모시는 등 부여족 정통 계승 문제에 관심을 가졌다. 한성을 빼앗긴 후 동명묘에 제사를 지내지 못하는 한계를 극복하기 위해 북부여가 5세기 말 멸망하자 북부여를 계승하는 의미에서 '남부여' 국호가 나온 것은 익히 아는 사실이다. 이러한 측면에서 볼 때, 당이 '동명'을 도독부 명칭으로 사용하였다는 것은, 고구려를 공격하려는 당의 입장에서 충분히 고려되었을 것 같다.

그러면 마한을 도독부 명칭으로 사용한 까닭은 무엇일까? 7세기 백제의 마한 인식이 당의 백제 지배 기구 명칭에까지 영향을 미친 것이라는 견해가 있다. 마한과 대등한 통합을 이룬 백제 성왕이 부여족 계승 의식을 강조하는 정책을 추진하다 마한계의 강한 반발을 불러일으켜 정국이 혼돈에 빠지자, 무왕은 적극적으로 마한계를 포용하려 하였다. 익산으로의 천도를 추진하고, 심지어 마한의 건국 설화인 무강왕 설화를 무왕의 탄생신화로 윤색하기까지 하였다. 이러한 사정은 『신증동국여지승람』 익산조에 "세상에 전하기를, 무강왕이 인심을 얻어 마한국을 세웠다."라는 내용과 무왕의 출생설화가 함께 수록된 사실에서 충분히 알 수 있다. 이제껏 무강왕을 무왕으로 동일시하는 『삼국유사』 찬자의 견해를 따르는 경향이 많았으나, 이는 무왕이 마한의 시조 무강왕의 건국 설화를 차용하는 과정에서 나온 것으로 별도로 살피는 것이 옳다.

7세기에 나온 『周書』나 『北史』 그리고 『舊唐書』 백제전에 "예전 마한의 속국"이었으며 "마한의 옛 땅에 있었다."라고 실려 있는 것도 이러한 인식의 반영이다. 또 다른 중국 사서인 『한원(翰苑)』에도 백제가 옛 마한 땅에 자리하고 있었다고 기록되어 있다. 이를 보면 7세기 중국에서는 마한을 한반도 남부의 중심 세력으로 인식하였을 가능성이 높다. 그런데 이러한 중국의 마한에 대한 인식을, 마한의 역사적 정통이 백제로 계승되었다고 이해하기도 한다. 하지만 무왕의 사례에서 확인되듯이 오히려 백제가 마한의 정통을 이었다고 살피는 것이 설득력이 있다.

당에서는 당시 백제 정치 세력이 왕족인 부여계와 새로이 지배세력으로 편입된 마한계로 양분된 것을 익히 알았을 것이다. 그리고 부여계보다 사실상 마한계가 백제의 정치적 주도권을 가지고 있다는 것도 충분히 이해하고 있었을 것이다. 따라서 이들 마한계에 관계를 어떻게 설정할 것인가 하는 방향 설정은 백제 멸망 이후 피정복지에 대한 정책을 수립하는 데 있어 중요하게 생각하였을 것이다. 결국 당은 현실적인 힘을 지닌 마한과의 관계 설정을 우선 고려했을 법하다. '마한'이라는 도독부 명칭이 나온 배경이라 하겠다.

그러면 당이 마한 도독부를 설치하려 하였을 때 그 위치는 어디였을까? 혹자는 당이 설치한 노산주 영역이 아닐까? 라는 추정을 한다. 곧 지금의 전북 지역이라는 것이다. 반면 노중국 교수는 마한의 중심지였던 영산강 유역으로 비정을 하고 있다. 저자 또한 마한 도독부는 영산강 유역설에 동의한다. 당이 '마한'이라는 명칭을 사용한 도독부를 설치하려 한 이유가 마한계에 대한 정복지 정책과 관련되어 있다는 점을 고려하면, 당연히 그 중심지인 영산 지중해 지역에 두어야 할 것이다. 실제 당이 설치한 7개의 주 가운데 노령 이남의 전남 지역에 대방주와 분차주 2개가 있는 것도 이러한 관심의 반영이라 하겠다. 분차주는 보성 복내 지역에 주 치소가 있었고, 나주 다시 복암리 지역에 대방주의 주 치소가 있었다. 시종과 반남·나주·다시 지역으로 三分되어 있던 영산 지중해의 마한 세력은, 백제와 통합되는 시점에 있어서 점차 복암리 세력으로 주도권이 넘어가고 있었다. 당이 이곳에 치소를 둔 것은 당연하다.

이때 관심을 끄는 것은 주의 명칭을 '대방주'라 한 점이다. 대방주는, 익히 알다시피, 漢 군현인 '대방군'에서 비롯된 것이다. 대방군은 지금의 황해도 지역에 있었던 한 군현으로 백제의 압박으로 사라졌다. 이 군현의 명칭을 굳이 지역적 연고도 전혀 없는 영산 지중해 지역의 통치조직 명칭으로 당이 차용하였을까? 7개 주 가운데 한 군현 명칭은 대방주 하나뿐이다. 이렇게 볼 때 대방주라는 명칭의 사용에는 정치적 의도가 있다고 짐작된다. 곧 이 지역에 강하게 뿌리내려져 있는 마한의 정체성을 누르기 위해 한 군현 명칭을 주의 명칭으로 사용한 것이 아닌가한다. 처음에 마한 도독부를 두려 한 정책에서 변화가 온 것이라 하겠다. 다른 어느 지역보다 이 지역을 보다 확고하게 지배하고자 하는 당의 의도가 깃들어 있다고 본다. 그것은 이 지역에 뿌리 깊이 형성된 강고한 마한 정체성을 느꼈기 때문이다.

신라의 마한 세력 견제와 '마한-고구려' 역사 인식

『삼국사기』 열전 최치원전에, "듣건대, 동해 밖에 삼국이 있었으니 그 이름은 마한·변한·진한이었으며, 마한은 고려요, 변한은 백제, 진한은 신라이다."라는 최치원의 글이 있다. 여기서 고려는 고구려를 말하는데, 이를 통해 최치원의 역사 인식을 살펴볼 수 있다. 최치원의 인식은 마한-고구려, 변한-백제, 진한-신라의 대응이었다. 그의 인식을 김부식도 "금마군, 본래 백제 금마저군(金馬渚郡)"이라 하여 역사·지리적 차원에서 사실에 가까운 것으로 인식하였다. 최치원은 통일신라 말 당에 유학을 간 신라의 대표적인 지식인이었다. 당에서 일어난 농민반란을 진압하는 '토황소격문'를 썼다고 하여 교과서에도 소개된 인물이다. 그는 귀국하여 진성여왕에게 시무책을 건의하기도 하였다.

중국에서도 알려져 있는 마한-백제의 역사 인식을 대학자인 최치원이 모를 리가 없다. 그런 그가 마한을 고구려로 연결을 시키고 있다. 최치원이 인식한 마한-고려의 역사 인식은 통일신라 시대에 형성된 인식의 반영이라는 생각이 든다. 마한-백제 인식이 언제 마한-고구려 인식으로 등장하게 되었을까? 이러한 인식이 형성된 배경이 궁금하지 않을 수 없다.

고구려는 평양 천도후 기자 조선이라는 관념을 형성하였다. 고구려 멸망 이후에도 고구려 유민들의 묘지명에서는 여전히 기자 조선 인식을 엿볼 수 있다. 고구려 유민들 묘지명에서는 마한 인식보다는 오히려 진한 인식이 나타나고 있다. 그러므로 마한-고구려의 인식이 등장한 것은 신라의 삼국통일 이후의 시기로 볼 수 있다.

'一統三韓', 삼한을 통일하였다는 인식을 가진 신라는 삼한과 삼국의 대응에 대한 새로운 정립이 필요했다. 당시 삼한 중 가장 강성했던 세력은 마한이었고, 그 마한을 계승한 나라가 백제이고, 중국 사서에도 신라에 복속된 백제를 여전히 '마한의 옛 땅'이라고 인식되고 있었다. 백제가 멸망한 이후에도 계속되는 이러한 '마한-백제'의 역사 인식 체계는 신라에 부담으로 작용하였다. 특히 672년 신라에 의해 백제 영역에서 축출되어 요동 일대로 옮긴 이후에도 웅진 도독부의 백제 관리들은 여전히 백제 땅으로 들어갈 기회를 엿보고 있었다.

신라는 일통에 대한 새로운 역사 인식의 정립이 필요했으며 또한 웅진 도독부의 백제 관리들의 마한·백제와의 관계를 차단할 필요가 있었을 것이다. 백제 유민들에게 마한 역사 계승 인식은 여전히 '마한의 옛 땅'으로 지칭되는 백제 땅으로의 회귀를 의미하였다. 이에 대해 신라는 기존 중국 측에서 인식하고 있던 마한-백제 인식이 아닌 새로운 마한-고구려 인식으로의 전환을 시도하였던 것이다.

이렇게 신라에서 '마한-고구려' 인식을 형성할 수 있었던 것은 '마한-금마저'의 조건이 충족되었기 때문이었다. '마한-금마저'는 이미 삼국시대에 합의된 견해로 볼 수 있다. 삼국을 통일한 신라 문무왕은 670년 신라로 망명해온 고구려의 안승 집단을 금마저로 옮겨 고구려왕으로 책봉하였다. 금마저에 있던 고구려왕 안승의 세력은 '삼한-삼국'의 인식으로서의 요건을 갖추고 있었다. 즉 신라는 일통삼한의 주요 구성요소로 작용했던 것이다.

고구려의 영역을 아우르지 못한 신라의 입장에서 금마저의 고구려 세력은 고구려를 계승한 一統의 주요 대상으로 파악되었다. 따라서 안승의 신라로의 투항과 그 세력을 금마저에 안치하고 고구려왕으로 책봉한 것은 신라 삼국통일의 완성을 의미하였다. 이것은 신라의 입장에서 진정한 일통삼한이었으며 '마한=금마저=고구려'의 등식을 만족시킨 것이었다.

신라는 마한으로 인식된 적이 없다. 백제는 마한의 옛 땅에서 성장한 국가로 인식되었다. 백제 멸망 이후 백제의 지배층은 웅진 도독부의 백제 관리로 활동하였다. 그러나 그들은 마한 세력으로부터 인정받지 못하였을 뿐 아니라 웅진 도독부가 백제 땅에서 축출됨으로써 마한의 정통성을 획득하는데 실패하였다. 이에 반해 마한 영역의 일부에서 신라의 정치적 배려로 국가를 부흥시킨 안승의 고구려국은 금마저를 통해 마한의 정통으로 인식될 수도 있었다. 어쩌면 신라가 안승 세력을 옛 마한 땅인 금마저에 안치한 것 역시 이를 염두에 둔 것이라고 추측된다.

신라가 '마한-고구려'의 인식을 재정비하였지만 마한·백제 지역에서는 여전히 '마한-백제' 의식이 강하게 뿌리 내려져 있었다. 앞서 인용한 바 있는 신라 말 견훤이 완산주에서 "내가 삼국의 시조를 찾아보니, 마한이 먼저 일어나고 후에 혁거세가 일어났다. 그러므로 진한과 변한은 그를 뒤따라 일어났던 것이다. 이에 백제는 금마산에 개국하여 6백여 년이 되었다."라는 사실에서 '마한-백제 인식'이 여전히 이어져 내려왔음을 확인할 수 있다. 견훤은 마한이 성립한 후 진한·변한이 성립되었으며, 신라는 진한·변한에 해당한다고 보았다.

견훤은 금마저를 속군으로 둔 완산주에서 도읍을 선포하면서, 이곳의 금마산에서 백제가 개국하였다고 밝히고 있다. 금마산은 고조선의 준왕이 남쪽으로 이동해온 곳으로 인식되고 있는 곳이다. 이는 백제가 마한이 있던 금마산에 건국한 것으로 이해한 것으로서 금마산을 매개로 마한 백제로 계승되었다고 파악하고 있는 것을 뜻한다. 이는 최치원의 '마한-고구려' 역사 계승인식과는 다른 흐름이 존재했음을 뜻한다. 곧 후삼국이 성립되던 신라 말까지도 여전히 마한 정통을 계승하려는 역사 인식이 옛 마한 땅에 강하게 형성되어 있음을 알려주는 것이다. 이를 잘 알고 있는 견훤은 이러한 역사 인식을 그의 정치적 목적을 위해 이용한 것이라 하겠다. 이 때문에 후고구려를 세운 궁예는 '마한-금마저-고구려' 대신 '마한-압록-고구려'로 이어지는 역사 인식을 새롭게 만들어내게 된다.

2. 왕인박사의 후예, 행기

마한·백제계 정체성과 도래인 행기

학부 시절 통일신라 불교 종파의 하나인 법상종을 열었던 진표율사 관련 자료를 찾다 '진표 스님은 백제인'이라고 기술한 '송(宋)고승전' 기록을 보며 충격을 받은 적이 있었다. 전북 김제 금산사에서 주석하였던 스님의 활동 시기는 8세기 중엽으로, 백제가 망한 지 100여 년이 지났기 때문에 후대의 기록인 '송고승전'에 '신라인'이라고 기술되어야 함에도 '백제인'이라고 기술되었던 것이 의아하게 생각되었다. 이를테면 백제가 망한 지 백여 년이 지났지만 진표스님이 '백제인' 의식을 지니고 활동했기 때문에 그러한 기록이 남았던 것은 아닌가 여겨졌다. 말하자면 한 인물이 가지고 있는 정체성이 얼마나 중요한가를 깨닫는 계기가 되었다.

우리나라 경주와 자매결연 도시인 일본 나라(奈良)에 일본 화엄종 본찰 도다이지(東大寺)가 있다. 세계문화유산으로 등재되어 더욱 유명해진 이곳에 사슴들이 평화롭게 놀고 있는 모습을 기억한 독자들이 많을 것이다. 743년에 세워진 이 절은 세계 최대의 목조 건축물인 본당과 한국의 교과서에도 소개된 역시 세계 최대를 자랑하는 높이 16m의 청동 비로자나불 大佛 등 일본 국보급 문화재들이 많아 불국사처럼 관광객들의 발길이 끊이질 않는 곳이다. 이 장엄한 대불 조영 책임자가 도래인, 특히 왕인 박사 후예로 '대승정' 직위까지 오른 행기(行基) 스님이었다는 사실이 우리에게 깊은 울림으로 다가온다. 말하자면 일본 고대 불교사에 커다란 족적을 남긴 인물이 우리 지역 영산 지중해 출신 왕인 박사 후손이었다는 점은 우리가 관심을 지니기에 충분하다.

행기는 『일본서기』에 "스님이 마을을 지나면 어린이들까지 나와 '행기보살이 왔다'라고 박수치며 환영했다"는 기록이 있을 정도로 하층 민중들에게 가히 절대적인 추앙의 대상이었다. 특히 그가 입적하자 당시 쇼무천왕이 내린 조칙에 "매우 존경하는 스님께서 친히 제자들을 거느리고 중요한 곳에 다리를 만들고 보를 쌓는다는 소문이 나면 인근 백성들이 달려와 힘을 보태어 며칠 만에 완성되었습니다. 지금 백성들이 모두 그 이익을 보고 있으니 '행기보살'이라 불렀습니다"라 했는데, 승속 일체(僧俗一體)를 추구했던 스님의 면모를 엿보게 한다. 이를테면 스님은 가난한 민중들을 구제하기 위해 '유식학'에 기반을 둔 복전(福田)사상을 구체적으로 실천한 인물이었다.

스님의 업적에 대해 일본 역사 교과서는

> "한편으로 불교는 정부로부터 혹독한 통제를 받아 일반적으로 승려의 활동도 사원 안으로 제한되어 있었다. 그중에는 행기처럼 민중들에게 포교와 더불어 용수 시설·구제시설을 만드는 등 사회사업을 하여 국가로부터 간섭을 받으면서도 많은 지지를 받은 승려도 있었다.(각주: 그 후 행기는 대승정으로 취임하여 대불의 조영에 협력 하였다. 사회사업은 선행을 쌓은 일에서부터 복덕을 일으킨 불교사상에 기초하고 있으며, 광명황후가 평경성에 비전원을 설치하여 고아나 아픈 사람들을 수용하고, 시약원을 만들어 의료사업을 한 것도 불교 신앙과 관계가 있다.)(山川出版社, 『詳說 日本史』)"

라고 상세히 서술하였다. 일본 곳곳에 그의 동상이 세워져 있고, 관련 연구 논문만 1천여 편이 넘을 정도로 일본 고대불교에서 차지하는 그의 불교사적 위치는 우리나라 대중 불교를 대표한 원효 스님처럼 대단한 평가를 받고 있다. 이렇게 도래인 후예로서 일본에서 높은 존경을 받고 있지만, 국내에서는 최근 발표한 저자의 행기 스님 관련 논문을 제외하고는 이렇다 할 연구가 이루어지지 않고 있다. 도래인을 다룬 우리 교과서에 스님에 대한 언급은 전혀 없어 일반 대중들이 잘 모르고 있는 것은 어쩌면 당연할지도 모르겠다.

일본말로 '교키(ぎょうき)'라고 불렸던 스님은 반도에서 고구려가 나·당 연합군에게 멸망되었던 668년 도래인들이 많이 거주하였던 일본의 가와찌(하내)국 오오토리군에서 태어나 749년 82세를 일기로 입적하였다. 스님 사후 480여년 만인 1235년 신도들이 죽림사에 있는 그의 묘지를 발굴하였을 때 발견된 사리병기에 "스님은 약사사 사문이며 속성은 高志氏(고지씨)이다. 원래 출신은 백제 왕자 왕이의 후예이다.(本出於百濟王子王爾之後焉) 그 모친은 봉전(蜂田)씨로 가와찌국 오오토리군에 사는 봉전수호신의 장녀였다."라고 자세한 기록이 있어 출신 가계를 짐작할 수 있다. 이 비명은 스님이 입적할 때 시종했던 진성 스님이 작성한 것이기 때문에 사료로써 신빙성이 높다. 스님이 "백제 왕자 '왕이'의 후예"라는 구절이 주목되는데, '왕이'는 일본식 발음 '와니(わに)'로 음독되기 때문에 역시 '와니'로 독음된 왕인과 동일 인물로 생각되고 있다. 말하자면 행기 스님은 왕인 박사의 후예라고 하는 사실을 알 수 있다. 그럼에도 불구하고 상술한 일본 역사 교과서에는 이러한 사실을 밝히지 않고 있다. 더구나 일본에서 행기 연구를 최초로 본격적으로 하였던 이노우에 가오루(井上薫)는 처음에는 행기를 백제 왕족과

연계하여 설명하였으나 뒷날에는 아무런 설명 없이 중국 한족 계열로 바꾸어놓기도 하였다. 말하자면 행기 스님이 한반도계라고 하는 사실을 가급 숨기려는 의도가 엿보인다.

저자는 왕인이 영산 지중해 유역 출신으로 5세기 전후에 왜에 건너간 인물이라는 사실을 실증한 바 있다. 그런데 이렇듯 왕인을 백제 왕족이라고 한 것은 8세기 들어 난파의 백제군 지역 백제 왕씨와 가와찌국 고시군(古市郡)·단비군(丹比郡) 지역 왕인 후손들이 서로 필요에 따라 결합하면서 형성되었다는 나행주 교수의 의견은 일리 있어 보인다. 말하자면 백제 왕씨는 당시 불교계에서 막강한 영향력을 가지고 있었던 행기를 백제 왕족으로 만들어 자신들의 영향력을 확대하고자 하였을 것이라는 김은숙 교수의 주장도 같은 맥락에서 이해할 수 있다.

스님이 왕인 후예라는 사실은, 성씨인 '高志'가 왕인 후예 씨족이었고, 행기의 부모가 살았던 하내 지역에 왕인 후예들이 많이 살고 있었다는 점에서도 확인된다. 행기의 모친 가계 또한 백제계 도래인 출신이라고 하는데 어쩌면 같은 영산 지중해 출신일지도 모르겠다. 이렇듯 도래인, 그 중에서도 영산강 유역 출신들이 많이 거주하였던 하내 지역에서 도래인 선조를 부모로 둔 행기는 누구보다 모국에 대한 정체성을 간직하며 성장하였을 것이다. 더구나 당시 일본 사상계의 비조 역할을 하였던 왕인 박사의 후손이라는 점에서 스님이 가졌던 자부심은 남달랐을 것이다. 그가 이러한 의식을 가졌다는 것은 출가 직후 '대수혜원(大須惠院)'이라는 숙박 기능이 가능한 사원을 세운데서 알 수 있다. 현재도 '고

장사(高藏寺)'라는 이름으로 남아 있는데, 이러한 '원'을 세웠던 까닭을 '대수혜원'이라는 명칭에서 알 수 있다. 그 명칭은 '須惠(수혜) 즉 陶(도)'에서 유래되었는데, 이 지역이 일본의 유명한 경질 토기 유적인 陶邑(수에무라) 도요지 근처에 있어서 붙여진 이름이다. 이 도요지는 5세기부터 한반도에서 이주한 이주민들, 특히 영산 지중해 출신 도래인들이 새로운 경질 수에끼 토기들을 생산하였던 대표적인 곳이었다.

행기 스님은 이곳 도요지에서 일하는 많은 도래인 후예들이 거처도 없이 힘들게 생활하는 것을 보며 동족 의식을 느꼈을 법하다. 그래서 그는 숙소를 지어 그들에게 휴식 공간을 만들어주려는 생각을 했던 것이 아닐까 싶다. 후술하겠지만 그가 수많은 '布施屋(보시옥)'과 '院(원)'을 만들며 중생 구제를 본격적으로 실천하며 민중에게 다가갔던 계기가 이처럼 영산 지중해 도래인들과의 만남에서 시작되었다는 것은 결코 우연이 아니었다. 말하자면 그의 내면에 흐르는 영산 지중해 출신이라는 정체성이 도래인 후예들에 대한 연민과 결합되어 나타났다고 하겠다.

도래인의 정체성과 동대사 대불 조영

701년 '대보율령'을 완성하며 율령국가 체제를 정비하였던 일본은 '나라(奈良)시대'를 열었다. 최초의 역사서인 '고사기'와 『일본서기』가 잇달아 편찬되었던 것도 이때였다. 하지만 내적으로는 치열한 권력다툼과 흉년, 천연두 유행 등으로 '혼란과 격동의 시기'이기도 하였다. 이

때 즉위한 쇼무천왕은 불교를 통해 체제 안정을 꾀하려 하였다. 동대사 건립과 비로자나불 대불 조영이 대표적인 사례이다.

728년 태어나자마자 요절한 태자를 위해 금종산사(金鍾山寺)를 세운 쇼무천왕은, 743년에 국가 재해와 국난을 극복하기 위해 '금광명최승왕경'을 구현할 대불 조영 사업을 시작하였다. 745년에 금종사에 대불을 안치할 사찰 공사를 시작하며 '동대사'라 개칭하였다.

이들 사업이 율령 정부 힘만으로는 사실상 불가능함을 깨달은 쇼무천왕의 간청으로 대승정을 맡은 행기 스님이 동원한 도래인과 일반 서민들의 역량이 결집되어 이루어졌다는 점에서 역사적 의의가 있다. 동대사에 '행기당'이라는 건물이 있는 것도 이와 관련이 깊다.

왕인 박사는 논어를 공부한 유학자인데 그 후손인 행기가 스님이 되었다고 하여 의아하게 생각한 사람도 적지 않은 것 같다. 우리가 잘 아는 통일신라 전제 왕권을 구축한 신문왕에게 풍왕계(諷王戒)를 쓴 설총은 유학에 능통했다. 그 또한 원효 스님의 아들이라는 점을 고려하면 이상할 것 없다. 실제 6세기 중엽 불교가 일본에 공식 도입될 때 적극적인 역할을 하였던 호족 세력 소가씨(蘇我氏)의 숭불 정책에 왕인 씨족들이 밀접이 관련되어 있다. 특히 도래인 후예들이 아스카지(飛鳥寺)를 시작으로 많은 사찰을 세웠는데 현재의 가와찌(河內) 지역의 후루이찌(古市)고분군 주변에 왕인 박사 후손들이 세운 서림사를 비롯하여 6세기에 새롭게 백제로부터 이주한 왕진이 후계 씨족들이 세운 갈정사 등 씨사(氏寺)들이 많았다.

행기스님이 살고 있는 곳과 멀지 않은 아스카지 선원(禪院)에 당나라에 유학하여 현장스님으로부터 법상종을 공부하고 귀국한 도소(道昭) 스님이 주석하고 있었던 것도 출가에 영향을 주었던 것 같다. 스님 역시 왕진이 후예였다. 천지천황이 죽은 후 일어난 임신란 때 도래인들의 도움을 받았던 천무천황은 비조사등 도래인들이 세운 사찰에 봉토를 희사하는 등 지원을 아끼지 않았다. 어려서 아스카지 선원을 자주 다녀 도소 스님을 잘 알고 있었던 행기 스님은 15세 되던 해 도소를 스승으로 삼아 출가 하였다. 스님의 출가에는 어떤 형태로든지 도래인들과 밀접한 관계가 있었다고 본다.

한편 도소의 사상 체계는 무량의 중생을 교화하며 고통을 완전히 없애는 적멸을 강조한 '유가론'과 보살적 행동을 강조한 '유식론'이었다. 그는 나루터 여러 곳에 배가 정박할 선착장을 만드는 등 보살적 행동을 강조한 유식론의 가르침을 구체적으로 실천에 옮겼다. 이러한 도소의 중생 구제 활동이 행기 스님의 실천적 복전 사상 형성에 적지 않은 영향을 주었을 법하다. 하지만 행기 스님의 복전 사상 형성에 영향을 준 것은 단순히 스승의 가르침 때문만은 아니었다. 앞서 언급했지만 수에끼 토기를 굽던 많은 도래인들이 거처도 없이 힘들게 일하는 것을 보고 그들에게 삶의 쉼터를 마련해주기 위해 '대수혜원'을 만들었던 것이 복전 활동을 시작하게 된 중요한 계기였다. 행기 스님의 이러한 복전 활동이 많은 대중들에게 깊은 감동을 주었다는 것은, 스님이 신라에서 온 혜기 스님과 함께 탁발하러 다닐 때 사람들이 구름처럼 모여들었다는 기록에서 확인할 수 있다.

이러한 스님의 중생 구제 활동에 커다란 획을 그은 사건이 있었다. 이른바 708년부터 710년까지 계속된 평성경 천도 대공역 사업이었다. 그보다 앞서 많은 반대를 무릅쓰고 근강으로 천도한 지 10년도 채 안된 676년 등원경 천도 공사를 18년 공역 끝에 마치고 천도하는 등 연이은 대규모 토목 사업으로 백성들은 지쳐 있었다. 게다가 당시 최고 권력자인 후지하라 후히토(藤原不比等)이 '대보율령'을 실시하며 백성들의 국역 부담이 더욱 가중되고 있었다. 게다가 기근과 전염병의 유행으로 백성들은 쓰러져 가고 있었다. 그럼에도 불구하고 계속된 대규모 토목 사업은 백성들의 삶을 황폐화시켰다. 당시 실상은 "도읍을 만들기 위해 여러 지역에서 동원되었다가 도망간 백성들을 막을 수 없었다"고 하는 기록과 "천도 공사에 동원된 역민(役民)들이 귀향하다 식량이 떨어져 길에서 구덩이를 파고 의지하는 자가 적지 않으므로 진휼에 노력하고 사망한 자 이름을 기록하라"는 조칙에서 알 수 있다. 이 공역에는 이 지역의 도래인과 백제 멸망 후 망명한 사람들이 포함된 많은 평성경과 가까운 지역 백성들이 동원되었다. 이러한 참담한 현실을 목격한 행기 스님은 구체적인 실천 방안을 찾았을 법하다. 아마도 스님은 '대수혜원'과 같은 원과 보시옥 등의 구제시설을 만들어 많은 사람들을 본격적으로 구제하기 시작하였다고 여겨진다. 이를테면 이러한 시대 상황과 결합되면서 형성된 행기 스님의 복전(福田) 사상은 스승 도소보다 훨씬 더 실천성을 강조하고 있었다는 점에서 의의가 있다.

행기가 쌓은 대야사 토탑

　그런데 행기 연보를 보면 상당수 '원'들이 723년 이후에 보이고 있어 그때부터 구체적인 구제 활동이 시작되었다고 주장하는 연구자도 있다. 하지만 행기 연보를 분석해보면, 스님이 원(院) 49개소, 저수지(池) 15개소, 구(溝) 7개소, 보시옥(布施屋) 9개소를 세웠다고 하며 구체적인 연도와 시설 이름까지 적혀 있다. 그런데 다른 시설들은 총 시설 숫자가 일치하지만 '원'의 경우는 원 28, 니원(尼院) 8개소 등 36개소 밖에 없고 시설 연도도 찬자 스스로 알 수 없다고 되어 있다. 따라서 이름이 드러나 있지 않은 상당수 '원'들이 아마도 평성경 천도 공역 때 시설되지 않았을까 추측되고 있다. 특히 구제 시설이라고 할 수 있는 보시옥들이 평성경 일대에 집중되어 있는 것으로 볼 때 행기 스님이 평성경 공역으로 쓰러져 간 많은 사람들을 구제하기 위해 발 벗고 나섰다고 보아야 한다. 이때 많은 사람들이 행기 스님의 이러한 구제 활동에 깊이 감동을 받아 귀향을 포기하고 스님과 함께 생활하는 이른바 '사도승(私度僧)'이 되었다. 당시 승려들은 국가의 허가를 받아야 하는 '관도승(官度僧)'이었다. 행기 스님을 따르는 무리들이 천여 명이었다고 하는 기록이 있는 것으로 보아 스님의 중생 구제 활동이 하층 대중들에게 얼마나 큰 영향을 주었는지 상상이 된다.

이제 스님은 일본 불교계뿐만 아니라 중앙정부에서도 주목받는 인물이 되었다. 일본 불교사의 권위자인 타무라 엔쵸(田村圓澄)는 평성경 천도와 그에 따른 공역이 행기 스님의 민중 불교 운동의 기초가 되었다고 주장하고 있다. 그러나 '대수혜원' 건립부터 이미 시작된 스님의 중생 구제 활동이 평성경 공역 때 본격화되었다고 보는 것이 타당하다.

한편 스님이 세웠던 많은 '원'이나 '보시옥' 등의 운영은 주로 백제계 어쩌면 영산지중해 출신 도래인들의 재정 후원에 힘입은 바 크다. 행기가 세운 '49원' 가운데 상당수가 그 지역 도래계 호족들의 개인 사원이었다는 사실은 이러한 생각을 가능하게 한다. 훗날 스님께서 심혈을 기울여 쌓았던 대야사 토탑도 그 지역의 도래계 씨족들의 적극적인 후원 아래 세워질 수 있었다. 말하자면 스님은 도래인들의 구심 역할을 하고 있었다고 여겨진다.

여하튼 스님의 중생 구제 활동은 평성경 공역에 지쳐 쓰러져 간 많은 사람들을 구해 '궁민(窮民)' 문제로 난처한 입장에 있던 당시 율령 정부의 고민을 많이 해결해 주었을 것이다. 따라서 율령 정부는 행기 스님에게 감사의 뜻을 당연히 표시해야 옳을 것이다. 그럼에도 불구하고 당시 집권자인 후지하라 후히토는 717년 승니령(僧尼令)을 내려 행기에 대한 탄압에 나섰다. 즉, "절에서 주석하며 불경 공부해야 할 승려가 마을을 돌아다니며 백성들에게 요설을 하는 등" 문제를 일으키니 이를 일체 금지한다는 것이다. 더욱이 "보잘 것 없는 승려가 요망한 설교를 하여 패거리를 만들고 마치 '성도(聖道)'라고 거짓말을 하며 백성들을 유혹하고 있다"라고 하며 혹평을 하였다. 이에 대해 僧俗의 접촉을 막았던 율령 정부가 행기 스님에 대해 부정적인 표현을 썼다는 의견도 있다. 하지만 승니령이 내려진 후 추가적인 금압 조처도 없었고, 행기 스님의 반발도 없었다. 따라서 그냥 단순히 포고령만 내리면 될 것을 굳이 '보잘 것 없는 승려'라는 혹평을 쓰면서까지 공격을 하였던 것은 다른 이유가 있었을 법하다.

저자는 이 까닭을 정치적인 측면에서 이해해야 한다고 생각한다. 689년 지통천황의 즉위에 공을 세우고 자신의 딸을 문무천황의 왕비로 세우며 권력을 장악한 후지하라 후히토는 701년 대보율령, 718년 양노율령 등을 시행하며 강력한 율령국가의 기틀을 닦았다. 이런 그에게 행기 집단이 비록 궁민 문제를 해결했다고 해도 많은 도래인들과 백제계 망명인들이 살고 있는 하내국, 대화국, 화천국 등지에서 '도래인'이라는 공감대를 형성하며 그들의 구심점 역할을 하고 있는 사실이 부담스럽게 다가왔을 것이다. '대승정기'에 실린 행기 스님의 제자들의 12씨족 가운데 8씨족이 화천국, 4씨족이 하내국 출신이었다는 점에서 이들이 스님과 혈연적, 지연적으로 깊이 연관되어 있었다고 하겠다. 특히 강력한 율령체제를 강화하며 중앙집권 체제를 추진한 후지하라에 맞서는 지방 호족 세력의 구심점 역할도 하고 있었던 행기 스님을 통제하려 했을 것은 당연하게 보인다. 그렇지만 이러한 율령정부의 스님에 대한 탄압은 성공하지 못하였다.

이는 722년 율령정부가 "비래(比來:요즘) 승니들이 계율을 연마하지 않고 천박한 지식을 바탕으로 감언을 퍼트리며"라는 표현을 쓰며 재차 승니령을 내리는 것에서 스님의 구제활동이 중단되지 않았다는 것을 알 수 있다. 이를테면 불과 5년 전인 717년 승니령이 나왔음에도 불구하고 718년 대화국에 융복원(隆福院), 720년 하내국에 석응원(石凝院) 등 구제 시설이 잇달아 세워졌다. 행기 스님에게는 유식론에서 강조하는 중생 구제 실천이 무엇보다 중요했기 때문에 금압령을 두려워하지 않았다고 생각된다.

국가의 탄압을 받으면서까지 행기 스님이 십 수 년에 걸쳐 행한 중생 구제활동은 사람들에게 깊은 감화를 주었다. 그를 따르는 무리가 천여 명이나 되었고, 마을을 지나면 어린이들까지 달려 나와 '행기 스님이 오셨다'고 환호하고 앞 다투어 참배를 하려했다는 기록에서 알 수 있다. 특히 "행기大德이 난파의 강을 뚫어 나루터를 만들었는데 법설로 감화시키니 도속귀천(道俗貴賤)을 막론하고 모두 참여하였다"는 '영이기(靈異記)'의 내용에서 '승속일체(僧俗一體)'된 스님의 모습을 확인할 수 있다. 이렇게 행기스님이 정부의 통제에도 불구하고 더욱 세력을 확장해가자 스님 집단을 견제하기 위해 나온 2차 승니령은 1차 때보다는 현저히 약화되어 있었다.

한편 행기스님은 금압령에 정면으로 맞서지 않은 채 오로지 중생구제 활동에만 매진하였다. 723년 청정토원·청정니원, 구수원원 등 구제 시설을 잇달아 건립하는 등 729년까지 10여 곳 이상 되는 곳에 세워진 구제 시설 '원'을 비롯하여 저수지 15개소, 구거(溝渠작은 개울) 9개소, 교량 6개소 등 민중들의 삶에 직접적으로 도움을 주는 시설들을 적극적으로 만든 데서 알 수 있다. 특히 1천여 명에 이르는 제자집단을 이끌고 중생구제에 헌신하였던 스님의 행동은 "스님께서 친히 제자들을 거느리고 다리를 만들고 보를 쌓는다는 소문을 듣고 사람들이 달려와 힘을 보태니 불과 며칠 만에 완성되어 사람들이 이익을 보았다"는 '속일본기'의 기록처럼 일반 대중들의 자발적인 참여를 불러냈다.

당시 행기 스님이 가졌던 힘을 상징적으로 보여주는 사례로 '대야사(大野寺) 토탑' 건립을 들 수 있다. 727년에 건립된 이 탑은 동변 54m, 서변 54.6m, 남변59m, 북변56.4m, 높이 9m, 13층으로 축조된 거대한 탑으로 조탑에 참여한 사람이 1천여 명이나 되었다고 한다. 금압령 아래에서도 이러한 거대한 탑을 세운 행기 스님의 힘에 압도된 율령정부는 마침내 731년 "행기법사를 따르는 우파한·우파이들의 법을 수행하는 자로서, 남자는 61세 이상, 여자는 55세 이상은 출가를 허락한다"라고 하여 행기 스님의 존재를 공식 인정하게 되었다.

이처럼 율령 정부의 태도가 변하게 된 것은 스님의 세력을 경계하였던 후지하라 후히토가 720년 사망한데다 724년 즉위한 쇼무천황은 승려들을 궁으로 불러 암송회를 여는 등 적극적인 불교 정책을 폈던 것도 영향을 미쳤다고 생각한다. 그러나 더 중요한 것은 722년 100만 정보의 개간 계획을 발표하며 농지의 사유를 인정하는 三世一身法(723)을 만들어 경작지 확대에 총력을 기울였던 율령정부로서는 토탑 건설에서 확인한 바처럼 노동력 동원 능력이 있는 행기 스님의 도움이 절실하였을 것이다. 이는 금압령이 해제된 이듬해 시작된 유명한 '협산지(狹山池)' 댐 개수사업을 스님과 그 집단이 본격 뛰어들어 추진하였던 데서 알 수 있다.

행기스님에 의해 처음 개수되어 1천200여 년이 지난 지금도 엄청난 위용을 자랑하고 있는 협산지는 최근까지도 나라(奈良) 지역에 관개용수를 공급하여 농민들에게 큰 혜택을 준 유명한 댐이다. 이 개수사업은 행기스님이 가졌던 토목 기술과 농민을 조직적으로 동원하는 역량 때문에 가능하였다. 댐 밑에 세워져 있는 '협산지 박물관'에 있는 댐의 단면 모형은, 스님이 나뭇가지를 얼기설기 잘 쌓아 두툼하게 하여 흙벽을 튼튼하게 한 이른바 부엽공법(敷葉工法)을 사용하였다는 것을 알 수 있다. 강물을 가로막아 댐(Dam)식의 커다란 저수지를 만드는데 사용된 이 공법은 백제로부터 유입된 고도의 토목기술이었다.

이처럼 백제식 공법의 사용은 행기 스님이 도래인 의식을 가졌다는 것을 알게 해준다. 이를테면 스님이 이 지역의 도래계 호족들의 재정적

후원과 일반 도래인들의 적극적인 참여를 통해 엄청난 규모의 개수사업이 가능하였다. 스님은 이 댐을 개수할 때 당연히 농업용수를 이용할 수 있는 도래인들을 생각하였을 것이다. 이렇게 이루어진 협산지 개수사업은 행기스님의 가장 빛나는 중생 구제 활동의 하나로 꼽히고 있다.

집권 초기부터 천연두의 대유행, 대기근에다 장옥왕의 반란 등 정치적 혼란이 연이어 일어나 일본 고대사에서 말하고 있는 '혼란과 격동의 시기'에 재위하였던 쇼무(聖武)천황은 이 난국을 불교의 힘을 빌어 극복하려 하였다. 하내 지역의 '지식사'라는 절에서 민간이 자발적으로 만든 '노사나불'을 보며 민간의 기술력과 부를 동원한 大佛 주조를 구상하였던 쇼무천황은, 743년 대불 조영 발원 조칙과 寺地 개토식에 이어 745년 행기스님을 '대승정(大僧正)'으로 삼아 이 사업을 총괄토록 하였다.

행기스님에게 대불 조영 사업을 맡긴 까닭은, 대불을 조영할 재정 능력이 절대적으로 부족한 쇼무천황으로서는 지식사 노사나불 조영처럼 민간의 도움이 절실히 필요했기 때문이었다. 일천 명이 넘는 집단과 생활하며 무슨 일이든지 '며칠 내에 이루어내는' 노동력을 동원할 수 있는 힘과 그 지역 도래계 호족들의 지원을 이끌어낼 수 있는 능력을 가진 스님이 주목되었던 것이다. 이 비로자나불 '大佛'을 주조한 조불장관 '국중연공마려'의 조부가 백제 멸망 당시 일본에 망명한 백제인이었고, 대불 조성에 막대한 경비를 부담한 경복 또한 백제 마지막 왕 의자왕 후손이었다는 점이 이를 분명히 해주고 있다. 경복은 일본에서 처음으로 금광을 개발하여 엄청난 부를 일구었다고 알려져 있는 인물이다. 신분의 귀천을 떠나 모든 도래인들의 구심체 역할을 하고 있었던 행기스님은 앞장 서 이곳저곳을 다니며 대불 조성사업에 많은 사람들이 참여할 것을 권유하는 활동을 하였다.

이처럼 행기 스님이 대승정직을 받아들이며 대불 사업에 적극 참여하였던 것은 불교계의 위상을 강화하고 중생 구제의 이상을 실천하는 계기로 삼고자 하였기 때문이었다. 일본 불교사학자인 타무라(田村圓澄) 교수가 대불 조영이 행기 스님에게 있어 쇼무천황 개인의 부처가 아니라 일반인들의 부처로서 받아들여지고 있었다고 한 것은 이를 두고 한 말이다. 그런데 이 대불 사업에 도래인 및 백제 망명인들의 모든 역량이 집중된 것은 백제 멸망 후 점차 약화되어 가고 있는 도래인과 백제 망명인들의 지위를 높이려는 행기 스님의 의도가 있었다. 말하자면 오늘날 일본 불교의 상징이 된 도다이지(東大寺) 비로사나불 대불 조영에는 도래인들의 정체성을 지키려는 스님의 간절함이 깃들어 있다. 행기 스님 사후에 도래인들의 정체성이 급속히 약화되고 있는 사실이 이를 입증해준다. 752년 완성된 대불을 보지 못한 채 749년 행기스님은 입적했지만, '僧俗一體'를 실현한 그의 삶은, 왕인박사 후예라는 정체성을 지니고 도래인들과 함께한 오랜 체험이 어우러진 결과였다.

◆ 협산지(狹山池)와 행기(行基) ─

도래인들은 일찍부터 제방을 쌓고 저수지를 만드는 기술을 본국에서 가져와 고대 일본의 농업 발달에 기여하였다. 대표적인 것이 5세기

인덕천황 때 홍수를 예방하기 위해 제방을 쌓은 자전제(茨田堤)로, 그 흔적과 기념비가 사적으로 남아 있다. 7세기 초 축조된 오사카부 사야마(狹山)시에 위치한 관개용 저수지인 '사야마이케(狹山池)'는 둘레 약 3km, 면적 약 36ha에 달하는 일본에서 가장 오래된 댐식 저수지인데, 732년에 이루어진 첫 개수 작업을 행기스님이 백제식 토목기술인 부엽공법을 사용하여 추진하였다는 점에서 유명하다. 1400년의 역사가 쌓여있는 제방, 송수관, 제방의 미끄럼을 방지하는 목재틀 등 댐 역사를 알 수 있는 유물들이 많이 남아 있다. 이곳에 '협산지박물관'이 세워져 행기 스님 관련 자료와 댐 축조 방법 등을 자세히 안내하고 있을 뿐 아니라 '행기와 협산지(行基と狹山池)'라는 특별전을 개최하여 행기스님과 협산지에 대한 관심을 높이고 있다.

3. 후삼국기의 마한의 정체성

경주 중심 정국 운영과 마한계의 반발

신라는 백제, 고구려를 멸망시킨 후에 포용 융합정책을 펼쳤으나 미봉책이었을 뿐 오히려 경주 중심의 정치를 지향하는 한계를 드러냈다. 신라가 내세운 '일통삼한(一統三韓)' 의식은 신라가 삼한을 통일하였다는 사실을 강조한 것일 뿐 골품체제를 중심으로 한 경주 중앙 정치가 더욱 강고하게 작동하고 있었다. 심지어 헌덕왕 대에 이르러 국왕과 형제들이 부군(副君)과 상대등 등 권력을 독점하면서 중앙귀족들조차 정치 권력에서 배제될 수밖에 없었고, 이를 둘러싼 불만은 누적되어 갔다. 『삼국유사』 미추왕 죽엽군 설화에 잘 나타나 있듯이, 삼국통일에 결정적 공을 세워 국왕 이상의 권력을 누렸던 김유신 가계조차 정치적으로 몰락하고 있는 상황이 이를 함축해준다. 이처럼 중앙귀족 간의 치열한 권력 쟁탈은 중앙과 지방, 경주와 非 경주, 신라와 非 신라의 갈등을 갈수록 깊게 하는 요인이 되었다. 이에 옛 백제, 옛 고구려지역에서 멸망한 왕조에 대한 향수가 점차 강화되며 反 신라 움직임이 조직적으로 나타나기 시작하였다. 특히 영토 일부가 편입된 고구려와 달리 전 영역이 신라에 복속된 백제 지역에서의 불만은 훨씬 심각하게 모습을 드러냈다.

이러한 사실은 전북 김제 금산사에서 주석하며 법상종을 창시한 진표가 '백제인이다'라고 하여 멸망한 지 100년이 지난 왕조 출신임을 강조한 것이라든가, 신라 계통과 무관한 백제 지역 고유의 토착적 전통 양식이 배어있는 석탑이 전남 지역에서 조영되고 있는 데서 알 수 있다. 특히 옛 마한·옛 백제계가 지닌 정치적 상실감은 시간이 흐르면서 더욱 강화되어 갔다. 이러한 현상이 심화 되면서 이 지역에 형성된 강고한 마한·백제의 정체성을 정치적으로 이용하려는 세력들이 나타났다. 장보고가 청해진을 중심으로 강력한 해상세력을 건설한 원동력도 밑바탕에 형성된 정체성이 반영된 것이며, 견훤이 마한·백제의 부흥을 외치며 새로운 왕조를 건국한 것 역시 마한·백제의 정체성이 이 지역에 깊이 뿌리내려져 있음을 보여주는 사례이다.

그러나 장보고·견훤 등장 이전에 무주(전남), 완산주(전북) 등 옛 마한 지역에서 신라 정부를 부정하고 새로운 왕국을 건설하려는 움직임이 있었다. 822년 김헌창이 일으킨 반란이 그것이다. 이 반란은 9주 5소경 가운데 왕경과 주변의 일부를 제외한 5주와 3소경, 즉 지방 대부분이 난에 가담할 정도로 신라 왕조에 일어난 최대 규모였다. 왕경이 아닌 백제의 옛 서울인 웅천주에 거점을 두고, '장안(長安)'이라는 국호와 '경운(慶雲)'이라는 연호까지 내걸며 새로운 왕국 건설을 표방한 최초의 난이었다. 국호를 내세운 것은 신라 왕조를 부정하고 기존 질서와 차별성을 내세우려는 강력한 의지의 표현이었다. 이는 난의 주도 세력이 신라 사회가 안고 있는 구조적 모순을 정확히 인지하고 새로운 사회 건설을 지향하고 있음을 보여준다. 또한, 독자적 연호를 사용한 점은 중국 중심의 세계 질서에 편입된 기존 신라 왕조와는 달리 자주성을 지닌 새로운 성격의 국가 건설을 표방하였음을 알려준다. 나아가 반란의 중심지가 웅천주와 완산주, 무진주 등 옛 마한, 옛 백제 지역이라는 점도 이들 지역에 형성되어 있는 反 신라 정서는 물론 옛 마한, 백제에 대한 향수를 김헌창은 왕조 건설에 이용하려 하였음을 알 수 있다.

이러한 점에서 김헌창의 난은 신라 하대에 일어난 여느 반란과는 근본적으로 차이가 있다 하겠다. 특히 지방관으로 부임한 왕경 출신 유력 왕족이 지방세력을 규합하여 새로운 왕국을 도모하였다는 점은 장보고와 같은 군진 세력의 등장과 더불어 후삼국 정립의 단초를 열었다는 점에서 주목된다. 따라서 김헌창의 난이 신라 최대의 난으로 발전하게 된 까닭과 국호를 표방하며 새로운 나라를 건설하려 한 이유, 옛 마한·백제 지역에서 난을 일으킨 까닭을 살피는 것은 중요하다. 특히 옛 백제 지역에서의 난을 일으킨 것은 후삼국의 분열을 예비하였다는 점에서 그 시사하는 바가 적지 않다.

김헌창이 난을 일으킨 것은 822년 (헌덕왕 14년) 3월이었다. 『삼국사기』 신라본기 헌덕왕조에 난을 일으킨 이유, 진압군의 진압 과정, 난 가담자 처리 등이 자세히 설명되어 있다. 이 내용이 짧지는 않으나 난의 성격을 살피는 데 있어 도움이 되기 때문에 그대로 옮겨 본다.

ⓐ(14년) 3월에 웅천주 도독 헌창은 그의 아버지인 주원이 왕이 되지 못한 것을 이유로 배반하여 국호를 長安이라 하고, 연호를 지어 慶雲 원년이라 하였다. 그리고 무진·완산·청·사벌주의 4주 도독과 국원경·서원경·금관경의 사신(私臣)과 여러 군현의 수령을 위협하여 자기의 소속으로 삼았다.

ⓑ청주도독 향영은 몸을 빼어 추화군으로 탈주하였고, 한산주·우두주·삽량주·패강진·북원경 등의 여러 성은 헌창의 역모를 미리 알아 군대를 일으켜 스스로 지켰다. 18일 완산주의 長史 최웅, 州助인 아찬 정연의 아들 영충 등이 왕경으로 도망하여 이를 알렸다. 왕은 바로 최웅에게 급찬과 속함군 태수의 직을 제수하고 영충에게는 급찬을 제수하였다.

ⓒ드디어 원장(員將) 8인을 差定하여 왕도의 팔방을 지키게 한 후 군사를 출동시켰다. 일길찬 장웅은 먼저 나아가고 잡찬 위공·파진찬 제릉은 그 뒤를 잇고 이찬 균정·잡찬 웅원·파진찬 제릉은 그 뒤를 잇

고 이찬 균정·잡찬 웅원·대아찬 우징 등은 3군을 통솔하고 나갔다.
각간 충공과 잡천 윤응은 문화벌문을 지키고 명기 화랑 두 화랑 각
기 종군을 청하여 명기는 그 무리들과 함께 황산으로 향하고 안락은
시미지진으로 향하였다. 이때 헌창은 그 장수를 시켜 중요한 길목에
자리잡고 있으며 관군을 기다렸다. 장웅이 도동현에서 적병을 만나
이를 격파하고 위공·제릉은 장웅의 군과 합하여 3년산성을 공격하
여 이기고 다시 군사를 속리산으로 보내어 적병을 섬멸하였다. 균정
등은 성산에서 적과 싸워 이를 멸하고 여러 군대와 함께 웅진에 도
착하여 적과 크게 싸워 참획함이 이루헤아릴 수 없다. 헌창은 겨우
몸을 빼내어 웅진성으로 들어가 굳게 지키었으나 여러 관군 부대의
포위 공격이 10일에 이르러 성이 장차 함락되려 하매 헌창은 화를
면치 못할 것을 알고 자살하니 따르는 자가 그 머리를 잘라 몸과 각
각 파묻었다. (『삼국사기』40. 신라본기 10. 헌덕왕)

위 내용은 김헌창이 난을 일으킨 이유(ⓐ), 난의 경과(ⓑ), 난의 처리
과정(ⓒ) 등으로 정리되어 있다. 이에 따르면 김주원이 반란을 일으킨
것은 그의 아버지 김주원이 원성왕과의 왕위 계승 싸움에서 패배한 것
에 대한 불만에서 비롯되었다고 한다. 이 사료에 근거하여 이제까지 대
부분 연구도 이러한 인식에서 크게 벗어나지 않았다. 그러나 위 사료는
난을 진압한 신라 중앙 정부의 시각에서 작성된 것이기 때문에 자료를
해석할 때 일정한 한계가 있으리라는 점을 염두에 두어야 한다. 김헌창
이 난을 일으킨 배경을 재검토해야 하는 까닭이다.

김헌창의 父인 김주원은 당시 시중으로 선덕왕 후계를 둘러싸고 김경
신과 무력 충돌까지 하였으나 패하여 명주(강릉)로 은거한 것으로 보인

다. 이때의 상황이 『삼국유사』2. 기이2. 원성왕조에 자세히 나와 있다.

이찬 김주원이 상재로 있고, 왕은 각간으로 차제에 있었는데, 꿈에 복두(幞頭)를 벗고 소립(素笠)을 쓰고 12현금(弦琴)을 들고 천관사 우물로 들어갔다. 아찬 여삼이 와서 뵙고자 함에 왕이 좌우의 여러 사람을 물리치고 해몽을 청하니, '복두를 벗은 것은 더 위에 자리할 사람이 없음이요, 소립을 쓴 것은 면류관을 쓸 징조요. 12현금을 든 것은 12세손이 대를 이를 징조요, 천관정에 들어간 것은 대궐에 들어갈 상서라' 하였다. 왕이 '내 위에 주원이 있으니 어찌 상위를 차지할 수 있으랴' 하자 아찬은 '비밀리에 북천신에게 제사를 지내면 그렇게 될 수 있으리라' 하니 그 말을 따랐다. 얼마 있지 않아 선덕왕이 돌아감에 국인이 주원을 왕으로 받들고자 왕궁으로 맞아들이게 하였다. (그런데 주원의 집이) 북천에 있었는데 갑자기 냇물이 불어 건너오지 못하게 되자 왕이 먼저 대궐로 들어가 즉위하니 대신들이 모두 내부(內附)하여 신왕의 즉위를 배알(拜謁)하였는데, 이가 곧 원성대왕이다. 주원은 명주로 퇴거하였다.

선덕왕 말년에 김주원이 상재였고, 김경신이 차제였다는 점으로 김주원이 왕위 계승 서열로는 우위에 있었음이 분명하다. 더구나 신하들이 후사를 논의하여 왕의 족자(族子) 주원을 옹립하자고 한 『삼국사기』 기록으로 보아, 주원이 왕위 계승 후보자였음은 분명하다. 『삼국유사』에는 북천 냇물이 폭우로 불어 주원이 다리를 건너지 못한 틈을 이용하여 김경신이 먼저 왕궁에 들어가 왕위에 오른 것으로 되어 있다. 그러나 사실은 경신이 주원과의 군사력 싸움에서 승리한 것으로 보는 것이 합리적인 해석일 것이다. 왕위 계승을 둘러싼 군사적 대결은 바로 직전 왕인 선덕왕 즉위 때부터 이미 나타났고, 이어진 원성왕의 왕위 계승과 마찬가지로 신라 하대의 왕위 계승은 군사적 힘에 따라 좌우되는 경우가 많았다.

김헌창은 그의 부친 김주원이 왕위에 올랐다면 그 역시 왕위를 계승하였을 것이다. 따라서 그의 아버지가 왕위 계승 싸움에서 밀려난 것에 당연히 불만을 가졌을 것이다. 『삼국사기』에서 김헌창이 난을 일으킨 이유로 이를 언급한 것은 잘못된 말은 아닐 것이다. 물론 그의 부친이 왕이 되지 못하는 것에 대한 불만으로 난을 일으켰을 가능성은 얼마든지 있다. 하지만 이 내용을 전적으로 받아들이기에는 망설임이 있다. 김주원이 왕위 계승 싸움에서 패하여 명주로 물러난 지 이미 30년이 넘었는데 이를 계기로 새삼스럽게 난을 일으키기에는 김헌창 자신의 정치적 욕심으로는 가능할지 모르겠으나 명분으로 내세우기에는 약하다. 덧붙여 『삼국사기』 내용이 승자의 관점에서 서술된 측면을 고려할 때 그대로 믿기에 더욱 망설여진다.

김헌창의 난과 관련된 기록에는 9주 5소경 가운데 가담한 5주·3소경을 비롯하여 여러 주, 소경 이름이 나오고 있다. 그러나 남원소경과 명주 지역에 대해서는 전혀 이름이 나오고 있지 않다. 심지어 난의 중심부에 해당한 무진주나 완산주와 가까운 곳의 남원소경 이름이 보이지 않은 것을 가지고 기록의 누락으로 보기까지 한다. 명주 지역은 김주원이 왕위 계승 싸움에서 패하여 물러난 곳이다. 『신증동국여지승람』44. 강릉도호부 인물 조에는 김주원이 그곳으로 퇴거한 지 2년 만에 '명주

군왕(溟州郡王)'에 봉해졌으며 삼척, 울진 등의 지역을 식읍으로 받았다고 되어 있다. 이로 미루어 명주 지역이 김주원의 세력 근거지임을 알 수 있다. 그런데 이곳 명주 지역이 김헌창의 난에 가담한 흔적이 전혀 보이지 않는다. 이는 김주원 세력이 헌창의 난에 전혀 개입하지 않았다는 증거로 볼 수 있지 않을까 한다. 곧 왕위 계승 불만과 반란이 직접적인 인과관계는 없는 셈이다. 심지어 김헌창의 친형 김종기를 비롯하여 직계 비속들 역시 난에 가담했다고 볼 어떠한 흔적도 보이지 않는 것도 이러한 사정을 짐작하게 한다.

누구보다 난에 앞장섰을 김주원계가 난에 가담하지 않은 이유도 의아하게 생각될 수 있으나 자세히 살펴보면 어느 정도 이해가 된다. 김주원계가 권력 다툼에서 패배하고 김경신계가 이후 권력을 독점하였을 때, 김주원 일가는 원성왕 측으로부터 정치적으로 별다른 박해를 받은 것 같지 않다. 오히려 김주원 자신이 바로 '명주군왕'으로 봉해지고 명주 일대를 식읍으로 받는 등 최소한의 권력은 유지되고 있었다. 더구나 큰아들 종기는 원성왕 6년 시중 직에 오르고 있다. 두 세력이 반목하였다면 이러한 일은 불가능하였을 것이다. 이는 김경신과의 권력 다툼에서 패배한 김주원이 깨끗이 승복하고 완전히 정계에서 은퇴하여 은둔 상태에 있었음을 말해준다. 왕위 계승 서열에서 주원보다 밀린 김경신계 역시 김주원계를 포용함으로써 정국의 안정을 꾀하려 한 결과라 생각된다.

헌덕왕 대에 가서도 원성왕계는, 김주원계를 여전히 끌어안고 있음을 김주원의 둘째 아들 김헌창을 통해 알 수 있다. 김헌창이 813년(헌

덕왕5)에는 무진주 도독이 된 이래 내외 직을 두루 역임하고 있었던 것
이 이러한 사정을 잘 말해준다.

김헌창의 역임 관직

연번	시기	관직	재임기간
1	813년 (헌덕왕5) 1월	무진주 도독	1년 7개월
2	814년 (헌덕왕6) 8월	시중	1년 5개월
3	816년 (헌덕왕8) 1월	청주(菁州) 도독	5년 3개월
4	821년 (헌덕왕13) 4월	웅천주 도독	11개월

이처럼 원성왕계와 김주원계의 협력관계는 헌창이 난을 일으킨 후
에도 이어지고 있었다. 난이 진압된 후에도 경주에 있는 헌창의 일족들
은 별다른 정치적 보복을 받지 않고 있었다. 이처럼 양가의 긴장 관계
속의 협조 관계는 신라 하대의 정치사의 한 특징을 보여준다. 김경신계
는 최대의 정적이라고 할 수 있는 김주원계를 일정한 범위 안에서 포용
하고 있었다. 이는 정당한 왕위 계승의 서열이 아닌 무력으로 즉위한
원성왕에게는 김주원계를 완전히 제거하기에는 명분이나 힘이 미치지
못했을 것이다. 김주원을 지지한 적지 않은 지지 세력이 상당히 존재하
였던 만큼 이를 회유하지 않으면 안 되는 상황이었다. 다만 김주원계를
불가피하게 여전히 관직에 중용할 수밖에 없다 하더라도 핵심 요직에
는 임용하지는 않았던 것으로 보인다. 종기나 헌창에게 시중 직을 주었
으나 최고위직인 상대등직을 끝내 내주지 않은 데서 짐작할 수 있다.

이렇게 살핀다면 김헌창이 아버지가 왕위를 잇지 못한 것에 대한 불만에서 난을 일으켰다는 『삼국사기』해석을 그냥 받아들이기에는 뭔가 석연치 않다. 곧 김헌창의 난을 진압한 집권 세력이 난이 내포한 정치적 함의를 의도적으로 축소하려는 현실적 필요에서 나온 것이라는 생각이 들었다. 따라서 김헌창이 난을 일으킨 원인을 다시 살펴야 할 필요성이 제기된다. 그러면 김헌창이 난을 일으켰던 실제 이유는 무엇일까?

김헌창이 난을 도모하였을 때의 상황을 살펴보면, 지역 간에 참여 의지가 일정하지 않고 치밀하게 계획된 흔적도 보이지 않는다. 청주도독 향영은 추화군(밀양)으로 달아났고, 한산주·우두주·삽량주·패강진·북원경 등의 북방 지역은 난의 낌새를 먼저 알고 군사를 일으켜 스스로 방어하였고 하는 데서 알 수 있다. 이들이 김헌창이 난을 일으키려는 것을 미리 알았다는 것은 김헌창이 이들 지역의 지방관들과 사전에 모의를 하였을 가능성을 높여준다. 특히 청주 도독 향영이 반란에 가담하지 않은 채 가까운 굴자군(창원)을 놔둔 채 더 멀리 떨어진 추화군으로 피한 것은 입장을 유보하고 사태를 관망하려는 지방관의 태도도 엿볼 수 있다.

이렇게 김헌창의 난에 지방세력 간에 입장의 차이가 약간 있다 하더라도 왕경과 일부 지역을 제외한 전국 대부분이 호응하였다는 점은 중요한 의미가 있다. 김헌창이 도독으로 있는 웅천주를 비롯하여 무진주·완산주·청주·사벌주 등 9개 주 가운데 무려 5주, 그리고 5소경 가운데 국원·서원·금관소경 등 3 소경이 가담하는 등 신라 대부분 지역이 반란에 가담하였다. 이들 지역이 난에 가담한 것을 '김헌창의 위협' 때문이라고 『삼국사기』에서는 말하고 있다. 그러나 실제 사벌주(상주)나 청주(진주)는 오히려 왕경인 경주와 가깝고 반란군의 거점인 웅천주(공주)로부터 멀리 떨어져 있어, 단순히 협박 때문에 난에 가담했다고 보기에는 어려움이 있다. 더구나 왕경과 가까운 금관경(김해)이 난에 가담한 것은 더욱 이해되지 않는다. 따라서 '김헌창이 위협하여 자기 소속으로 삼았다'라고 하여 김헌창의 '위협' 때문에 지방세력들이 어쩔 수 없이 난에 가담하였다는 『삼국사기』 기록은 모반의 부당성을 대외에 알려 진압 명분으로 삼기 위함과 동시에 '난'이 지닌 의미를 애써 축소하여 실상을 호도하려는 신라 정부의 의도가 반영되어 있다고 생각된다.

그러면 신라 대부분 지역이 김헌창의 거병에 뜻을 같이하는 데는 그럴만한 이유가 있을 것이다. 이때 주목되는 것은 난이 일어나던 무렵 헌덕왕의 동모제인 상대등 수종이 새로이 부군(副君)이 되어 월지궁에 들어왔고, 또 다른 헌덕왕의 아우인 충공이 수종의 뒤를 이어 상대등에 취임하여 관료의 인사권을 장악하였다는 사실이다.

수종은 뒷날 헌덕왕 뒤를 이어 즉위한 흥덕왕을 말한다. 그는 형인 헌덕왕과 함께 조카인 애장왕을 죽이는 데 주도적인 역할을 하였다. 그 공으로 신라 역사에서 전무후무한 副君이 되고 헌덕왕을 이어 왕위에 올랐던 인물이다. 『삼국사기』에는 헌덕왕이 후사가 없어 동생인 수종이 왕위를 계승한 것으로 나와 있으나, 김헌창의 난을 진압한 직후 충공의 딸을 태자비로 삼았다는 사실에서 실제는 헌덕왕에게 아들이 있었던 것으로 보인다. 따라서 수종의 힘에 밀려 헌덕왕이 어쩔 수 없이 아들 대신 아우에게 왕위를 양위한 것이라고 추측된다.

한편 또 다른 아우 충공은 상대등에 취임하자마자 '정사당에 앉아 내외 관원의 인사를 전형' 하였다는 기록에서 알 수 있듯이 인사권을 가진 것으로 보인다. 충공이 인사문제로 고민할 때 녹진이 "큰 인재는 높은 직위에 두고 작은 인재는 가벼운 소임을 준다면 안으로 六官·百執事와 밖으로 방백·연솔·군수·현령에 이르기까지 조정에 빈 직위가 없고 직위마다 부적절한 사람이 없을 것이다"(『삼국사기』45. 열전, 녹진전)라고 조언하고 있는 데서 대체적인 상황을 짐작할 수 있다. 즉 충공이 인사에 대한 불만이 안팎에서 심각하게 분출하고 있음을 알려준다. 곧 당시 충공이 단행하였던 인사의 내용이 무엇인지는 정확히 알 수 없으나 조카인 애장왕을 죽이고 권력을 분점한 헌덕왕, 수종, 충공 등 3인에게 권력을 집중시키는 것과 관련이 있지 않나 한다.

헌덕왕 등 3인이 권력을 독점할 때 그들에게 가장 위협적인 존재인 김헌창에게 중앙 관직을 주어 왕경에 머물러 있게 하는 것은 엄청난 부담이었을 것이다. 물론 조카를 죽이고 즉위할 당시에는 반대 세력도 포용하는 태도를 보였던 것 같다. 그것이 무진주 도독으로 있던 김헌창을 시중 직에 불러들인 이유이다. 하지만 김주원의 다른 아들과 달리 정치적 야심이 강한 김헌창을 시중 직에 오래 놔둘 수는 없었다. 시중 직에 있던 그를 불과 1년 5개월 만에 왕경에서 멀리 떨어진 청주 도독으로 보내 무려 5년 넘게 근무케 하였다는 것은 그에 대한 왕실 세력의 견제가 철저히 이루어지고 있음을 알 수 있다. 이러한 차별적인 인사는 김헌창 개인에게만 국한되어 있는 것이 아니었다. 당시 권력이 헌덕왕 3형제에게 집중되는 과정에서 소외된 정치세력들이 중앙귀족들 내부에서도 점차 늘어나는 추세였다. 이러한 특정세력의 권력 독점은 같은 중앙귀족 내부에서, 그리고 중앙과 지방세력 사이에서 갈등으로 표출되었다. 충공이 고민하였다는 것은 이를 두고 하는 말이다. 이러한 불만이 여러 지역에서 지방 장관들이 동시에 거병에 참여하는 계기가 되었다.

게다가 이 무렵 신라에서는 가뭄 등 계속된 천재지변으로 심각한 기근이 발생하였다. 814년(헌덕왕 6) 나라 서쪽에 물난리가 난 것을 시작으로, 815년(헌덕왕7)에는 지역에 기근이 들어 도적이 봉기하였고, 816년(헌덕왕 8)에도 기근이 들어 170명이 당으로 먹을거리를 찾아 나섰으며, 817년(헌덕왕 9) 기근, 819년(헌덕왕 11)에는 초적이 전국에서 일어났으며, 821년(헌덕왕 13년)에는 기근으로 심지어 아이를 내다 파는 상황이 전개되었다. 이러한 연속된 흉년은 민심을 흉흉하게 하여 신라 정부에 대한 불만이 쌓여가는 계기가 되었다. 이때의 재난은 '國西', '西邊' 등의 표현이 있는 것으로 볼 때 주로 무진주, 완산주, 웅천주 지역에서 발생한 것으로 보인다. 이러한 경제적인 곤궁함이 계속되면서 백성들의 불만이 노골적으로 표출되었다. 이러한 심각한 기근이 발생한 곳은 대체로 옛 마한, 백제 지역이었다. 이들 지역의 백성들은 신라 정부에 대한 불만을 넘어 옛 왕조에 대한 향수로 이어지고 있었다. 특히 마한 이래 형성된 강고한 정체성이 오랫동안 뿌리내려져 있는 무진주나 완산주 지역에서는 이러한 현상이 강하게 분출되고 있었다. 과거에 무진주 도독을 역임한 김헌창은 이러한 이 지역의 특수성을 잘 알고 있었다. 더구나 옛 백제의 왕도였던 웅천주 도독을 현재 재임하고 있었기에 이들 지역 백성이 지닌 신라 정부에 대한 반발과 옛 왕조에 대한 향수가 깊어지고 있음을 누구보다 잘 알고 있었다. 김헌창이 이를 이용하려 하였음은 당연하다. 그가 반란의 명분으로 새 왕조 건설을 표방한 이유이다.

마한·백제 정체성 표출과 새 왕조 건설

김헌창이 난을 일으킬 때 '장안'이라는 국호를 내걸고, '경운'이라는 독자적 연호를 표방한 것은 새로운 왕조 건설을 꿈꾸었음을 말해준다. 그는 단순히 신라 왕실 내부에서의 왕권 쟁탈을 꾀한 것이 아니라 새로운 왕조 건설을 표방한 것이다. 그가 이러한 원대한 꿈을 품은 배경은, 그가 난을 도모할 때 동조한 지역들의 상황을 통해 어느 정도 유추가 가능하다.

김헌창 난은 신라 중앙 정부를 지방세력들이 포위하는 구도라고 볼 수 있다. 이처럼 난이 전국적 규모로 확대된 것은 신라 중앙 정부에 대한 불만이 그만큼 깊어졌음을 시사해준다. 이렇게 본다면 김헌창의 난은 중앙의 권력 독점에 대해 지방세력들이 반발한 것이라고 쉽게 생각할 수 있다. 그러나 김헌창의 난에 대응하는 9주 5소경의 대응 태도가 일률적이지 않다는 점이 주목된다. 김헌창이 도독으로 있던 웅천주를 거점으로 무진주·완산주·청주·사벌주 등 5주와 국원·서원·금관경 등 3 소경은 난에 직접적으로 가담하였다. 반면 한산주·우두주·삽량주와 북원소경 지역은 난에 동참하지 않았다. 이들 지역은 난이 일어날 것을 '先知(미리 알고)'하여 군사를 일으켜 관할 지역을 지켰다 한다. 앞 절에서 살폈듯이 '미리 알고'의 표현으로 보아, 이들 지역은 김헌창으로부터 난의 동참을 사전에 제의받았으나 답변을 유보한 채 중립을 지켰다고 생각된다.

김헌창의 부친인 김주원의 세력 기반인 명주의 입장은 드러나 있지 않다. 이 지역이 어쩌면 난에 적극적으로 가담하였을 법한데도 참여 모습이 전혀 보이지 않고 있는 것은 앞서 언급한 것처럼 이 난이 부친 김주원이 왕위에 오르지 못한 것에 대한 불만 때문에 일어난 것이 아님을 보여주는 하나의 근거라고 여겨진다.

명주와 마찬가지로 난의 가장 핵심부를 형성한 무진주와 완산주 사이에 있는 남원소경 역시 난과 관련된 일체의 언급이 없다. 같은 마한, 백제의 영역이었다는 점에서 이곳에서 난이 일어나지 않았다는 것은 쉽게 설명되지 않는다. 따라서 실제 난에 가담하였는데도 불구하고 기록이 누락된 것은 아닌가 하는 오해까지 나오고 있다.

그런데 같은 王京과 가까운 지역이라 하더라도 삽량주는 난에 가담하지 않았지만, 사벌주와 금관경은 난에 가담하고 있다. 같은 왕경 관할 지역이지만 각기 다른 행보를 하고 있다. 곧 왕경과의 거리나, 반군의 중심지와의 거리가 난과 관련이 없다는 점이다. 이러한 특이한 현상은 오히려 김헌창의 난의 성격을 유추해 내는 데 적지 않은 도움을 준다.

통일 이전 옛 신라 지역의 삽량주·사벌주·청주 가운데 사벌과 청주 두 주는 난에 가담하였으나 삽량주는 제외되고 있다. 그런데 난에 가담하지 않은 삽량주의 중앙에 섬처럼 갇혀 있는 금관경은 난에 가담하고 있다. 삽량주는 난에 가담하지 않았는데, 그 가운데 섬처럼 있는 금관경이 난에 가담한 것은 쉽게 이해되지 않는다. 하지만 오히려 이점이 난의 성격을 이해하는 데 도움을 준다. 이처럼 이해되지 않는 금관경의 반란 가담에 대해 평소의 친분이나 교감을 바탕으로 사전에 거사 계획을 통고하고 동의를 얻어냈을 것이라는 의견도 있으나 설득력이 떨어진다.

원래의 신라와 가야 영역 가운데 삽량주 외에는 모든 지역이 난에 참여하였다. 김유신으로 대표되는 금관가야 왕족 등 지배세력은 법흥왕 때 신라에 복속된 후 진골 귀족에 편입된 신귀족으로, 통일 전쟁 과정에서 큰 공을 세워 통일신라 초기에는 국왕 이상의 권력을 행사하였다. 그렇지만 경주 중심의 진골 귀족으로부터 끊임없는 견제를 받아 신라 하대에 들어 정치적으로 몰락한 모습이 뚜렷이 나타난다. 김유신 가문의 몰락은 경주 지배층 안에서도 특정세력이 권력을 독점하고 있는 현상을 말해주고 있다. 이에 『삼국유사』 '미추왕 죽엽군' 설화에서 알 수 있듯이 김유신계의 불만이 점차 노골화되고 있었다.

'쯤설인귀書'라는 외교문서를 써 유명해진 강수는 『삼국사기』 열전에 "신(강수)은 본래 임나가라 사람으로 이름은 우두입니다"라 하여 그의 가계가 '임나가야' 출신인을 밝히고 있다. 이는 수백 년 전에 멸망한 가야 왕조에 대한 향수가 통일신라에 들어와서도 여전함을 보여주는 것이다. 통일 이후에도 가야계 일부에서 '임나왕족'이라는 표현을 쓰고 있는 것은 이러한 의도의 표현이라 생각된다.

이러한 상황에서 김유신 식읍이 있었던 금관경 지역의 정치적 박탈감은 쉽게 상상이 된다. 이러한 불만은 점차 가야계 전체의 불만으로 확산되어 옛 가야에 대한 향수로 나타났을 가능성이 크다. 금관경 지역이 김헌창의 난에 동참한 이유가 아닌가 여겨진다. 이처럼 가야계의 신라 중앙 정부에 대한 반발은, 국원소경(충주)이 김헌창 난에 가담하고 있는 데서도 확인된다. 漢州는 난에 가담하지 않았지만, 그에 영속된 국원소경은 난에 가담하였다. 국원소경이 가담한 것은 그곳의 특수한 상황과 관련이 깊다. 국원소경은 대가야 멸망 전후로 대가야 유민을 이주시켜 만든 특수행정구역이다. 대가야계로 두드러진 활동을 한 우륵이나 강수의 출신지이다. 국원 주민들은 가야계에 대한 신라 정부의 차별이 점차 심화 되는 것에 불만을 가졌을 법하다. 이러한 불만이 김헌창 난 가담으로 표출된 것이 아닌가 생각된다.

신라 지배세력의 한 축을 이루었던 금관소경마저 신라 정부에 등을 돌렸다는 것은 당시 경주 중심의 정치에 대한 지방의 불만을 넘어 신라 왕조에 대한 거부감이 점차 나타나고 있음을 알 수 있다.

신라의 삼국통일에 큰 공을 세웠으며 왕실에 버금가는 권력을 누린 가야계가 점차 경주 귀족들의 집중 견제로 정치적 불만을 가질 때 옛 백제 지역이나 고구려 지역인들이 갖는 정치적 소외감은 이들보다 훨씬 컸을 것이다. 이러한 불만은 옛 왕조에 대한 그리움으로 나타났을 것이다. 『송고승전』 明律篇 唐 百濟國 금산사 진표전에 '승려 진표는 백제인이다'라 하여 718년(성덕왕17)에 태어난 진표를 백제인으로 관념하고 있는 것이 대표적인 예이다. 진표가 대외적으로 크게 활동할 무렵이 760년 무렵으로 미루어 볼 때 적어도 진표에 관한 기록은 그 이후의 일일 것이다. 백제가 멸망한 지 100년이 지났는데 여전히 '백제인'으로 출신을 기록하였다는 것은 김제 일대에 백제인 유민 의식이 강고하게 형성되어 있음을 짐작하게 한다.

김헌창이 난을 일으킨 지 70여 년 후 견훤이 후백제를 건국할 때 발표한 다음의 내용은 이러한 사정을 살피는 데 도움을 준다.

내가(견훤이) 3국의 기원을 살펴보건대, 마한이 먼저 일어나고 후에 혁거세가 발흥했다. 그러므로 진한과 변한이 뒤따라 일어났다. 이에 백제는 금마산에서 개국하여 육백여 년이 되었다. 총장 연간에 당 고종이 신라의 청을 들어 장군 소정방을 보내어 수군 13만으로 바다를 건너게 하고 신라의 김유신도 황산을 거쳐 사비에 이르러 당군과 합세하여 백제를 공격하여 멸망시켰다. 지금 내가 도읍을 완산에 정하고 어찌 의자왕의 숙분(宿憤)을 씻지 아니할 수 있겠는가! (『삼국사기』 열전10, 견훤전)

신라 말 서남 지역의 농민반란을 진압하기 위해 파견된 견훤이 무주를 평정한 다음 완산주에 이르러 나라를 세울 때 한 말이다. 당군을 끌어들여 백제를 멸망시킨 신라에 대한 복수를 다짐하는 내용이다. 견훤이 이 지역에서 나라를 세우려 한 이유를 분명히 하고 있다. 상주 출신으로 당시 완산주나 무진주와 아무런 연고가 없는 견훤으로서는 이 지역에 형성된 反신라 정서를 자극할 수밖에 없었을 것이다. 오랫동안 경주 중심의 정치에 소외된 백성들의 옛 왕조에 대한 향수를 자극하는 것이었다. 이와 더불어 견훤은 자신이 이곳과 인연이 있다는 상징 조작도 시도하였다. 견훤이 무진주에서 태어났다는 내용을 담고 있는『삼국유사』견훤전의 출생 설화는 이와 밀접한 관련이 있다. 일부에서는 이 설화를 견훤이 무진주 출신이라는 근거로 보기도 하나, 그보다는 견훤이 무진주 호족과 혼인을 통해 세력을 규합한 사실을 알려주는 혼인 설화로 해석하는 것이 설득력이 있다.

그런데 위 사료에서 견훤의 역사 인식 나아가 무진주와 완산주 지역 백성들이 지닌 역사 인식을 파악할 수 있다. 그가 백제 계승의식을 내세우고 있는 것은 분명하다. 하지만 그가 삼국의 시초를 마한에서 찾고 있는 점에서 다른 한편으로 마한 계승의식을 강조하고 있는 것으로도 보인다. 동시에 그가 고조선의 준왕이 남쪽으로 이동해온 곳이라는 전승이 있는 금마산에서 백제가 개국하였다고 살피고 있는 점 역시 마한 계승의식의 또 다른 모습을 보여준다. 금마산은 영산강 유역과 함께 마한의 중심지였다. 이곳에서 백제가 건국되었다고 파악하는 것은 마한 중심의 역사 인식을 지녔음을 알 수 있다.

이처럼 마한-백제로 이어지는 역사 인식은 견훤의 인식이기도 하지만 당시 무진주·완산주 지역 백성들의 역사 인식이기도 하였다. 백제가 마한을 계승하려 하는 역사 인식은 이미 백제 무왕이 마한의 중심지 익산으로 천도하려 한 사실에서 살필 수 있다. 더구나 무왕은 마한의 건국 설화를 그의 출생 설화로 바꾸기까지 하였다.『신증동국여지승람』익산조에 "세상에 전하기를, 무광왕이 인심을 얻어 마한국을 세웠다."라는 내용과 무왕의 출생설화가 함께 수록된 사실에서 충분히 알 수 있다. 이제껏 무광왕을 무왕으로 동일시하는『삼국유사』찬자의 견해를 따르는 경향이 많았으나, 무왕이 마한의 시조 무광왕의 건국 설화를 그의 출생 설화로 차용하는 과정에서 나온 것으로 살피는 것이 옳다.(4장 5. 무왕의 마한 남부연맹 포용책과 서동설화) 마한과 통합을 한 백제가 마한 지역에 형성된 오랜 정체성을 포용하려는 의지의 표현임을 알 수 있겠다.

견훤이 이미 백제와 통합되어 역사에서 사라진 지 오래된 마한의 역사 계승을 굳이 강조하려는 것은 신라 말까지도 여전히 이 지역에 뿌리내려져 있는 마한의 강고한 정체성을 의식했기 때문일 것이다. 고유의 토착성을 기반으로 성립된 마한 문화는 다양한 외래문화를 수용하는 과정에서 차츰 독창적이고 개방적인 성격을 지녔다.『양직공도』에 보이는 '방소국(傍小國)' 기사와 영산강 유역에서 확인되는 무수히 많은 고고학적 유물들은 적어도 6세기 중엽까지 최소한 7, 8세기 동안 마한 왕국이 독자적 왕국을 건설하였음을 말해주고 있다. 이 과정에서 자연스럽게 '마한의 정체성'이 형성되었다고 믿어진다.

왕인박사의 후예인 '行基'스님은 왕인이 일본에 건너간 지 수 세기가 흘렀음에도 '백제왕자'라여 '백제계'라는 정체성을 간직하고 있었다. '백제계' 유민이라는 의식이 형성되기 이전에는 '마한계'로서의 도래인 정체성을 지녔을 법하다. 진표율사가 법상종을 개창한 금산사가 있는 김제지역도 마한의 건국 시조라 믿어지는 무광왕 설화가 전해지는 익산과 인접한 곳이다. 따라서 그곳에는 다른 지역보다 백제보다는 마한의 정체성이 뿌리내려 있었다. 진표 스님을 '백제인'이라고 하는 것은 '마한인'으로 치환해도 크게 잘못은 아닐 것이다. 이렇게 해서 이 지역에서 형성된 '마한-백제' 역사 인식은 신라 말까지 이어져 왔다. 견훤은 이러한 현실을 정확히 인식하고 있었다고 보아야겠다.

백제가 멸망한 후에도 마한 지역 출신들은 그들의 정체성을 강하게 간직하고 있었다. 앞 절에서 인용한 바 있는 부여 융 '묘지석'에 "마한에 남아 있던 무리들이 이리와 같은 마음을 고치지 않고 요해 바닷가에서 올빼미처럼 폭력을 펼쳤으며 환산 지역에서 개미 떼처럼 세력을 규합하였다. 이에 황제가 크게 노하여 천자의 병사가 위엄을 발하였으니"라는 구절을 통해 백제 패망의 책임이 있는 부여 융이 웅진 도독으로 오는 것에 옛 마한 지역 백성들의 거부감이 다른 지역보다 훨씬 컸고, 이 때문에 웅진 도독부가 요동으로 옮기게 되었다고 살폈다. 이는 거의 700년 가까이 이어져 온 마한의 독자적 전통이 뿌리내린 결과라 하겠다. 이렇게 강고하게 형성된 마한 정체성은 통일 후에도 마한-백제로 이어지는 역사 인식으로 자리를 잡는 중요한 배경이 되었다.

'一統三韓', 곧 '신라가 삼한을 통일하였다'라는 인식을 가진 신라는 삼한과 삼국의 대응에 대한 정립이 필요했다. 중국 사서에도 신라에 복속된 백제를 여전히 '마한의 옛 땅'이라고 인식하고 있었다. 이처럼 여전히 이어지고 있는 마한-백제의 역사 인식 체계는 신라 정부에게는 정치적으로 커다란 부담으로 작용하였다. 특히 웅진 도독부의 백제 관리들은 여전히 백제 땅으로 들어갈 기회를 엿보고 있었다. 신라는 一統에 대한 새로운 역사 인식의 정립이 필요했으며 또한 웅진도독부의 백제 관리들의 마한 - 백제와의 관계를 차단할 필요가 있었을 것이다. 백제 유민들에게 마한 역사 계승 인식은 여전히 '마한의 옛 땅'으로 지칭되는 백제 땅으로의 회귀를 의미하였다. 이에 대해 신라는 기존 중국 측에서 인식하고 있던 마한 - 백제 인식이 아닌 새로운 마한 - 고구려 인식으로의 전환을 시도하였다고 본다. 이렇게 마한 중심의 강고한 역사 인식이 옛 마한 지역에 뿌리내려져 있는 사실을 견훤은 그의 집권에 이용하였던 것이라고 믿어진다.

견훤이 느꼈던 이러한 지역적 분위기를 70년 전의 김헌창이 모를 리 없다. 더구나 김헌창은 약 1년 8개월 동안 무진주 도독을 지내 이 지역에 형성된 마한의 강고한 정체성을 누구보다 잘 알고 있었다. 그리고 청주 도독을 이어 백제의 옛 도읍지인 웅천주 도독으로 부임하여 11개월 있으며 그 지역에 형성된 옛 백제를 복원하려는 지역 인심 역시 익히 알고 있었다. 무주나 완산주, 그리고 웅천주 지역 백성들은 헌덕왕 대에 가속화되는 경주 중심의 정치에 적지 않은 불만이 누적되어 있었다. 게다가 이 지역에는 연속된 천재지변과 기근으로 민심이 흉흉하여 도적이 들끓고 있었다. 이러한 현상은 민심이반을 재촉하는 것이어서 백성들의 의식 밑바탕에 잠재된 망국인의 불만을 표출시키는 계기가 되었다.

헌덕왕 일가의 집중 견제를 받았던 김헌창은 경주 중심의 한계를 벗어나지 못한 신라 사회의 모순을 꿰뚫어 보고 있었다. 김헌창은 이를 이용하여 '장안'이라는 국호를 표방한 새로운 나라를 만들려 하였다. '경운'이라는 독자적인 연호를 사용함으로써 자주적인 새로운 나라를 세우려 하였다. 그러면서 경주 중심의 정치에 불만을 느낀 非 경주 세력들을 자신을 중심으로 결속시키려 하였다. 말하자면 김헌창이 외직을 전전하면서 쌓인 정치적 불만이 새로운 왕조 건설이라는 큰 그림을 그리게 한 셈이다.

김헌창이 난을 일으켰을 때 그 중심지 지역이 완산주·무진주였던 까닭은 과거 김헌창이 지방 장관으로 부임한 곳이라는 측면도 없지 않았을 것이다. 하지만 경주 중심의 정치에 대한 옛 마한 지역민들의 정치적 불만이 표출된 것이다. 이는 그곳에 강고하게 형성된 마한 정체성을 반영해주는 것이다. 이처럼 옛 가야지역 및 마한·백제지역 백성들의 불만이 새로운 왕조 건설을 표방하는 김헌창의 정치적 행위에 참여하는 중요한 동기가 되었다. 이렇게 볼 때 김헌창 난의 지역적 지지기반은 바로 옛 마한, 백제의 권역이라 해도 좋을 것이다. 70년을 사이에 두고 일어난 김헌창 난과 견훤의 후백제 건국에는 이러한 옛 마한, 백제 지역민의 지역 정서가 반영되어 있다고 생각된다.

그러면 김헌창의 난에 옛 고구려지역 백성들은 어떠한 태도를 지녔을까? 김헌창의 난(822)이 일어난 지 불과 3년 후(825) 그의 아들 김범문이 고달산(경기도 여주)에서 반란을 일으켰다. 옛 고구려지역에서도 반란이 일어난 것이다. 옛 고구려지역이 신라 중앙 정부에 그다지 우호적이지 않았음을 알려주는 대표적인 사례이다. 고구려 유민들의 고구려에 대한 향수도 점차 커지고 있었다. 『삼국사기』에 "흥덕왕 2년(827) 3월에 고구려 승려 구덕(丘德)이 당나라에서 불경을 가져 왔다"라는 기록이 있다. 이를 통해 구덕이 고구려계 승려임을 알 수 있겠으나, 고구려가 멸망한 지 160여 년이 지났는데도 굳이 '고구려승'이라고 하는 사실을 밝히고 있는 것은 옛 고구려지역을 중심으로 멸망한 왕조에 대한 기대와 향수가 여전히 남아 있음을 알 수 있겠다. 그리고 그것이 하대로 들어가 마한, 백제, 가야처럼 점차 드러나고 있음을 보여준다. 이러한 옛 왕조에 대한 향수, 곧 정체성이 '난'을 촉발을 시킨 계기가 되었다고 본다.

그러나 김헌창 난이 일어났을 때 옛 고구려지역에 속한 한산주·우두주(삭주)와 북원소경(원주)은 김헌창 난에 가담하지 않았다. 이들 지역은 난을 '예측하고(先知)' 군사를 일으켜 방비하였다고 되어 있다. 이들 지역이 옛 고구려지역에 속하면서도 김헌창의 난에는 가담하지 않았다. 옛 마한, 옛 백제, 옛 가야지역에서 난이 일어난 것과는 사뭇 다른 상황이다. 이에 대해 그곳에 파견된 지방관이 친정부적 인물일 가능성과 기근과 같은 자연재해로 인한 피해가 적어 불만이 상대적으로 적었기 때문이라고 생각할 수도 있다.

그러나 이러한 분석은 같은 한주에 영속된 국원소경이 난에 합류하였다는 점에서 설득력이 떨어진다. 이는 이 지역이 지니고 있는 특수한 위치에 주목하여야 한다고 생각한다. 이들 지역은 통일 이전에는 백제 →고구려→신라로 그 지역의 영유권이 넘어가는 등 삼국의 힘이 충돌한 대표적인 곳이다. 마한이나 가야처럼 그 지역 특유의 정체성이 형성될 시간적, 공간적 여유가 없었다. 따라서 이들 지역은 신라에 대한 정치적 불만이 마한이나 가야지역보다 상대적으로 강하지 않았다고 보아야 할 것이다. 고달산에서 김범문이 난을 일으킨 것은, 그 지역 고구려계의 불만 표출로 해석하기보다는 그의 정치적 야심에서 비롯된 것이라고 여겨진다.

이러한 추론은 남원소경이 반란에 가담하지 않은 사실에서 확인할 수 있다. 지리적 위치를 고려할 때 청주 안에 있는 서원경이 난에 가담한 것처럼 완산주 영역 안에 있는 남원소경도 난에 가담하는 것이 자연스럽다. 완산주 영역 안의 남원은 반란의 거점인 웅진에 가깝고, 반란에 가담한 무진주와도 가까워 난의 소용돌이에 휘말렸을 가능성이 있다. 역사적으로도 마한, 백제의 영역이기 때문에 이들 지역 역시 신라 정부에 대한 반감이 강했을 것이다. 그럼에도 전혀 반란의 기미가 보이지 않고 있어 실제 반란 사실이 누락된 것은 아닐까? 라는 의심을 지니게 한다. 심지어 금관경이 반란에 가담할 이유가 없다 하여 '남원'경의 반란을 금관경으로 잘못 기록한 것이라는 주장도 있다. 그러나 김헌창의 난을 『삼국사기』가 굳이 잘못 기록할 이유도 없거니와 하필 이 부분만 누락을 하였을까 하는 의문도 든다. 오히려 남원소경이 난에 참여하지 않았다는 기록은 당시의 사정을 살피는 중요한 단서를 제공해주고 있다고 믿는다.

남원소경은 원래 고구려 유민들을 강제 이주시켜 세운 보덕국이 멸망한 이후 그 지역주민들을 관리하기 위해 설치된 지역이다. 남원 지역은 고구려계 주민이 주류를 이루었고 그 문화가 뿌리내린 곳이라 하여 일찍부터 주목되었다. 따라서 고구려계 유민이 대부분을 차지한 남원소경은 김헌창의 난에 다른 지역 고구려 유민들과 보조를 같이하였을 가능성이 크다는 의견이 있다. 말하자면 옛 고구려 지역인 한주 지역이 반란에 가담하지 않았기에 남원소경도 난에 가담하지 않았다는 것이다.

그러나 남원소경이 김헌창의 난에 전혀 가담하지 않은 것은 고구려계 유민들이 한산주처럼 옛 고구려지역 주민들이 난에 가담하지 않았기 때문이 아니라 한산주처럼 그 지역이 지닌 특수한 상황과 밀접한 관련이 있다고 본다. 남원 지역은 옛 마한 지역의 영역에 속한 곳으로 그 문화적 특질이 남아 있는 곳이다. 반면 남원 지역은 지정학적으로 가야 세력과 활발한 교류가 있었다. 지금도 가야계 유적·유물이 마한의 어느 지역보다 많이 나오는 이 지역은 마한·가야의 문화적 특성이 뒤섞여 있는 점이지대(漸移地帶)라고 할 수 있다. 그러다 보니 마한의 강고한 정체성이 다른 마한 지역보다 상대적으로 미약한 편이다. 통일 전쟁 직후 고구려 부흥 운동 세력을 견제함과 동시에 마한 세력을 견제해야 할 신라 중앙정부는 고구려 세력을 수백 km 떨어진 남원 지역으로 이주시켰다. 굳이 멀리 떨어져 있는 지리산 기슭을 유민들의 새로운 정착지로 삼은 것은 그 지역에 뚜렷한 토착성 지역성이 미약하여 외래 이주 집단을 이주시키기가 상대적으로 유리했기 때문이다. 이러한 지리적 특성으로 인해 남원 지역은 마한·가야·고구려 등 여러 문화가 혼재되어 융합되는 현상이 나타났다. 즉 어느 한 나라의 정체성이 뚜렷이 드러났다고 보기 곤란하다. 한산주처럼 이러한 정체성의 혼돈이 일어난 남원 지역이 새로운 왕조 건설을 표방하는 김헌창 난에 쉽게 반응하지 않은 까닭이라 하겠다.

한편 청주(菁州) 지역 상황도 난에 가담한 세력의 성격을 이해하는 데 도움을 준다. 난이 일어나자마자 청주 도독 향영은 몸을 빼어 퇴화군으로 탈주하였다. 그가 반란에 가담할 적극적인 의지가 없었다는 의미이다. 그렇다고 왕경으로 달려가 반란을 알리지도 않았다. 이로 미루어 그는 반란의 전개 상황을 살피려 한 것이 아닌가 생각된다. 그러면 청주에 있지 않고 그곳을 벗어났을까 하는 의문이 생기는데, 이는 청주 지역에서 김헌창의 난에 동조하는 세력이 강했음을 말해준다. 그곳은 김헌창이 무려 5년 넘게 도독으로 있어 그의 세력이 토착 세력과 연결될 가능성이 크다. 곧 김헌창이 난을 일으킬 때 토착 세력들은 호응하였을 법하다. 김헌창이 왕경에서 출동한 진압군을 막으려 요로를 지키게 하였는데 청주 관할 성산군이 포함되어 있다는 점도 이러한 믿음을 갖게 한다. 덧붙여 청주 역시 옛 가야지역에 해당하는 곳이라는 점도 토착인의 신라 정부에 대한 반감이 어느 정도 있었을 것이다.

이렇게 보면 김헌창의 난에 임하는 각 지역의 주와 소경들의 태도가 일정치 않은 까닭이 어느 정도 드러났다. 그것은 난의 본거지인 웅천주와의 단순한 거리 문제가 아니라 각 지역이 처한 정치적·사회적·역사적 배경에 따라 난에 가담 여부가 결정되었다고 보겠다. 이때 이미 멸망한 옛 왕조의 정치적 기반의 태도가 내면적으로 중요한 요소로 작용하였음을 알 수 있다. 김헌창의 난을 단순히 지방세력의 반란으로 성격을 지울 수 없는 이유이다. 물론 중앙의 지방에 대한 차별도 반란의 또 다른 구실임은 분명하다. 그러나 이것만 가지고는 옛 삼국으로의 회귀를 바라는 분위기가 점차 고양되어 가는 추세를 설명할 수 없다 하겠다. 후삼국의 분립이 김헌창의 난에서 싹 트고 있음을 알 수 있다. 그리고 그 중심에 마한의 오랜 역사적 정체성을 지닌 전라도가 있었다.

김헌창 거병의 실패와 의의

김헌창의 난은 단시일 내에 무진주·완산주·청주·사벌주와 국원경·서원경·금관경 등이 참여하였다. 김헌창이 그 지역을 공략하여 자신의 세력으로 만드는 것이 아니라 이들 지역의 정치세력들이 김헌창에 호응하여 함께 일어났다. 청주 도독 향영이 이탈한 청주의 상황이 당시 지방세력의 또 다른 움직임을 보여준다.

당초에 김헌창의 난에 웅천주, 무진주, 완산주, 청주, 사벌주의 5주와 국원경, 서원경, 금관경 등 3개 소경이 가담하였다. 그러나 청주가 바로 이탈하였고, 금관경이 소극적인 태도를 보였다고 하더라도 웅천, 무진, 완산주와 서원경 등 옛 마한, 백제 지역 세력들은 강력한 지지기반이었다. 그럼에도 새로운 국호를 내걸며 난을 일으켰던 김헌창이 바로 신라를 공격하지 않았다. 이를 가지고 새로운 나라를 세운 후 신라와 더불어 공존하고자 하였다는 의도가 있다는 해석도 있다. 만약 그러하다면 그는 통일 이전의 상황, 즉 삼국으로의 회귀를 희망하였던 것은 아니었는가 하는 생각이 든다. 물론 이러한 그의 생각은 어느 정도는 사실일 것이라 여겨진다. 하지만 김헌창이 난을 일으켰을 때 난에 가담하는 세력들이 그가 의도한 대로 움직이지 않았기 때문에 적극적인 행동에 나서지 못했던 것이라 생각된다. 실제 김헌창의 군대는 신라 진압군과의 전투에서 일방적 패배를 당하였다.

당시 진압군의 작전 상황이 앞서의 『삼국사기』기록에 자세히 보인다. 신라 중앙정부는 일차적으로 왕도 외곽을 8곳으로 나누어 지키게 한 후 일길찬 장웅을 선발, 잡찬 위공과 파진찬 제릉을 2군, 이찬 균정·잡찬 웅원과 대아찬 우징을 3군으로 하는 출정군을 편성하였다. 장웅의 선발군은 도동현에서 반란군을 맞아 싸워서 승리하고 나서 2군과 합류하여 삼년산성을 공략하고 속리산을 장악하였으며 이어서 웅진주로 나아갔다. 균정이 이끄는 후발군은 성산에 싸워 승리하고 웅진주 방면으로 진출하였다. 3군은 뒤에 웅진성에서 합세하여 김헌창의 근거지에 대한 본격적 공략에 나서 승리를 거두었다. 진압군의 진격로를 중심으로 진행과정을 살펴보면 김헌창의 주력군은 처음부터 끝까지 웅진성에만 그대로 진을 친 상태였음이 드러난다. 3군이 웅진으로 진군하다가 맞닥뜨린 반란군 부대는 각 지역에서 봉기한 세력들일 따름이었다. 그럼에도 이들에게 쉽게 무너졌다는 것은 김헌창의 난이 갖는 근본적인 한계가 있었기 때문이라 생각된다.

김헌창 난의 근본적인 한계는 당시 진압군과의 전투 상황을 통해 유추할 수 있다. 3군이 각기 웅진으로 진군할 때 맞닥뜨린 반군 부대는 각 지역에서 봉기한 세력들일 따름이었다. 이들 반군이 매우 분산적이었음을 말해준다. 곧 반군이 전국에 걸쳐 체계적인 조직망을 갖추지 못하였음을 방증한다. 곧 '장안'이라는 국호를 내걸고 새로운 왕조 건설을 위한 움직임을 보였지만 그것을 세력 결집으로 이어가지는 못했다.

사실 신라 정부에 반발하는 지역의 정서가 앞서 살핀 바처럼 마한계, 백제계, 가야계, 고구려계 등으로 나누어져 있는 등 해당 지역의 지향하는 바는 일정하지 않았다. 특히 그 지역의 정체성의 밀도에 따라 난의 가담 여부도 결정되었다. 따라서 김헌창은 난을 일으키기 이전에 이러한 지역 간의 미묘한 차이를 주목하고 이를 하나로 엮으려는 노력을 하여야 했을 것이다. 그럼에도 김헌창이 비록 새로운 사회를 지향한다고 하였지만 각 지역이 지닌 차이를 하나로 엮으려는 노력은 소홀하였다. '장안'이라 는 국호를 사용하여 唐과 대등한 나라를 만들겠다는 의지만 표명하였을 뿐이다. 이것만으로는 각 지역의 이해관계를 조정하는 데 한계가 있을 수밖에 없다.

더구나 당의 공격으로 멸망한 백제나 고구려 유민들에게 당의 서울인 '장안'을 국호로 삼은 것은 쉽게 동의할 수 없는 일이었다. 이는 70년후 '백제'라는 나라 이름을 내걸고 마한, 백제의 정체성을 계승하겠다는 확고한 의지를 표명한 견훤과 비교된다. 마한과 백제의 부흥 의지가 견훤이 훨씬 강했던 것이다. 궁예 역시 '고구려'를 국호로 내 걸었다. 이렇게 볼 때 김헌창은 마한, 백제 지역민들이 지닌 여러 불만에 주목하였지만, 이 지역에 형성된 강고한 정체성의 실체는 제대로 파악하지 못하였음을 알 수 있다. 여기에 김헌창 난이 갖는 결정적 한계가 있다 하겠다.

한편 김헌창의 난에서 옛 왕조 부활을 회구하는 움직임이 구체적으로 드러나자 경주왕경 세력들은 위기감을 느끼고 결집력을 발휘하며 속전속결로 난의 진압에 나섰다. 이어 중앙 정부는 난에 가담한 지역에 대한 정치적 유화책을 썼다. 난에 가담하여 체포된 지방 세력들을 곧장 사면하였다. 김유신을 흥무대왕으로 추존하여 가야세력을 달랬다. 무주 지역에는 청해진과 같은 독자적 군진을 허락하였다. 1만이나 되는 군사를 동원할 힘을 부여한 것은 무주 지역에 형성된 강고한 마한의 정체성을 인정함을 의미한다. 하지만 이러한 중앙정부의 회유책은 중앙의 지방에 대한 통제력이 점차 상실되어 가고 있음을 말해준다. 바야흐로 후삼국 정립 기운이 나타나고 있었다. 그 중심에 옛 마한이 자리하고 있다.

6장

결론 : 마한은 한국고대사의 원형이다

6장

결론 : 마한은 한국고대사의 원형이다

마한 54국 가운데 '영산 지중해' 마한 연맹왕국이 '마한 르네상스' 문명을 창조해냈다. '복암리 아파트형 고분'과 창조적인 토괴(土塊) 양식이 사용된 '옥야리 방대형 고분', '영산강식 토기'와 '옥', 신창동 유적의 '비단' 등 영산강 유역의 수많은 유적·유물이 이를 잘 말해주고 있다. 몽촌토성·부여·공주에도 없는 대형 고분이 밀집된 시종·반남·복암리 일대의 거대한 고분군은 이곳이 마한 연맹왕국 중심지였음을 말하고 있다.

해남·강진 일대의 '침미다례', 영산 지중해의 '내비리국', 영암 지역 '일난국', 다시들 유역 '불미국' 등은 '용맹스러움'을 뜻하는 '응류(응준)'로 상징되는 마한 연맹체를 구성한 왕국이다. 이곳에는 토착적인 요소에 낙랑, 백제, 가야, 왜 등 각 나라의 다양한 문화 요소가 융합되어 독창적인 마한 문화가 형성되었다. 이러한 특징은 득량만의 '초리국', 보성강 유역의 '비리국', 섬진강 유역의 '불사분사국' 등 마한 동부지역에도 그대로 나타나고 있어 마한 연맹체의 구성원임을 분명히 하고 있다.

백제가 차령 이북 지역에서 마한 맹주를 자처한 목지국을 복속하고 남하하자, 영산 지중해의 마한 연맹을 중심으로 차령 이남의 연맹체들이 '마한 남부연맹체'를 결성하면서 대립 구도가 본격화되었다. 3세기 말 침미다례와 함께 중국에 조공하러 간 마한의 20여 국이 바로 그들이다. 『양직공도』의 '방소국'에 해당하는 마한 왕국들이 모두 전남 지역에 있고, 성왕이 지방행정 제도를 정비할 때 추가로 편성된 15개 郡이 모두 노령 이남이라는 점은 6세기까지 마한 연맹체가 한반도 서남부 일대에 세력을 형성하고 있음을 알게 한다. 이들이 마한 연맹체의 본류임을 확인해 준다.

6세기 중엽 성왕 때 마한 남부연맹과 통합한 백제의 행정구역에는 일정한 특징이 있다. '월나군'(영암), '발라군'(나주), '도무군'(강진), '복흘군'(보성)·'파부리군'(보성 복내) 등 '군(郡)' 규모의 행정구역이 설치된 지역과 3세기 후반 서술된 『삼국지』 등 중국 사서에 보이는 마한 왕국 위치가 일치하고 있다. 정치 세력이 지역 내에서 세력 교체는 있을지언정 독자성을 견지하고 있음을 알려준다. 한 지역에 독자적인 세력을 형성한 정치체가 곳곳에 분포하고 있는데서, 『삼국지』 위지 동이전에서 지적하고 있는 바와 같이, 마한 남부연맹은 세력 규모가 비슷하여 광역의 통합은 이루지 못한 채 분립 경향을 띠고 있음을 알 수 있다. 마한 연맹체는 서로 독립성을 인정하면서도 내부적으로 치열하게 경쟁하며 발전하였다.

반남 지역 왕국이 자체 제작한 신촌리 9호분 출토 금동관은 토착적 전통에 외래문화가 융합되어 새로운 고유문화로 발전된 모습을 보여주는 대표적인 예이다. 2019년 7월과 2020년 4월 신촌리 9호분 출토 왕관의 영락(瓔珞) 및 가지와 동일한 '편(片)'이 반남 인접한 시종 쌍고분(雙古墳)에서 연이어 출토되어 두 지역이 하나의 정치체임을 알려주었다. 곧 시종과 반남 지역에 독자적 세력을 형성한 마한 왕국이 성립되어 있음을 알 수 있다.

5세기 후반에 완성되어 일본으로 전파된 독특한 '집흔' 문양이 있는 토기와 승석문 토기는 주로 영산강 유역에서만 출토되고 있다. 이 토기는 백제, 일본 토기와 비교되는 뚜렷한 지역적인 특색이 있다 하여 일본에서 '영산강식 토기'라 부르고 있다. 5~6세기 무렵 영산강 유역에 유행한 이들 토기는 백제 지역에서는 거의 보이지 않고, 형식적인 면에서도 구별되고 있다. 이 지역에 독립된 마한 정치체가 고유의 마한 문화를 형성하고 있었음을 알려주는 것이다.

영산강 유역의 마한왕국은 고유문화를 바탕으로 다양한 외래문화를 폭넓게 수용하여 새로운 문화를 창조해내고 있었다. 가야 계통의 방사상과 일본 계통의 원형 양식을 융합하여 가야·일본 지역으로 다시 전파되고 있는 모습을 보여준 시종 옥야리 방대형 고분의 토괴(土塊) 축조 양식에서 이를 알 수 있다.

이렇듯 고유한 전통문화를 바탕으로 독자적 정치체를 구축한 영산 지중해의 마한 왕국은 대국을 형성하고 있었다. 영암 시종과 나주 반남, 복암리 일대의 즐비한 거대 고분이 이를 말해주고 있다. '마한인은 금은보다 옥을 귀히 여겼다'는 중국 기록을 입증하는 옥 유물이 영산

지중해 마한 고분에서 쏟아져 나오고, 기록에 보이는 복장 등의 마한의 장제의식이 영산 지중해 마한 고분에서 확인되고 있는 것은 이 지역이 마한 문화의 발상지임을 말해주고 있다.

'영산강식 토기'는 마한 남부연맹의 강한 연대감의 상징이다. 이를 바탕으로 '마한인은 강건하여 치열하게 싸웠다'는 기록에서처럼 높은 자존감을 형성한 마한인은 외부의 압력에 굴하지 않았다. 이러한 마한 연맹체의 존재는 고구려에 밀리어 웅진으로 천도하여 존립 자체의 위협을 받던 백제에게 부담스런 상황이었다.

6세기 중엽 새로이 체제를 정비하여 고구려에 빼앗긴 한강 유역을 수복하려는 백제의 입장에서 마한 남부연맹과 통합은 시급한 과제였다. 바로 대등한 수준의 1:1통합을 선택할 수밖에 없었다. 이는 통합과정에서 설치된 행정구역 15개 군이 모두 노령산맥 이남의 마한 세력 중심지라는 사실에서 알 수 있다. 백제가 마한 남부연맹의 존재를 현실적으로 인정한 것이다. 통합을 이룬 성왕이 마한계를 견제하기 위해 국호를 '남부여'로 변경하자 마한계는 반발하였다. 무왕은 마한의 건국설화를 그의 출생 설화로 변용하고, 익산으로 수도를 옮기는 정책을 추진하여 마한계를 포용하려 하였다. 그러나 마한계의 현실적 힘을 백제왕실에서는 제어할 수 없었다. 백제의 주도권은 마한계가 장악하였다. 신라에서 백제를 마한의 상징인 '응유'라고 부르는 데서 이를 알 수 있다. 의자왕은 마한계를 견제하며 하였으나 정치적 갈등만 야기한 채 백제의 멸망을 초래하고 말았다.

백제 멸망 후 강고한 마한 정체의식은 여전히 이어지고 있었다. 당이 백제 지역에 설치한 5도독부 가운데 3곳이 마한 남부연맹 지역이라고 하는 사실에서 알 수 있듯이 당의 피정복지 정책에서 마한 지역이 최우선 고려 사항이었다. 의자왕 아들 융이 웅진도독으로 왔을 때 마한인의 반발이 강했다. 이 모든 것은 마한인의 정체성이 백제와 통합 후에도 강고하게 형성되어 있음을 말해준다. 통일신라 말 학자 최치원이 '마한 -백제'의 역사 계승을 '마한-고구려'로 변개를 시도하고, 후백제를 건국한 견훤이 마한의 전통 계승을 강조한 것도 9세기 말까지 마한 정체성이 변함없이 내려오고 있음을 짐작하게 한다. 이처럼 백제와 통합된 6세기 중엽 이후 300년 넘게 마한인의 의식이 변함없이 유지되고 있었던 것은 800년 넘게 영산 지중해를 중심으로 형성된 마한의 고유한 문화 특질이 강고하게 뿌리 내려 있던 결과라 하겠다.

참고문헌

참고문헌

1. 기본사료

『삼국사기』
『삼국유사』
『해동고승전』
『신증동국여지승람』

2장 마한 남부연맹의 왕국

보고서

국립광주박물관,『나주반남고분군: 종합보고서』, 1988.
국립광주박물관,『나주반남고분군: 종합보고서』, 1992.
국립광주박물관,『나주 장동리 수문패총』, 2010.
국립나주문화재연구소,『영암 장동 방대형고분 발굴조사』, 2009.
국립나주문화재연구소,『한국지석묘: 전라남도편』, 2012.
국립나주문화재연구소,『옹관의 일생』, 2012.
국립나주문화재연구소,『한국지석묘: 전라남도편』, 2012.
국립문화재연구소,『동북아시아 지석묘: 3. 한국의 지석묘 전라남도편』, 2012.
동신대학교 문화박물관,『나주 자미산성: 성벽 및 건물지 시굴조사』, 2013.
마한문화연구원,『보성 도안리 석평유적 I 』, 2011.
마한문화연구원,『보성 도안리 석평유적 I·II 발굴조사보고서』, 2011.
목포대학교 박물관,『자미산성』, 2000.
백제문화개발연구원,『나주반남고분군』, 1980.
이영문,『(고흥-벌교간 국도 확포장공사 예정지역)문화유적지표조사보고서』, 1997.

이영문, 『화순지석묘군』, 전라남도, 1999.

이영문, 『영암 남해신사지』, 목포대학교박물관, 2000.

이영문, 『영암의 고인돌』, 목포대학교 박물관, 2003.

임영진·조진선·서현주, 『보성 금평유적』, 전남대학교 박물관, 1998.

전남대학교 박물관, 『주암댐수몰지구 지표조사보고서』, 1985.

최성락, 『해남 군곡리 패총Ⅲ 보고서』, 1989.

최인선, 이동희, 박태홍, 송미진, 『보성조성리 유적』, 순천대학교 박물관, 2003.

단행본

나주시, 『나주군지』, 1980.

노중국, 「문헌기록을 통해 본 영산강 유역-4-5세기를 중심으로」, 『백제와 영산강』, 학연문화사, 2012.

노중국, 「백제의 대외교섭과 교류」, 지식산업사, 2012.

노중국, 「백제의 대외교섭과 교류」, 지식산업사, 2012.

大阪府立近つ飛鳥博物館, 『陶邑の須惠器』, 2006.

문안식, 『백제의 흥망과 전쟁』, 혜안, 2007.

양기석, 『전남지역 마한 소국과 백제』, 학연문화사, 2013.

이기길, 『전남의 선사와 고대를 찾아서』, 학연문화사, 2002.

이병도, 『역주 삼국사기』, 을유문화사, 1980.

이영문, 『전남지방 고고학적 연구』, 학연문화사, 1989.

이영문, 『한국 지석묘사회 연구』, 학연문화사, 2004.

정인보, 『조선사연구』, 서원, 2000.

최몽룡, 『한성시대 백제와 마한』, 1988.

논문

강봉룡, 「해남 백포만 고대 포구세력의 존재양태」, 『백제학보』26, 2018.

김근영, 「나주 복암리 출토목간으로 본 사비시대 두힐」, 『백제학보』18, 2016.

김기섭, 「전남지역 마한 제국의 사회 성격과 백제;백제의 영역 확장과 마한 병탄」, 『백제학보』11, 2014.

김낙중, 「5-6세기 영산강유역 정치체의 성격-나주 복암리 3호분 출토 위세품 분석-」, 『백제연구』32, 2000.

김낙중, 「영산강유역 정치체의 성장과 변동과정」, 『백제학보』6, 2011.

김낙중, 「3-6세기 해남지역 정치체의 성장과 변동」, 『호남고고학보』51, 2015.

김낙중, 「영산강유역 제형분구묘의 등장 과정과 의미」, 『백제학보』14, 2015.

김낙중, 「서남해안 일대의 해상교통로와 기항지 검토」, 『백제학보』16, 2016.

김성범, 「나주 복암리 목간의 판독과 의미」, 『한국목간학회 학술대회』4, 2009.

김성범, 「나주 복암리 목간의 판독과 석독」, 『목간과 문자』5, 2010.

김승옥, 「호남지역 마한 주거지의 편년」, 『호남고고학보』11, 2000.

김승옥, 「호남지역 마한과 백제, 그리고 가야의 상호관계」, 『호남고고학보』63, 2019.

김영심, 「영산강유역 전남지역 마한 소국과 백제:고고학에서 본 침미다례의 위치」, 『백제학보』9, 2013.

김한식, 「남부지역 송국리형 주거지 연구-남강,보성강 유역을 중심으로」, 『호서고고학』6, 7, 2002.

김혜정, 「나주 복암리 목간 출토의 고고학적 의의」, 『문화재』49-2, 2016.

문안식, 「고대 강진과 그 주변지역 토착세력의 활동과 추이」, 『역사학연구』52, 2013.

문안식, 「남해만 연안지역 해륙세력의 성장과 제·라의 토착사회 재편」, 『용봉인문논총』47, 2015.

문안식, 「서남해지역 마한사회의 발전과 연맹체 형성」, 『동국사학』58, 2015.

박찬규, 「전남지역 마한소국과 백제:문헌자료로 본 전남지역 마한소국의 위치」, 『백제학보』9, 2013.

박해현, 「한국의 교과서에 그려진 왕인박사」, 『성기동』7, 2014.

서보경, 「『일본서기』 신공 49년조에 대한 검토」, 『백제학보』35, 2002.

서현주, 「마한·백제 사주식주거지의 연구 성과와 과제」, 『한국고고학전국대회 발표문』37, 2013.

서현주, 「토기로 본 5-6세기 복암리 세력과 주변지역의 동향」, 『호남고고학보』54, 2016.

신정훈, 「4세기 후반 백제의 침미다례 공격과 침미다례의 동향-문헌기록을 중심으로-」, 『역사와 실학』71, 2020.

양기석, 「전남지역 마한사회와 백제」, 『백제학보』9, 2013.

오동선, 「나주 신촌리9호분의 축조과정과 연대 재고」, 『한국고고학보』67, 2009.

윤선태, 「나주 복암리 출토 백제목간의 판곡과 용도분석-7세기초 백제의 지방지배와 관련하여-」, 『백제연구』56, 2012.

이도학, 「곡나철산과 백제」, 『동아시아고대학』25, 2011.

이도학, 「영산강 유역 마한제국의 추이와 백제」, 『백제문화』49, 2013.

이동희, 「전남동부지역의 마한소국 형성」, 『호남고고학보』29, 2008.

이동희, 「전남 동부지역 가야문화의 기원과 변천」, 『백제문화』45, 2011.

이동희, 「순천 동천유역의 정치체 성장과 변동과정」, 『중앙고고연구』18, 2015.

이용현, 「나주 복암리 목간 연구 현황과 전망」, 『목간과 문자』10, 2013.

이정호, 「전남지역의 옹관묘」, 『호남고고학보』6, 1997

이정호, 「5-6세기 영산강유역 고분의 성격」, 『고문화』, 2002.

이종철, 「숭국리형 주거지에 대한 연구」, 『호남고고학보』12, 2000.

이   훈, 「금동관을 통해 본 백제의 지방통치와 대외교류」, 『백제연구』55, 2012.

이   훈, 「금동신발로 본 복암리 세력과 주변지역의 동향」, 『역사학연구』62, 2016.

임영진, 「마한의 형성과 변천에 대한 고고학적 고찰」, 『한국고대사연구』10, 1995.

임영진, 「침미다례의 위치에 대한 고고학적 고찰」, 『백제문화』43, 2010.

임영진, 「3-5세기 영산강유역권 토착세력의 성장 배경과 한계」, 『백제학보』6, 2011.

임영진, 「전남지역 마한 소국과 백제: 고고학 자료로 본 전남지역 마한 소국의 수와 위치 시론」, 『백제학보』9, 2013.

임영진, 「전남지역 마한제국의 사회 성격과 백제; 전남지역 마한 제국의 사회 성격과 백제」, 『백제학보』11, 2014.

임영진, 「전남 해안도서지역의 왜계고분과 왜 5왕의 중국 견사」, 『백제문화』56, 2017.

임영진, 「삼국시대 영산강유역권 금동위세품의 역사적 성격」, 『백제학보』31, 2020.

정재윤, 「전남지역 마한 소국과 백제:문헌자료로 본 비리·중포미·지반·고사읍」, 『백제학보』9, 2013.

정재윤, 「삼국시대 나주와 영산강 유역 세력의 동향」, 『역사학연구』62, 2016.

조진선, 「섬진강유역권 지석묘의 형식과 변천」, 『호남고고학보』30, 2008.

천관우, 「삼한의 성립과정: 삼한고 1부」, 『사학연구』26, 1975.

천관우, 「삼한의 국가형성(하)」, 『한국학보』2, 1976.

천관우, 「삼국지 한전의 재검토」, 『진단학보』41, 1976.

천관우, 「목지국고」, 『한국사연구』24, 1979.

천관우, 「마한제국의 위치시론」, 『동양학』9, 1979.

천관우, 「진·변한제국의 위치 시론」, 『백산학보』20, 2013.

최성락, 「강진지역 고대문화의 고고학적 검토」, 『선사와 고대』39, 2013.

최성락, 「전남지역 마한 소국과 백제:고고학에서 본 침미다례의 위치」, 『백제학보』9, 2013.

최성락, 「전남지역 마한 소국과 백제:고고학에서 본 침미다례의 위치」, 『백제학보』9, 2013.

최성락, 「영산강 유역 고대사회의 형성 과정 연구」, 주류성, 2018.

한옥민, 「분구 축조에 동원된 노동력의 산출과 그 의미:영산강 유역 옹관고분을 중심으로」, 『호남고고학보』34, 2010.

3장 한국 고대사의 원형, 마한 문화

보고서

국립나주문화재연구소, 『고흥야막고분』, 2013.

국립나주문화재연구소, 『나주복암리유적』, 2013.

국립나주문화재연구소, 『나주회진성』, 2013.

국립나주문화재연구소, 『영암 옥야리 방대형고분』, 2013.

국립나주문화재연구소, 『영암옥야리방대형고분2』, 2014.

국립나주문화재연구소, 『나주복암리정촌고분』, 2014.

국립나주문화재연구소, 『마한문화탐구』, 2015.

국립나주문화재연구소, 『나주 복암리 정촌고분: 발굴조사 보고서』, 2017.

국립나주문화재연구소, 『나주 오량동 요지』, 2017.

국립나주문화재연구소, 『고대동아시아의 금동신발과 금동관』, 2019.

국립나주문화재연구소, 『나주 복암리 정촌고분: 마한사람들, 큰 무덤에서 함께 잠들다』, 2019.

대한문화재연구원, 『나주 가흥리 신흥고분: 나주 가흥리 신흥고분 학술발굴(시굴)조사』, 2017.

동신대학교 문화박물관, 『신안 안좌면 읍동, 배널리 고분군』, 2015.

이영철,『나주 가흥리 신흥고분』, 2015.
이영철,『나주 가흥리 신흥고분2』, 2018.

단행본

김복순,『한국고대불교사 연구』, 민족사. 2002.
김두진,『신라하대 선종사상사 연구』, 일조각, 2007.
김두진,『삼국시대 불교신앙사 연구』, 일조각, 2016.

논문

고민정,「청동기시대 남강유역 옥 장신구의 생산과 소비체계」,『경남연구』11, 2016.
권오영,「한반도에서 출토된 적갈색 유리구슬의 특성 및 유형 분류」,『보존과학회지』29-3, 2013.
권오영,「고대 한반도에 들어온 유리의 고고, 역사학적 배경」,『한국상고사학보』85, 2014.
권오영,「백제고분 출토 유리구슬의 화학조성을 통해 본 수입과 유통」,『고고학』16-3, 2017.
김나영, 김규호,「한국 포타쉬 유리구슬의 조성 분류에 따른 특성 비교」,『보존과학회지』3, 2015.
김낙중,「영산강유역 고분출토 마구 연구」,『한국상고사학보』69, 2010.
김낙중,「토기를 통해 본 고대 영산강유역 사회와 백제의 관계」,『호남고고학보』42, 2012.
김낙중,「분묘 출토 토기로 살펴본 마한의 성장과 지역성」,『문화재』49-4, 2016.
김낙중,「석실로 본 나주 복암리 세력과 주변 지역의 동향」,『문화재』49-1, 2016.
김두진,「나말여초의 선종산문과 그 사상의 변화」,『신라문화』27, 2006.
김민구,「영산강 유역 초기 벼농사의 전개」,『한국고고학보』75, 2010.
김수철, 이광희,「광주 신창동 유적 출토 목제품의 수종 및 칠 분석」,『박물관보존과학』9, 2008.
김용성,「고령 지산동고분군의 순장」,『야외고고학』19, 2014.
김지영, 이찬희, 김진영,「보성 거석리 및 해남 분토리 유적 출토 녹니석제 구슬의 재질특성과 원산지 해석」,『보존과학회지』23-1, 2008.

김창석, 「7세기 초 영산강유역의 호구와 농작-나주 복암리 목간의 분석」, 『백제학보』6, 2011.

김후련, 「장송의례를 통해서 본 타계의 변천과정」, 『일어일문학연구』35-1, 1999.

노희숙, 「한국 선사 옥에 대한 연구」, 한양대학교 석사학위논문, 1997.

류창환, 「영산강유역 출토 마구의 성격과 의미」, 『중앙고고연구』25, 2018.

문재숙, 「가락국의 고대 현악기: 김해를 중심으로」, 『가야세계문화축전자료집』, 2005.

박영만, 「광주 신창동 저습지유적 출토 수침목재의 수종식별」, 『박물관보존과학』2009.

박준영, 「한국 고대 유리구슬의 생산과 유통: 한반도 남부 자료 화학조성의 특징을 중심으로」, 한신대학교 석사학위논문, 2015.

박준영, 「한국 고대 유리구슬의 생산과 유통에 나타난 정치사회적 맥락」, 『한국고고학보』100, 2016.

박중환, 「백제권역 동물희생 관련 고고자료의 성격」, 『백제문화』47-1, 2012.

박해현, 「마한의 심장, 영암과 남해신사」, 『성기동』12, 2019.

박해현, 「일본 고대 불교 발전에 기여한 백제 도래인-행기를 중심으로-」, 『한국고대사연구』83, 2016.

변남주, 「영산강 중·하류 백실 환경과 돛단배 항해술」, 『지방사와 지방문화』14-1, 2011.

서현주, 「마한토기의 지역성과 그 의미」, 『선사와 고대』50, 2016.

서현주, 「마한 문화의 전개와 변화 양상」, 『호남고고학보』61, 2019.

서현주, 「토기 생산유적으로 본 고대 영산강 유역」, 『호서고고학』42, 2019.

세키네 히데유키, 「복장제의 남방기원설을 통해 본 한국과 일본의 남방계 문화 인식」, 『일본문화연구』42, 2012.

송유나, 김규호, 「천안 두정동 출토 유리구슬의 고고화학적 분석 고찰」, 『보존과학회지』18, 2006.

우재병, 「나주 정촌고분을 통해 본 5-6세기 백제 중앙과 지방의 무덤 양식 공유」, 『한국사학보』77, 2019.

이광규, 「초도의 초분: 초도 장제에 관한 일고찰」, 『민족문화연구』3, 1969.

이남석, 이현숙, 「백제 상장의례의 연구-금강유역 상장제려 유적의 의미」, 『백제문화』54, 2016.

이동희, 「1-5세기 호남동부지역의 주거와 취락」, 『야외고고학』19, 2014.

이상균, 「한반도 신석기 시대 옥기 문화의 계보」, 『중국사연구』50, 2007.

이성애, 「중국상례고:예기중심」, 『한국문화연구원논총』59-1, 1991.

이영철, 「영산강 상류지역의 취락변동과 백제화 과정」, 『백제학보』6, 2011.

이영철, 「백제 지방도시의 성립과 전개」, 『한국고대사연구』81, 2016.

이장웅, 「백제 무령왕과 왕비의 상장례-빈과 가매장을 중심으로-」, 『한국고대사탐구』33, 2019.

이정민, 박영환, 윤혜성, 함철희, 권혁남, 「나주 복암리 고분군 출토 소뼈의 수습 및 보존처리」, 『보존과학연구』36, 2015.

이정호, 『나주 영동리 고분』, 전국역사학대회51, 2008.

이주헌, 「나주 정촌고분 1호 석실 피장자의 성격 재검토」, 『중앙고고연구』32, 2020.

이지영, 「옹관 제작과 운반을 통해 본 영산강유역 옹관고분 매장 전 의례」, 『백제학보』32, 2020.

이현종, 「광주 신창동 출토 탄화미의 계측」, 『호남고고학보』30, 2008.

임영진, 「마한토기의 기원 연구-분구묘 출토품을 중심으로」, 『호남고고학보』55, 2017.

장전신시, 「관옥의 제작과 규격에 대한 소고-마전리 및 관창리 유적 출토자료를 중심으로-」, 『호서고고학』14, 2007.

정　일, 「호남지역 마한, 백제 발굴자료의 현황과 특징-2014년을 대상으로」, 『백제학보』13, 2015.

정재윤, 「삼국시대 나주와 영산강 유역 세력의 동향」, 『역사학연구』62, 2016.

정재윤, 박초롱, 「문헌 및 고고자료를 통해 본 고대 장송의례-백제를 중심으로-」, 『백제학보』31, 2020.

조경만, 「초분과 싯김굿, 인간존재와 자연과 사회의 개념화」, 『민족미학』11-1, 2012.

조경철, 「백제 왕실의 3년상-무령왕과 성왕을 중심으로」, 『동방학지』145, 2009.

조경철, 「한국 고대 동아시아 사상의 교류; 백제, 불교의 중국 영향에 대한 비판적 검토」, 『한국사상사학』36, 2010.

조현종, 「조형목제품과 농경의례」, 『역사학연구』19, 2002.

채미하, 「한국 고대의 죽음과 상·제례」, 『한국고대사연구』65, 2012.

한민수, 이한형, 문은정, 「고흥 길두리 안동고분 출토 유리구슬의 화학조성 및 풍화특성」, 『보존과학회지』27-3, 2011.

4장 마한 남부연맹과 백제

보고서

임영진, 『영산강유역권 장고분:조사연구보고서』, 백제문화개발연구원, 2009.

단행본

백제문화개발연구원, 『백제의 영역변천』, 주류성, 2006.
임영진, 『중국 양직공도 마한제국』, 학연문화사, 2019.

논문

강종원, 「백제 무왕의 출계와 왕위계승」, 『역사와 담론』56, 2010.
강종원, 「백제 무왕과 서동설화의 역사성」, 『백제학보』30, 2019.
김규운, 「고분으로 본 6세기 전후 백제와 왜 관계」, 『한일관계사연구』58, 2017.
김근영, 「나주 복암리 출토 목간으로 본 사비시대 두힐」, 『백제학보』18, 2016.
김근영, 정재윤, 「백제의 중방성 설치와 그 의미」, 『마한, 백제문화』33, 2019.
김기섭, 「전남지역 마한제국의 사회 성격과 백제; 백제의 영역확장과 마한병탄」, 『백제학보』11, 2014.
김낙중, 「5-6세기 영산강유역 정치체의 성격-나주 복암리 3호분 출토 위세품분석」, 『백제연구』32, 2000.
김낙중, 「5-6세기 남해안 지역 왜계고분의 특성과 의미」, 『호남고고학보』45, 2013.
김낙중, 「석실로 본 나주 복암리 세력과 주변 지역의 동향」, 『문화재』49-1, 2016.
김병남, 「백제 성왕대의 북방영역 변화」, 『대전대인문과학논문집』35, 2003.
김성범, 「나주 복암리 유적 출토 목간의 판독과 의미」, 『진단학보』109, 2010.
김영심, 「신출 문자자료로 본 백제의 5부·5방제」, 『한국목간학회 학술대회』2, 2007.
김영심, 「백제의 지방 통치기구와 지배의 양상」, 『한국고대사탐구』19, 2015.

김재홍, 「전북 동부지역 백제, 가야, 신라의 지역지배」, 『한국상고사학보』78, 2012.

김현정, 「영산강유역 분구묘의 고총화 과정연구」, 『중앙고고연구』4, 2008.

김혜정, 「나주 복암리 목간 출토의 고고학적 의의」, 『문화재』49-2, 2016.

박지현, 「백제 부흥운동과 웅진도독부의 위치」, 『백제학보』25, 2018.

박천수, 「영산강유역 전방후원분을 통해 본 5-6세기 한반도와 일본열도」, 『백제 연구』43, 2006.

박현숙, 「백제 사비시대의 지방통치체제 연구」, 『한국사학보』1, 1996.

배재훈, 「6-7세기 나주 지역 정치세력에 대한 시론적 검토」, 『한국고대사탐구』9, 2011.

서현주, 「高杯의 형식과 5-6세기 영산강유역권 고분」, 『백제연구』41, 2005.

서현주, 「고고학 자료로 본 백제와 영산강 유역」, 『백제연구』44, 2006.

서현주, 「영산강유역 장고분의 특징과 출현 배경」, 『한국고대사연구』47, 2007.

서현주, 「백제 한성기 타날문 단경호의 지역성과 교류」, 『호서고고학』27, 2012.

서현주, 「전남지역 마한제국의 사회 성격과 백제; 출토유물로 본 전남지역 마한제 국의 성격- 5-6세기 토기를 중심으로-」, 『백제학보』11, 2014.

서현주, 「토기로 본 5-6세기 복암리세력과 주변지역의 동향」, 『호남고고학보』54, 2016.

연민수, 「영산강유역의 전방후원분 피장자와 그 성격」, 『일본학』32, 2011.

오동선, 「영산강유역권 사비기 석실의 변천과 의미」, 『한국고고학보』112, 2019.

윤선태, 「나주 복암리 출토 백제목간의 판독과 용도분석-7세기 초 백제의 지방지 배와 관련하여-」, 『백제연구』56, 2012.

윤용구, 「양직공도의 전통과 모본」, 『목간과 문자』9, 2012.

윤용구, 「현존『양직공도』백제국기삼례」, 『백제문화』46-1, 2012.

이규식,정용재,한성희,이명희,한면수,최동호, 「나주 복암리 3호분 옹관 인골을 중 심으로」, 『보존과학연구』20, 1999.

이도학, 「마한 잔여고지 전방후원분의 조성배경」, 『동아시아고대학』28, 2012.

이도학, 「반파국 위치에 대한 논의」, 『역사와 담론』90, 2019.

이병호, 「백제 사비기 익산 개발 시기와 그 배경」, 『백제연구』61, 2015.

이장웅,「백제의 마한 서동(무강왕) 신화 수용과 익산 미륵사」, 『역사민속학』38. 2012.

이장웅, 「신라 진평왕시기 백제관계와 서동설화-역사의 충돌과 설화의 화해」, 『신라사학보』44, 2018.

이정호, 「전방후원분 고분의 연구사 검토」, 『호남고고학보』4, 1996.

이 훈, 「금동신발로 본 복암리 세력과 주변지역의 동향」, 『역사학연구』62, 2016.

이희성, 「백제 성왕의 국호 개칭과 정치적 지향」, 『한국고대사탐구』34, 2020.

임영진, 「백제 건국이전의 마한 사회의 변모」, 『한국상고사학회학술발표회』10, 2000.

임영진, 「영산강유역 장고분의 정체」, 『한국사시민강좌』44, 2009.

임영진, 「묘제를 통해 본 마한의 지역성과 변천 과정」, 『백제학보』3, 2010.

임영진, 「한국 분주토기의 발생배경과 확산배경」, 『호남고고학보』49, 2015.

장수남, 「백제 성왕의 즉위와 왕권 강화과정」, 『한국상고사학보』75, 2012.

전우식, 「백제 성왕대 22부의 운영과 대성8족」, 『한국학논총』37, 2012.

정재윤, 「영산강유역 전방후원분의 축조와 그 주체」, 『역사와 담론』56, 2010.

정재윤, 「삼국시대 나주와 영산강 유역 세력의 동향」, 『역사학연구』62, 2016.

조법종, 「백제 별칭 응준고」, 『한국사연구』66, 1989.

지원구, 「백제 서방성의 위치와 성격」, 『백제문화』58, 2018.

최미경, 「사비시기 백제의 영산강유역 지배와 남방성」, 『한국고대사탐구』34, 2020.

최영주, 「고고자료로 본 영산강유역 마한세력의 성장과 변동과정-백제와의 관계를 중심으로-」, 『동아시아고대학』52, 2018.

5장 후대에 계승된 마한의 정체성

단행본

최근영, 『통일신라시대의 지방세력연구』, 신서원, 1993.

논문

권오영, 「마한의 종족성과 공간적 분포에 대한 검토」, 『한국고대사연구』60, 2010.

김동수, 「신라 헌덕·흥덕왕대의 개혁정치」, 『한국사연구』39, 한국사학회, 1982.

김병곤, 「최치원의 삼한관에 대한 인식과 평가」, 『한국고대사연구』40, 2005.

김수미, 「신라 김유신계의 정치적 위상과 추이」, 『역사학연구』35, 2009.

김수미, 「당과 백제 유민의 웅진도독부 인식의 변화」, 『한국민족문화』42, 2012.

김수미, 「백제 멸망이후 마한 인식의 변화 양상」, 『한국고대사연구』77, 2015.

김수미, 「백제 시조 전승의 양상과 변화 원인」, 『역사학연구』66, 2017.

김재범, 「백제의 정체성변화와 천도」, 『통일인문학』62, 2015.

박용국, 「신라 헌덕왕대 김헌창 난과 진주지역」, 『퇴계학과 한국문화』37, 2005.

박지현, 「백강구 전투 이후 부여융의 행적과 웅진도독부의 운영」, 『역사와 현실』 105, 2017.

박해현, 「일본 고대 불교 발전에 기여한 백제 도래인-행기를 중심으로-」, 『한국고 대사연구』83, 2016.

이동희, 「전남지역의 후백제유적과 역사적 성격」, 『한국상고사학보』87, 2015.

이상훈, 「김헌창 난과 신라군의 대응」, 『군사연구』138, 2014.

이장웅, 「백제의 마한 서동(무강왕) 신화 수용과 익산 미륵사」, 『역사민속학』38. 2012.

정효운, 「백제멸망과 백제유민」, 『동북아문화연구』53-1, 2017.

조범환, 「신라 하대 헌덕왕의 부군 설치와 그 정치적 의미」, 『진단학보』110, 진단학 회, 2010.

주보돈, 「신라 하대 김헌창의 난과 그 성격」, 『한국고대사연구』51, 한국고대사학 회, 2008.

한옥민, 「영산강유역 방대형분의 출현과 축조배경」, 『호남고고학보』62, 2019.

황선영, 「신라 하대 김헌창 난의 성격」, 『부산사학』35, 부산사학회, 1998.

Abstract

Abstract

'Park Hae-hyun's New History of Mahan'

Park Hae-hyun
(A College of general educatin of Chodang Universty)

This book is a new study of the history of Mahan. Mahan is one of Samhan. Samhan means Mahan, Byeonhan, and Jinhan. Changed from Mahan, Jinhan and Byeonhan came out, and Baekje also came out. Therefore, Mahan is the root of Korean ancient history.

The center of Mahan is the Youngsan River basin. Here began Mahan history, and Mahan civilization developed. And continental culture and marine culture exchanged. This is why the Youngsan River is called the 'Youngsan Mediterranean Sea'.

The Mahan Alliance in the Yeongsan River basin formed the Mahan federation force and the Southern Mahan federation in the southern part of the Charyeong Mountains and developed by competing with Baekje.

The kingdoms that led the Southern Mahan federation include

"Chimmi Da-rye" on the Haenam Peninsula, and the "Naebiri Guk" in Yeongam sijong and the Bannam region of Naju. In addition, the "Bulmi Guk" of Dasideul, the "Chori Guk" of Deukryang Bay, the "Birri Guk" of the Boseong River Basin, and the "Bulsabunsa Guk" of Suncheon Bay were also representative kingdoms of the Southern Mahan federation.

These Mahan kingdoms competed fiercely internally while acknowledging their independence. The great tombs in Yeongam Sijong, Naju Bannam, and the region of Dasideul, and a gilt bronze Crown unearthed from the 9th tomb in Bannam Sinchon-ri show the strength of the Southern Mahan Alliance.

There are 'Youngsangang-style earthenware' that are excavated only in the Youngsan River basin. This pottery tells us that the Southern Mahan Alliance has formed its own culture. Yugong Gwanggu Soho (a small pot with a hole and a wide entrance) is the most representative.

The relics of "Ok(bead)" from the tombs of the Yeongsan River basin and the custom of Bokjang (複葬 Dual Burial Service as the Origin of Funeral Rites and Ancestor-memorial Ceremonies) proves that the Yeongsan River basin is the origin of the Mahan culture.

Mahan developed and formed the Southern Mahan Alliance until the first half of the 6th century. It was a powerful kingdom symbolized by Eung-jun(hawk). Eung-jun is the etymology of "Kudara," which Japan refs to Baekje today. It can be seen that Mahan influenced Japanese culture. Their existence is shown in the painting of the envoy of Baekje-guk in "yangjig-gongdo(Chih-kung-t"u(職貢圖) of the Liang(梁) Dynasty). The claim that Mahan was destroyed by Baekje in the late 4th century is wrong.

Baekje and Mahan united in the middle of the 6th century during the King of Seong in Baekje. The integration was equal. Baekje, facing a war with Goguryeo, was urgently needed to unite with Mahan. However, after the integration, King Seong changed the name of the country from Baekje to "South Buyeo," keeping the Mahan power in check. Mahan forces strongly opposed. Accordingly, King Mu of Baekje promoted a policy to move the capital from Buyeo to Iksan, a policy to embrace Mahan-gye. It can be said that Ma Han-gye(party) had the initiative of Baekje.

Even after Baekje fell, Mahan's identity continued. The party set up three Dodokbu in the center of Mahan to hold the Mahan power in check. When Gyeon-Hwon founded Hubaekje, he emphasized the succession of Mahan. It means that Mahan's identity continued until the end of the 9th century. This is the result of Mahan's unique cultural characteristics taking root in the Yeongsan Mediterranean Sea for over 800 years.

출간 후기

김두진(국민대 명예교수·전 진단학회·역사학회 회장)

출간 후기

『박해현의 새로 쓰는 마한사』가 출간되었다. 문헌 사료가 부족하다 보니 이병도가 삼한 문제를 다룬 이래, 지금까지 삼한 사회를 연구한 한두 권의 저술이 간행되었다. 마한에 대해서는 단편적인 몇 편의 논문이 작성되기는 하였지만, 학술적 저술의 단행본이 간행된 것은 이 책이 처음이라고 할 수 있다. 그런 만큼 이 책은 창의적이고 노력의 산물이다. 저자 박해현 교수의 축적된 학문연구가 지평을 넓히면서, 알찬 열매를 맺는 모습을 보여준다.

저자는 전남 보성 출신으로 전남대학교 역사교육과를 졸업하고 같은 대학 대학원에서 『신라중대 정치세력 연구』로 박사학위를 취득하였는데, 그것은 뒤에 『신라중대 정치사연구』로 간행되었다. 학위 논문을 통해 정치하게 추구한 신라중대 질서를 상대와 하대 사회의 이해로까지 넓히려는 시각을 가진 저자는 이미 『한국현대사』를 독파한 경험으로, 『영암 의병사 연구』와 민족을 사랑한 독립운동가인 『의사(醫師) 김범수 연구』를 간행하여 한말 의병과 광주 전남 3.1 독립운동을 밝혔다.

흔히 역사 연구는 현재로 귀결된다고 한다. 그러기 위해 현재와 가까운 사실이 중요하다. 저자의 근대사 연구는 이런 면에서 의미가 있다. 다만 역사 연구의 현재성 문제는 역사학의 체계화이다. 아무리 오래된 사실도 후대와 연결되어, 그 고리가 오늘에까지 이어지기 마련이다. 저자의 마한사 연구는 한국고대사의 원형을 밝히려는 것이다. 신라중대사에서 출발한 저자의 역사 연구는 상고사와 근대사에서 방대한 실증적 업적을 쌓음으로써, 한국사를 체계적으로 이해하는 데 도움이 된다.

백제사나 발해사 연구가 진척됨에 따라 앞으로, 한국고대사에서 관심을 두고 더 밝혀야 할 분야는 가야사나 마한사이다. 사료가 부족하다는 면에서 이에 관한 연구가 부진하였다. 그중 가야사에 대해서는 몇 년 전부터 집중적인 지원책이 마련되어, 비교적 많은 연구업적이 나왔다. 상대적으로 마한사 연구는 소홀히 되었다. 이 책의 출간이 초석이 되어, 마한사 연구를 활발히 하는 계기가 마련되었으면 한다. 목지국을 복속한 북쪽의 백제와 구별한, 마한 남부연맹의 강조는 광주·전남 중심의 마한사 연구가 이뤄지기를 기대하게 한다. 다만 지역 중심의 마한사 연구는 한국고대사 체계 속에서 행해지는 것이 마땅하다.

온조왕 때에 마한을 점령한 『삼국사기』 백제본기의 기사와는 달리, 신라본기나 중국 역사서는 훨씬 후대까지 마한 관계 기록을 남기고 있다. 한국고대사의 통설은 근초고왕대에 백제가 전남 해안지역을 장악하였다고 하지만, 거대한 고분군을 구축한 독자 세력이 나주 반남면 등 여러 지역에 존속하였다. 전남 해안지역에 기반을 둔 마한 세력을 통어하기 위해 동성왕대부터 지금의 광주가 중시되었다. 이 책은 기원전 2세기에서 6세기까지 8백 년간 존속한 마한의 정체성을 밝혔다. 원광대학교 마한·백제문화연구소가 백제사 관점에서 마한사를 정리하려는 데 벗어나, 가야나 왜 및 남중국과 교류한 마한문화의 독자성을 제시하였다.

이 책은 전남의 영산강 유역을 비롯한 보성강과 섬진강 유역은 물론 득량만을 포함한 해남이나 강진 등 해안 포구에 건립된, 내비리국·일난국·불미국·초리국·불사분사국 등 『삼국지』 한전에 나오는 국가들을 실증적으로 부각하였다. 소홀히 취급한 문헌을 새롭게 복원했을 뿐만 아니라 고고학 연구 성과를 적극적으로 반영한 점도 이 책의 무게를 더해준다. 특히 전문 영역을 쉬운 문체로 평이하게 서술함으로써, 역사학의 대중화에 다가선 느낌이다. 저자 박해현 교수의 노고에 깊이 사의를 표한다.

2021년 2월

김두진(국민대 명예교수·전 진단학회·역사학회 회장)

박해현의
새로 쓰는 마한사

초판 1쇄 인쇄일	2021년 02월 20일
2쇄 인쇄일	2021년 06월 17일
초판 1쇄 발행일	2021년 02월 28일
2쇄 발행일	2021년 06월 27일

지은이	박해현
펴낸이	한선희
편집/디자인	우정민 우민지
마케팅	정찬용 정구형
영업관리	한선희 김보선
책임편집	우민지
인쇄처	제삼인쇄
펴낸곳	국학자료원 새미(주)
	등록일 2005 03 15 제25100-2005-000008호
	경기도 고양시 일산동구 중앙로 1261번길 79 하이베라스 405호
	Tel 442-4623 Fax 6499-3082
	www.kookhak.co.kr
	kookhak2001@hanmail.net

| ISBN | 979-11-91440-05-8 *93910 |
| 가격 | 29,000원 |